Edmond About

Unter griechischem Räubern

Unromantische Erlebnisse auf klassischem Boden

Edmond About

Unter griechischem Räubern
Unromantische Erlebnisse auf klassischem Boden

ISBN/EAN: 9783742869838

Hergestellt in Europa, USA, Kanada, Australien, Japan

Cover: Foto ©ninafisch / pixelio.de

Edmond About

Unter griechischem Räubern

Unter
Griechischen Räubern.

Unromantische Erlebnisse auf classischem Boden.

Text frei nach Edm. About,

Illustrationen von Gustav Doré.

Berlin.
Verlag von Aug. Berth. Auerbach.

Inhalts-Verzeichniß.

		Seite
I.	Wie dieses Buch entstand	1
II.	Photini	7
III.	Mary-Ann	39
IV.	Habschi Stavros	69
V.	Die Gensdarmen	131
VI.	Die Flucht	173
VII.	John Harris	221
VIII.	Der Hofball	259
IX.	Zwei Briefe	271

I.

Wie dieses Buch entstand.

Meine Bescheidenheit veranlaßt mich, aus den vielen spannenden Mittheilungen, welche ich in vorliegenden Blättern zu machen habe, die am wenigsten interessante auszuwählen, um damit dieses Buch zu beginnen.

Unter den mancherlei großen und kleinen Schriften, deren ich mich schuldig bekennen muß, befindet sich eine über Griechenland —ich darf kaum hoffen, daß sie einem weitern Kreis des Publikums bekannt ist. Jahrelanges eifriges Studium war nöthig, um dies Werk zu Stande zu bringen; es hat mir unendliche Mühe, doch auch viel Freude bereitet. Besonders verdanke ich ihm einen regen, theils schriftlichen, theils persönlichen Verkehr mit Leuten, die mit Recht ein reges Interesse für alles auf Griechenland Bezügliche bei mir voraussetzten und mir demzufolge gerne mit einer Auskunft, mit irgend einer Notiz, ja mit manch' hübscher Erzählung zu dienen bereit waren.

So kam ich denn auch in den Besitz der hier folgenden Geschichte, deren Verfasser zu sein ich mich nicht rühmen darf — nur niedergeschrieben habe ich, was ein Anderer mir mitgetheilt.

Eines Morgens, als ich mit der gewohnten Cigarre mein einfaches Frühstück im Garten lustwandelnd und meinen Gedanken Audienz gebend beschloß, ließ sich ein Fremder bei mir melden: Herr Dr. phil. Rudolph Tietze. „Sehr angenehm!" Sofort erschien der junge Mann selbst. Es war nicht schwer, in ihm den Deutschen und zwar den verkörperten Typus des deutschen Gelehrtenthums zu erkennen. Hager aufgeschossen, mit langem Haar und desto kürzeren Hosen, die Brille blank geputzt, die Stiefel düster blinkend, im Ausdruck ein sonderbares Gemisch von kindlicher Naivetät und wissenschaftlichem Selbstbewußtsein — ein Blick auf diese Erscheinung und mein Interesse war geweckt.

Er stellte sich mir als einen begeisterten Verehrer meines Buches über Griechenland vor und gestand schüchtern, daß er nicht umhin gekonnt, auf der Durchreise sich in H., meinem damaligen Wohnort, aufzuhalten, um mich kennen zu lernen, und hauptsächlich, um sich aus Anlaß eben jenes mehrerwähnten Buches mit mir über dieses merkwürdige Land, das er aus eigener Anschauung kannte, zu unterhalten.

Ich weiß nicht mehr, welcher von uns Beiden zuerst das Wort „Räuberwesen" aussprach. Die Reisenden, die Italien durchstreift haben, sprechen von Malerei und gewissen kleinen Insecten; diejenigen, die in England waren, von Industrie und Rennpferden; es hat eben jedes Land seine Eigenthümlichkeiten.

„Mein lieber Herr," fragte ich den schätzbaren jungen Mann, „sind Ihnen jemals Räuber begegnet? Ist es wahr, wie man behaupten will, daß es noch Räuber in Griechenland gibt?"

„Das ist nur zu wahr," erwiderte er sehr ernst. „Ich habe mich vierzehn Tage lang in den Händen des schrecklichen Hadschi Stavros, der König des Gebirges genannt, befunden. Ich kann mithin aus Erfahrung reden. Wenn Sie Zeit haben und sich vor einer langen

Wie dieses Buch entstand.

Erzählung nicht fürchten, so bin ich bereit, Ihnen mein Abenteuer umständlich zu erzählen. Sie können es nach Gefallen benutzen: machen Sie einen Roman, eine Novelle, oder besser (denn der Fall ist factisch) ein ergänzendes Kapitel für jenes kleine Buch daraus, in welchem Sie so viel merkwürdige Wahrheiten zusammengedrängt haben. Als Entgelt für meine Mittheilungen — haben Sie keine Angst! von Honorar ist nicht die Rede — verlange ich weiter nichts, als daß Sie mir seiner Zeit ein Freiexemplar des Buches, falls es glücklich genug ist einen Verleger zu finden, zukommen lassen."

„Sie sind in der That zu freundlich," sagte ich ihm, „und meine beiden Ohren stehen Ihnen vollständig zu Diensten. Lassen Sie uns in mein Studirzimmer gehen. Es ist weniger heiß dort, als im Garten, und wir können uns, wenn wir die Fenster offen lassen, dennoch des Duftes der Reseda und der Wicken erfreuen."

Er folgte mir sehr bereitwillig und summte im Gehen ein griechisches Volkslied:

„Ein brauner Klephte steigt in's Thal hernieder,
Die Sonne blitzt auf seiner Flinte Lauf,
Und zu den Geiern sagt er: Folgt mir, Brüder,
Den Pascha von Athen tisch' ich euch auf."

Im Zimmer angekommen ließ mein neuer Bekannter zunächst den culinarischen Leistungen meiner Haushälterin dieselbe gründliche Aufmerksamkeit widerfahren, mit welcher er vorhin im Garten, mitten in der Unterhaltung ab und zu stehen bleibend, diese oder jene Blume untersucht hatte. Dann ließ er sich auf einen Divan nieder, schlug seine Beine unter wie ein arabischer Märchen-Erzähler, zündete seine Pfeife an und begann, die Augenliber träumerisch halb geschlossen, seine Geschichte. Ich saß an meinem Schreibtisch und machte mir sofort kurze Notizen über das was er sprach....

Nachdem er seine Mittheilungen beendigt, blieben wir noch wenige Stunden beisammen; als wir schieden, waren wir Freunde geworden.

Mögest auch du, lieber Leser, als Resultat der Lectüre, die du nunmehr vorhast, die gleichen freundlichen Gesinnungen wie ich hegen für den, der jetzt zu dir spricht in derselben halb ironischen, halb humoristisch gemüthlichen Weise, in welcher er zu mir gesprochen, mir neuen Aufschluß gebend über jenes Land mit seinem classischen Boden und seinen romantischen Bewohnern — über Griechenland.

Anmerkung. Um übrigens von vornherein mich gegen die wohlmeinende Kritik zu schützen, die etwa sagen könnte, mein guter Dr. Tietze habe sich gewiß in Bezug auf das eine oder andere hier erzählte Factum, sei es nun durch die mangelhafte Erinnerung, sei es durch sonst etwas, täuschen lassen, habe ich eine Abschrift des Manuscripts einem glaubwürdigen Manne, Herrn Professor Patriotis Psoftis in Athen, mit der Bitte zugehen lassen, mir rücksichtslos und mit griechischer Aufrichtigkeit alle etwaigen Irrthümer meines jungen Freundes zu bezeichnen. Zugleich habe ich ihm versprochen, seine Antwort am Ende des Buches beidrucken zu lassen.

Der Herausgeber.

II.

Photini.

Daß ich an Glücksgütern dieser Welt nicht allzuschwer trage, dürfte Ihnen ein Blick auf meine Kleider, deren Alter mir selber Respect einzuflößen beginnt, bereits gezeigt haben. Mein Erzeuger ist ein pensionirter Volksschullehrer und Vater von sechs mit vortrefflichem Magen ausgestatteten Kindern — damit ist wohl Alles gesagt. — Der Tag, an dem ich durch Bewerbung einen Auftrag der botanischen Gesellschaft erhielt, war ein Festtag für die Familie. Nicht allein wurde die Portion meiner Geschwister durch meine Abreise vergrößert, ich erhielt noch 350 Mark monatlich, 500 Mark für die Kosten der Reise gar nicht gerechnet. Das war ja ein ganzes Vermögen, und welche wissenschaftliche Perspective eröffnete sich dadurch für mich! Meine Brüder waren überzeugt, daß man mich nach meiner Rückkehr von Athen mindestens zum Professor an der Universität ernennen würde. Meine Mutter jedoch hatte noch einen anderen Gedanken: sie hoffte, ich würde verheirathet wiederkommen. Als die Tochter eines Gastwirths hatte sie natürlich oft Gelegenheit gehabt, Fremde in ihres Vaters Haus ein- und ausgehen zu sehen; da hatte sich denn ihre Phantasie gar mancherlei ausgemalt, gar mancherlei zusammengereimt, was leicht für immer in ihrem sonst nicht zu sehr in Anspruch genommenen Gedächtniß haften blieb. Eine Hauptrolle spielte die wunderbare Geschichte von der steinreichen russischen Fürstin Ypsoff und dem hübschen jungen Husarenlieutenant Schmid, und wir Kinder hatten sie häufig genug zu hören bekommen. Die Fürstin hatte mit ihren Mädchen die schönsten Zimmer inne und bezahlte 10 Thaler den Tag; der Officier thronte für 12½ Groschen unter dem Dach; trotzdem... war er nach vier Wochen mit der russischen Dame in ihrem Wagen abgereist. Nun was konnte man da wohl anderes annehmen, als daß sie sich geheirathet! Meine gute Mutter erblickte in mir mit ihren zärtlichen Augen ein noch vollendeteres Muster von Schönheit und Eleganz als der Lieutenant Schmid gewesen: sie zweifelte keinen Augenblick, daß ich früher oder später der Fürstin begegnen müßte, die mich zum Glücklichsten der Sterblichen machen würde. Fände ich sie nicht an der table d'hôte, so würde ich sie gewiß auf der Eisenbahn treffen; wäre mir die Eisenbahn nicht günstig, so blieben ja die Dampfboote noch übrig. Am Abend meiner Abreise tranken wir eine Flasche alten Rheinweins; der Zufall fügte es, daß der letzte Tropfen in mein Glas fiel. Die vortreffliche Frau vergoß Freudenthränen darüber: das war ja ein untrügliches Vorzeichen — und keine Macht der Welt konnte verhindern, daß ich mich im Laufe des Jahres verheirathen würde. Ich ehrte ihre Illusionen und hütete mich demnach wohl, ihr zu sagen, daß Fürstinnen nicht dritte Klasse zu reisen pflegten. Was das Obdach betraf, so verwies mich mein Budget in die bescheidenen Gasthäuser, wo Fürstinnen ebenfalls nicht abzusteigen beliebten. In der That langte ich im Piräus an, ohne auch nur den Schatten eines Romans erlebt zu haben.

Die sich eben wieder einmal zu neuer Krise verwickelnden orientalischen Verhältnisse hatten in Athen die Preise ungeheuer in die Höhe getrieben. Ein Absteigequartier in einem wirklichen und wahrhaften Hotel war für meine Mittel gänzlich unerreichbar. Der Secretär unserer Gesandtschaft, bei dem ich einen Empfehlungs= brief abgegeben hatte, war liebenswürdig genug, mir eine Wohnung zu suchen. Er führte mich zu einem Kuchenbäcker, mit Namen Christobulos, an der Ecke der Hermesstraße und des Schloßplatzes.

Ich fand dort Kost und Wohnung für achtzig Thaler monatlich. Christobulos ist ein alter Palikare, im Besitze des Verdienstkreuzes, das er sich im Befreiungskriege erkämpft: er ist Lieutenant bei der Phalanx und verzehrt seinen Gehalt hinter dem Ladentische; beim Verkaufe von Kuchen und Gefrorenem trägt er das Nationalcostüm: rothe Mütze mit blauer Quaste, silberne Weste, weißen Rock und vergoldete Gamaschen. Sein Weib, Marula, ist ein Koloß, wie alle Griechinnen, die über fünfzig Jahre alt sind. Ihr Mann hat sie in der Zeit, da der Krieg am heftigsten war und das schöne Geschlecht ziemlich hoch im Preis kam, für achtzig Piaster erhandelt.

Sie ist auf der Insel Hydra geboren, doch trägt sie sich nach athenensischer Sitte: schwarzes Sammetmieder, Rock von gleicher Farbe, und ein buntseidenes Tuch in das Haar gewunden. Weder Christobulos noch seine Frau können ein Wort deutsch; aber ihr Sohn Dimitri, der Lohndiener ist und sich nach französischer Mode kleidet, versteht und spricht etwas von den europäischen ‚Dialekten‘. Nebenbei gesagt: ich selbst bin, ohne besonders viele Sprachtalente zu besitzen, doch ein Linguist, der sich sehen lassen kann, und kauderwälsche das Neugriechische eben so geläufig als das Italienische, Französische und Englische.

Meine Wirthsleute waren brave Menschen, es giebt deren im Ganzen etwa ein Dutzend am Orte. Sie räumten mir ein kleines, weißgetünchtes Zimmer ein, das einen Tisch, zwei Stühle mit Strohsitz und eine gute, aber dünne Matratze mit Decken und Ueberzügen von Baumwolle enthielt. Ein Bettgestell ist ein Luxusgegenstand, den der Grieche gar leicht entbehrt, und ich hatte mich in jeder Beziehung nach der Decke zu strecken. Mein Frühstück bestand aus einer Tasse

Salep, mein Mittagsbrot aus einer Schüssel mit Fleisch nebst vielen Oliven und getrocknetem Fisch, mein Abendbrot aus Gemüsen, Honig und Kuchen. Eingemachtes war keine Seltenheit im Hause und von Zeit zu Zeit beschwor ich die Erinnerung an die Heimath herauf, wenn ich mir eine Hammelkeule mit Kartoffelnudeln trefflich schmecken ließ. Es ist wohl überflüssig zu bemerken, daß ich meine Pfeife bei mir hatte, und daß der Tabak von Athen besser ist als unser einheimischer. Was jedoch vorzüglich dazu beitrug, mir das Haus des Christobulos gemüthlich zu machen, war ein delicater Wein von Santorin, den er Gott weiß woher bezog. Ich bin nicht besonders lecker, und die Erziehung meines Gaumens ist leider etwas vernachlässigt worden; indessen glaube ich dreist behaupten zu können, daß dieser Wein sogar an der Tafel eines Königs geschätzt werden würde; er ist goldgelb, durchsichtig wie Topas, dabei leuchtend wie die Sonne und heiter wie das Lächeln eines Kindes. Mir ist, als sähe ich ihn noch in seiner weitbauchigen Flasche mitten auf dem Wachstuche prangen, welches uns als Tischdecke diente. Er erhellte allein das ganze Zimmer; wir hätten ohne jede andere Leuchte zu Abend essen können. Ich trank nie viel davon, weil er ein sehr hitziges Getränk ist; nichtsdestoweniger declamirte ich zu Ende der Mahlzeit anakreontische Verse und entdeckte Spuren von Schönheit im Vollmondsgesichte der dicken Marula.

Ich speiste mit Christobulos, seiner Familie und den Kostgängern des Hauses. Wir waren drei, die im Hause wohnten, einer kam von außerhalb. Der erste Stock bestand aus vier Zimmern, von denen ein französischer Archäolog, Herr Hippolyt Merinay, das beste bewohnte. Glichen alle Franzosen diesem einen, es wäre wahrlich eine traurige Nation! Er war ein kleiner Herr zwischen achtzehn und achtundvierzig Jahren, sehr rothhaarig, sehr kurzsichtig, sehr sanft, sehr redselig und Besitzer von zwei warmen, feuchten Händen, mit denen er seine Zuhörer krampfhaft festhielt. Seine zwei herrschenden Leidenschaften waren die Theorie der Archäologie und... Philanthropie. Als Mitglied mehrerer gelehrten Gesellschaften und  Wohlthätigkeitsvereine fühlte er sich besonders erhaben. Obgleich er ein eifriger Armenfreund und im Besitze eines schönen Einkommens war, habe ich ihn doch nie das kleinste Almosen spenden sehen. Was seine archäologischen Kenntnisse betrifft, so schien mir aus Allem hervorzugehen, daß sie weit gründlicher waren als seine Menschenliebe. Irgend eine Akademie der Provinz hatte eine Schrift von ihm über die Preise des Papiers zur Zeit des Orpheus gekrönt. Durch diesen ersten Erfolg ermuthigt, führte er den längst gehegten Entschluß aus, nach Griechenland zu gehen, um Material zu einer noch wichtigeren Arbeit zu sammeln; dieselbe betraf nichts Geringeres, als zu berechnen, wie viel Oel Demosthenes verbrauchte, während er die zweite Philippika schrieb.

Meine beiden anderen Nachbarn waren nicht so tief gelehrt; die Dinge der Vorzeit kümmerten sie gar wenig. Giacomo Fondi, ein armer Maltese, beschäftigte sich in irgend einem Consulat damit Briefe zu siegeln, wofür er monatlich so viel erhielt, um Kleider und Kostgeld bezahlen zu können. Ich glaube behaupten zu können, daß jede andere Beschäftigung ihm besser zugesagt haben würde. Die Natur, welche

die Insel Malta nur bevölkert hat, damit es dem Oriente nie an
Lastträgern fehle, hatte den armen Jonbi mit den Schultern, Armen
und Händen des rhodischen Kolosses begabt: er war geboren, die
Keule zu schwingen, nicht um Stangen Siegellacks zu verbrennen;
doch der Mensch ist nicht Herr seines Geschicks und zwischen Jonbi's
Finger schmolz Siegellackstange um Siegellackstange. Doch sobald
die Stunde der Mahlzeit schlug, bewegte sich unser seinen Beruf ver=
fehlt habender Insu= stuhl wäre, herbei=
laner in seinem Ele= trug, was uns zwar
ment: er half der bei seiner Körperbe=
Marula den Tisch schaffenheit ganz na=
decken, den er stets türlich vorkam. Er
ganz allein, wie aß gleich einem An=
wenn es ein Rohr= führer in der Iliade,

und nie werde ich das Krachen seines mächtigen Gebisses, die Oeff=
nung seiner Nüstern, den Glanz seiner Augen, die Weiße seiner zwei=
unddreißig Zähne, die wie das Getriebe eines Mühlenwerkes in
einander griffen, vergessen. Seine Unterhaltung freilich ist mir
wenig erinnerlich geblieben: man fand die Grenzen seiner Intelligenz
leicht; doch Niemand lernte je die Grenzen seines Appetits kennen.

Christobulos hat nichts an ihm verdient
während der vier Jahre, die er ihn be=
herbergte, trotzdem er ihm monatlich für
mehr verbrauchte Zehrung zehn Drachmen
extra anrechnete. Der unersättliche Maltese
verschlang jeden Tag nach dem Essen eine
ungeheure Schüssel voll Haselnüsse, welche
er ganz einfach mit den Händen aufknackte,
indem er den Zeigefinger und Daumen
zusammendrückte. Christobulos, ein alter
Held, aber dabei ein praktischer Mann, ver=
folgte diese Operation mit einer Mischung
von Bewunderung und Schrecken; er zitterte
für seinen Nachtisch und doch fühlte er sich geschmeichelt, einen so
gewaltigen Nußknacker seinen Gast zu nennen. Giacomo's Gesicht

wäre in einer Attrape, mit der man die kleinen Kinder erschreckt, ganz an seinem Platze gewesen. Er war weißer als ein Neger; doch blieb es nur eine Frage der Schattirung. Sein dichtes Haar berührte die Augenbrauen wie eine Mütze. Durch einen eigenthümlichen Contrast hatte dieser Caliban den niedlichsten Fuß, den feinsten Knöchel und ein vollendet schön geformtes, elegantes Bein, das einem Bildhauer hätte als Muster dienen können, — doch waren dies Einzelheiten, die wir kaum bemerkten. Für Jeden, der ihn hatte essen sehen, begann seine Person in gleicher Linie mit der Tischplatte, alles Uebrige zählte nicht.

Den kleinen William Lobster erwähne ich nur der Vollständigkeit halber. Es war ein Engel von zwanzig Jahren, blond, rosig, pausbackig, aber ein Engel aus den Vereinigten Staaten von Amerika. Das Haus Lobster und Söhne in New-York hatte ihn nach dem Oriente geschickt, um den Exporthandel zu erlernen. Während des Tages arbeitete er bei Gebrüder Philipp, des Abends las er den Emerson; des Morgens, zur strahlenden Stunde, da die Sonne sich erhebt, ging er nach dem Gefängnisse des Sokrates — um sich im Pistolenschießen zu üben.

Die interessanteste Persönlichkeit unserer kleinen Colonie war ohne Frage John Harris, Onkel des kleinen Lobster von mütterlicher Seite. Das erste Mal, nachdem ich mit diesem merkwürdigen Menschen gespeist, habe ich Amerika begriffen. John ist in Vandalia in dem Staate Illinois geboren. Von seiner Geburt an hat er die Luft der neuen Welt geathmet, die so belebend, so feurig und jugendlich wirkt, daß sie zu Kopf steigt wie Champagner, und man sich berauscht, indem man sie einsaugt. Ich weiß nicht, ob die Familie Harris reich oder arm ist, ob sie ihren Sohn auf eine Schule gebracht, oder ihm seine Erziehung allein überlassen hat. Dies Eine aber ist gewiß, daß er in einem Alter von siebenundzwanzig Jahren auf Niemanden baut als auf sich selbst, von Niemanden etwas erwartet als von sich, daß ihn Nichts überrascht, er Nichts für unmöglich hält, vor Nichts zurückbebt, Alles glaubt, Alles hofft, Alles versucht, Alles überwindet, wieder aufsteht, wenn er fällt, wieder anfängt, wenn ihm etwas mißlingt, nie still steht,

nie den Muth verliert und ein Liebchen trällernd geradeaus vorwärts geht.

Er ist abwechselnd Landwirth, Schulmeister, Advocat, Journa-
list, Goldsucher, Fabrikant und Kaufmann gewesen; er hat Alles
gesehen, Alles getrieben und die Hälfte der Erde durchstreift. Als
ich ihn kennen lernte, commandirte er im Piräus ein Dampfboot,
sechzig Mann und vier Kanonen, verhandelte die orientalische Frage
in der Boston Review, machte Geschäfte in Indigo mit einem Handels-
hause in Calcutta, und fand noch Zeit, drei oder vier Mal wöchent-
lich mit uns und seinem kleinen Neffen Lobster zu speisen.

Ein einziger Zug unter
vielen wird Ihnen einen Begriff
von Harris' Charakter geben.
Sein Neffe, der damals siebzehn
Jahr alt war, wollte ihm einen
Besuch machen. Er traf ihn
auf dem Washington-Platze, vor
einem brennenden Hause, die
Hände in den Taschen. William
schlägt ihm auf die Schulter,
er dreht sich um:

„Ah du bist's!" sagt er kurz.
„Guten Tag, Bill, du kommst
zur schlimmen Stunde. Diese
Feuersbrunst da richtet mich zu
Grunde; ich hatte vierzigtausend
Dollar in dem Hause, es wird
nicht ein Zündhölzchen gerettet
werden."

„Was wirst du anfangen?" fragt der junge Mann entsetzt.
„Was ich anfangen werde?... Es ist elf Uhr, ich bin hungrig,
ich habe noch etwas Gold in meiner Tasche — wir werden uns ein
Frühstück bestellen."

Harris ist einer der schlanksten und elegantesten Männer, die
ich je gesehen habe. Er hat ein mannhaftes Gesicht, trägt die Stirn

hoch und sein Blick ist klar und stolz. Diese Amerikaner sind nie
schwächlich oder verwachsen, und warum? Ihr Geist und ihr Körper
entwickeln sich ohne Zwang; ihre Schule ist die freie Luft, ihr Lehr=
meister die körperliche Uebung, ihre Amme die Freiheit.

Ich habe nie viel von Herrn Merinay halten können; Giacomo
Fondi betrachtete ich mit der Neugier, mit welcher man in einer
Menagerie ausländische Thiere anstaunt; der kleine Lobster erweckte
in mir ein sehr mittelmäßiges Interesse; für Harris empfand ich
wirkliche Freundschaft. Sein offenes Gesicht, sein einfaches Wesen,
eine gewisse Rauhheit, die nicht ohne Sanftmuth war, sein hitziger
und doch ritterlicher Charakter, seine sonderbaren Launen, das
Ungestüm seiner Empfindungsweise, Alles dies zog mich um so
unwiderstehlicher an, als ich selbst weder feurig noch leidenschaftlich
bin. Wir finden gern außer uns, was wir nicht in uns tragen.
Giacomo kleidete sich mit Vorliebe weiß, weil seine Farbe schwarz
war; ich schwärme für die Amerikaner, weil ich ein Deutscher bin.

Was die Griechen betrifft, so kannte ich sie nach einem Auf=
enthalte von vier Monaten nur sehr wenig. Es ist nichts leichter,
als in Athen zu leben ohne mit den Eingeborenen in Berührung
zu kommen. Ich besuchte kein Kaffeehaus, las weder die Pandora,
noch die Minerva, noch sonst ein im Lande erscheinendes Blatt;
ich vermied in's Theater zu gehen, weil ich ein empfindliches Ohr
besitze und eine falsche Betonung mich mehr verletzt als ein Faust=
schlag; ich lebte zu Hause mit meinen Wirthen, meinen Pflanzen
und John Harris. Vermöge meines diplomatischen Passes und
meines officiellen Titels hätte ich mich bei Hofe vorstellen lassen
können; ich hatte meine Karte bei dem Oberhofmarschall abgegeben
und konnte auf eine Einladung zum nächsten Hofballe rechnen. Für
diese Gelegenheit hielt ich einen schönen rothen mit Silber gestickten
Rock in Bereitschaft, welchen mir meine Tante Rederhette den Abend
vor meiner Abreise verehrt hatte. Es war die Uniform ihres seligen
Mannes, der bei dem philomathischen Institut in Minden als
Lehrer der Naturwissenschaften angestellt gewesen war. Meine gute
Tante, eine sehr verständige Frau, wußte, daß eine Uniform in
allen Landen gut aufgenommen wird, namentlich wenn dieselbe roth

ist. Mein ältester Bruder machte zwar die Bemerkung, daß ich größer sei als mein Oheim, und folglich die Aermel meinen Arm nicht vollständig bedecken würden, doch meine Mutter erwiderte sehr lebhaft, daß die Silberstickerei alle Welt blenden müsse, und überdies Fürstinnen es nie so genau nähmen.

Unglücklicherweise wurde gerade im Laufe dieser Saison bei Hofe kein einziges Mal getanzt. Die Freuden des Winters bestanden in der Blüthe der Mandel=, Pfirsich= und Citronenbäume. Man sprach wohl gerüchtweise von einem großen Ball, der den 15. Mai stattfinden sollte. Es war dies ein Stadtgespräch, das durch einige halbofficielle Journale unterstützt wurde; doch konnte man wenig darauf rechnen.

Meine Studien schritten wie meine Vergnügungen langsam vorwärts. Den botanischen Garten von Athen, der weder sehr schön, noch sehr reichhaltig ist, kannte ich gründlich. Etwas mehr Interesse bot der königliche Garten: ein intelligenter Franzose hat daselbst alle vegetabilischen Schätze des Landes vereint, von den Palmen der Inseln an bis zu den Saxifragen des Cap Sunium. Ich habe angenehme Tage inmitten der Pflanzungen

des Herrn Bareaud verlebt. Der Garten ist dem Publikum nur zu bestimmten Stunden geöffnet; doch sprach ich griechisch mit den Schildwachen, und meinem Griechisch zu Liebe ließ man mich passiren. Herr Bareaud langweilte sich nicht in meiner Gesellschaft: er führte mich überall herum, um das Vergnügen zu haben, über

Botanik und — französisch zu sprechen. War er nicht da, so suchte ich einen langen, mageren Gärtner mit scharlachrothem Haar auf, um ihn auf Deutsch auszufragen: es ist doch zu Vielem gut, Sprachen gelernt zu haben.

Ich ging täglich in's Freie, um Pflanzen einzusammeln, doch nie so weit als ich es wohl gewünscht hätte, da Räuber in der Umgegend von Athen hausten. Ich bin kein Feigling — die Folge dieser Geschichte wird es lehren — doch hänge ich am Leben. Ist es nicht ein Geschenk meiner Eltern? So lange als möglich will ich es erhalten zum Andenken an Vater und Mutter. Es war damals ein höchst gefährliches Wagniß, die Stadt zu verlassen; ja man konnte es schon unvorsichtig nennen, überhaupt darin zu wohnen. Ich wagte mich nie an den Abhang des Lyka=
betes, ohne an jene be=
dauernswür=

dige alte Jungfer zu denken, welche daselbst am hellen Mittage ge=
plündert wurde. Die Höhen von Daphne erinnerten mich an die Gefangennehmung der beiden fran=
zösischen Offiziere. Auf der Straße nach dem Piräus mußte ich unwillkürlich an jene Diebsbande denken, die in sechs Wagen einher=
fuhr wie ein Hochzeitszug und die Vorübergehenden aus dem Wagenschlage erschoß. Auf dem Wege nach dem Pentelikon fiel mir die Gefangennehmung der Herzogin von Placenza ein, oder das ganz frische Abenteuer, das Harris und Lobster vor Kurzem erlebt hatten: Sie kehren auf zwei persischen Pferden, welche Harris gehör=
ten, von einem Spazierritte zurück und fallen in einen Hinterhalt. Zwei Räuber versperren ihnen, die Pistole in der Faust, mitten auf einer Brücke den Weg. Sie sehen sich um und erblicken zu ihren Füßen in der Bergschlucht ein Dutzend bis an die Zähne

bewaffneter Spitzbuben, die fünfzig oder sechzig Gefangene bewachen. Jeder, der seit Sonnenaufgang dort vorübergekommen, war geplündert, dann geknebelt und in Sicherheit gebracht worden, damit Niemand gewarnt werden könne. Harris führte keine Waffen bei sich — so wenig
wie sein Neffe. Schnellentschlossen raunte er demselben daher zu: „Werfen wir ihnen unsere Baarschaft hin; man läßt sich um zwanzig Dollar nicht umbringen." Die Räuber hoben das Geld auf, ohne die Zügel der Pferde loszulassen, dann zeigten sie in die Schlucht und gaben ihnen zu verstehen, daß sie da hinunter steigen müßten. Bei dieser Zumuthung riß Harris die Geduld; er ist nicht von jenem Holz, aus dem man Klötze schneidet. Er wechselt einen Blick mit dem jungen Lobster und im selben Augenblicke fallen gleichzeitig zwei Faustschläge auf die Köpfe der beiden Räuber. Der Gegner William's fällt rückwärts, indem er seine Pistole abfeuert, der von Harris energischer gestoßene stürzt über das Geländer und fällt mitten unter seine Kameraden. Harris und Lobster sind im Nu davon und treiben ihre Pferde mit den Sporen an. Die Bande erhebt sich wie ein Mann und feuert ihre sämmtlichen Gewehre ab. Die Pferde werden getroffen, die Reiter arbeiten sich los und flüchten, so schnell sie ihre Beine tragen wollen. Sie zeigen sogleich die Sache bei der Gensdarmerie an und — bereits 48 Stunden nach erstatteter Anzeige macht sich diese wackere Truppe bei guter Zeit zur Verfolgung auf, natürlich ohne irgend etwas zu entdecken.

Unser vortrefflicher Christobulos erfuhr den Tod der beiden Pferde mit aufrichtigem Bedauern, doch hatte er kein Wort des Tadels für die Thäter: „Was wollen Sie?" sagte er mit rührender Gutmüthigkeit, „es ist ihr Beruf." Alle Griechen sind mehr oder weniger der Ansicht unseres Wirthes; und zwar nicht deßhalb, weil die Räuber etwa nur an Fremden ihre Unthaten verübten und ihre Landsleute verschonten; ein Grieche, den seine Brüder beraubt haben, sagt sich mit einer gewissen Resignation, daß seine Habe wenigstens in der Familie bleibe. Dies Volk läßt sich von den Räubern

plündern, wie eine Taglöhnersfrau sich von ihrem Manne prügeln
läßt, indem sie bei sich bewundert wie gut er schlägt. Die einge=
bornen Sittenrichter beklagen die in der Umgegend begangenen
Excesse, wie ein Vater über die Streiche seines Sohnes trauert.
Man tadelt ihn laut und liebt ihn desto mehr insgeheim; man
würde es sehr ungern sehen, wenn er dem Sohne des Nachbarn
gliche, von dem Fama gar nichts zu berichten weiß.

Dies ist so wahr, daß zur Zeit meiner Ankunft der gefeierte
Held Athen's gerade die Geißel Attika's war. In den Salons so=
wohl als in den Kaffeehäusern, bei den Barbieren, wo sich die
kleinen Leute versammeln, bei den Apothekern, wo die Bürger zu=
sammenkommen, in den sumpfigen Straßen des Bazars, auf dem
staubigen hellenischen Platze, im Theater, bei der Sonntagsmusik
und auf der Straße nach Patission, überall war nur von dem großen
Hadschi Stavros die Rede, man schwur nur bei Hadschi Stavros: Hadschi Stavros der Unbe= siegte, Hadschi Stav= ros der Schrecken aller Gensdarmen, Hadschi Stavros der König des Gebirges! Man wäre, hätte es die Kirche erlaubt, sicherlich im Staube gewesen, Litaneien auf Hadschi Stavros zu singen.

Eines Sonntags, als John Harris bei uns speiste — es war kurze Zeit nach seinem Abenteuer — brachte ich den guten Christodulos auf das Kapitel vom Had= schi Stavros. Unser Wirth hatte früher, während des Befrei= ungskrieges, in einer Zeit, wo die Räu= berei weniger gerügt wurde als jetzt, viel mit ihm verkehrt.

Er leerte sein Glas Santoriner Wein, glättete seinen grau= en Schnurbart und begann eine lange, von etlichen Seuf=
zern unterbrochene Erzählung. Er theilte uns mit, daß Hadschi
Stavros der Sohn eines Popen oder Priesters der Insel Tino

sei. Er wurde, der Himmel weiß in welchem Jahre, geboren; die Griechen aus der guten Zeit kennen ihr Alter nicht, denn die Geburtslisten sind eine Erfindung des Rückschrittes. Sein Vater, der ihn für die Kanzel bestimmte, lehrte ihn lesen. Als er ungefähr zwanzig Jahre alt sein mochte, wanderte er nach Jerusalem und fügte seinem Namen den Titel Hadschi bei, was Pilger bedeutet. Hadschi Stavros wurde auf seiner Rückreise von einem Piraten gefangen genommen. Der Sieger entdeckte Talente in ihm und ließ ihn vom Gefangenen zum Matrosen avanciren. Auf diese Weise begann er seine Kräfte gegen türkische Fahrzeuge und zwar gegen solche, die keine Kanonen an Bord hatten, zu versuchen. Nach einigen Jahren solchen Dienstes fand er es langweilig, immer für Andere zu arbeiten, und beschloß sich selbstständig zu etabliren. Er hatte weder ein Schiff, noch Geld um eines zu kaufen; so sah er sich gezwungen, es mit der Räuberei auf dem Lande zu versuchen. Der Aufstand der Griechen gegen die Türken gestattete ihm, im Trüben zu fischen. Er ist niemals so recht mit sich in's Klare gekommen, ob er eigentlich Insurgent oder Räuber sei, ob er der Anführer einer Diebesbande oder einer Anzahl Parteigänger wäre. Immerhin war sein Haß gegen die Türken nicht so klein, daß er an einem griechischen Dorfe vorübergezogen wäre, ohne es näher zu betrachten und zu durchsuchen. Alles Geld galt ihm gleich, mochte er es nun von Freunden oder Feinden erbeutet haben, mochte es von einfachem Diebstahl oder rechtmäßiger und glorreicher Plünderung herrühren. Eine so weise Unparteilichkeit vermehrte rasch sein Vermögen. Die Hirten schaarten sich unter seine Fahne, als sie erfuhren, daß es reichlichen Gewinn bei ihm gäbe, sein Ruf verschaffte ihm eine Armee. Die Schutzmächte der Insurrection waren von seinen Waffenthaten unterrichtet, aber nicht von den dabei erworbenen Ersparnissen; zu jener Zeit sah man Alles in idealem Lichte. Lord Byron widmete ihm eine schöne Ode, andere Dichter und Redner von Paris verglichen ihn mit Epaminondas und sogar mit dem beklagenswerthen Aristides. Zarte Hände philhellenischer Damen stickten Fahnen für ihn; man sandte ihm Unterstützungen. Er erhielt Geld aus Frankreich,

sowie aus Rußland und England, ja ich will nicht beschwören, ob
ihm nicht selbst von der Türkei zuweilen kleine Geschenke zugingen —
er war ein ächter Palikare. Zu Ende des Krieges ward er mit
den übrigen Anführern in der Akropolis von Athen belagert. Er
wohnte in den Propyläen, zwischen Margaritis und Lygandas, und
hielt seine Schätze in alleiniger, aber höchst wirksamer Bewachung. Einst

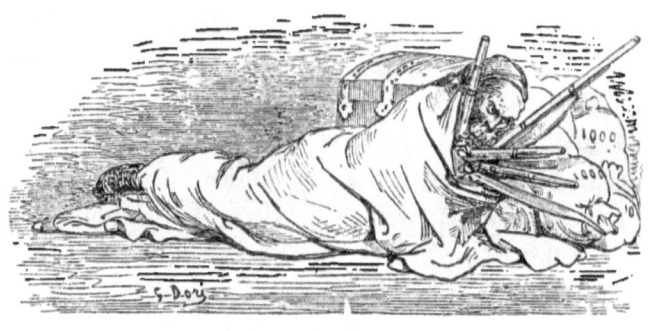

in einer schönen Sommernacht fiel das Dach so geschickt herab, daß
es Alle zermalmte bis auf Hadschi Stavros, der sein Narghileh im

Freien rauchte. Er nahm sich der Hinterlassenschaft seiner Gefährten
an und ein Jeder war der Meinung, daß er dieselbe ehrlich ver=
dient habe. Plötzlich sollte aber ein Unglück, das er nicht geahnt
hatte, seinen Erfolgen ein Ziel setzen: es wurde Frieden geschlossen;
Hadschi Stavros, der sich mit seinem Gelde auf's Land zurück=
gezogen hatte, wohnte nun einem eigenthümlichen Schauspiele bei.
Die Mächte, die Griechenland frei gemacht hatten, versuchten ein
Königreich zu gründen. Uebelklingende Worte ertönten vor den

rauhen Ohren des alten Palikaren: man sprach von einer Regierung, einer Armee, einer öffentlichen Ordnung. Er lachte nicht wenig darüber, als man ihm eröffnete, daß seine Besitzungen in den Kreis einer Unterpräfectur gehörten. Als aber der Abgesandte des Fiscus sich bei ihm einstellte, um die jährlichen Steuern zu erheben, ward er sehr ernst. Er warf den Beamten zur Thür hinaus, — jedoch nicht, bevor er ihm alles Geld, das derselbe bei sich führte, getreulich abgenommen hatte. Die Gerichtsbarkeit fing Händel mit ihm an; da kehrte er in's Gebirge zurück, hatte er sich doch ohnedies zu
Hause gelangweilt. Wenn denn durchaus Ordnung in die politischen Verhältnisse kommen sollte, so wollte er wenigstens seine Hand dabei nicht im Spiele haben.

Seine früheren Waffengefährten waren im ganzen Königreich verstreut. Der Staat hatte ihnen Ländereien gegeben, sie bebauten dieselben mit Widerstreben und aßen mit Unlust das saure Brod der Arbeit. Als sie erfuhren, daß ihr Anführer sich mit dem Gesetze überworfen habe, verkauften sie ihre Felder und eilten, sich mit ihm zu vereinen. Was ihn selbst betraf, so begnügte er sich damit, seine Besitzungen zu verpachten: er besitzt administrative Eigenschaften.

Der Frieden und die Unthätigkeit hatten ihn krank gemacht. Die Gebirgsluft half ihm so gut wieder auf die Beine, daß er eines schönen Tages daran dachte, sich zu verheirathen. Er hatte zwar schon die ersten Fünfzig hinter sich, doch fragen Männer seines Schlags nichts nach dem Alter: der Tod selbst besinnt sich zwei Mal, ehe er sich an sie macht. Er nahm eine reiche Erbin aus einer der ersten Familien Lakoniens und wurde so mit den vornehmsten Leuten des Königreichs verwandt. Seine Frau folgte ihm überallhin, schenkte ihm eine Tochter, bekam das Fieber und starb. Er erzog sein Kind selbst und mit beinahe mütterlicher Sorgfalt. Wenn er die Kleine auf seinem Knie schaukelte, pflegten seine Kameraden, die Räuber, lachend zu sagen: Dir fehlt zur Mama weiter nichts als die Milch.

Die väterliche Liebe gab seinem Geiste neue Spannkraft. Um seiner Tochter eine fürstliche Aussteuer zu sichern, studirte er die Geldfrage, über welche er bisher gar zu urweltliche Ansichten gehabt. Anstatt sein Geld in Koffern anzuhäufen, legte er es an. Er lernte die Wege und Abwege der Speculation: er beobachtete den Cours der Börsenpapiere in Griechenland und im Auslande. Ja in den „Gründerjahren" begann er — wir werden noch darauf zurückkommen — durchdrungen von den Vortheilen der „Consortialbetheiligung", die Räuberei auf Actien zu betreiben. Er hat mehrere Reisen durch Europa, unter dem Geleite eines Landsmanns unternommen, der ihm als Dolmetscher diente. Während seines Aufenthalts in England wohnte er in irgend einem veralteten Flecken von Yorkshire einer Wahl bei; dies erhabene Schauspiel erweckte tiefe Gedanken in ihm über constitutionelle Regierungen und die Vortheile, die sie bieten. Er kehrte mit dem Vorsatze heim, die Verfassung seiner Heimath auszubeuten und sein Einkommen dadurch zu vergrößern. Er brannte im Dienste der Opposition eine hübsche Anzahl Dörfer nieder, einige andere zerstörte er dagegen zu Nutz und Frommen der conservativen Partei. Wollte man ein Ministerium stürzen, so brauchte man sich nur an ihn zu wenden: er wußte durch unumstößliche Argumente zu beweisen, daß die Verwaltung schlecht sei und daß man nur dann einige Ruhe und Sicherheit genießen werde, wenn man ein neues Cabinet gründe. Hingegen gab er auch den Feinden der Ordnung derbe Lehren, indem er sie mit denselben Mitteln strafte, mit denen sie selbst gesündigt hatten. Seine politischen Gaben wurden so bekannt, daß ihn alle Parteien in hohen Ehren hielten. Seine Rathschläge in Bezug auf die Wahlen wurden beinahe immer befolgt, so daß im Gegensatz zum Grundprincip des Repräsentativstaates, welches fordert, daß ein Deputirter mehrere Meinungen zu vertreten habe, er allein durch einige dreißig Deputirte vertreten war. Ein kluger Minister, der berühmte Rhalettis, überlegte bei sich, daß ein Mann, welcher so oft die Triebfedern der Regierung in Bewegung setzte, wohl eines schönen Tages die ganze Maschine verderben könne. Er versuchte daher, ihm mit einer goldenen Fessel die Hände zu binden. Er gab ihm ein Rendez-vous in Carvati, zwischen dem Hymettos und dem Pentelicon, in dem Landhause eines fremden Consuls. Hadschi Stavros fand sich pünktlich und ohne alles Gefolge ein. Der Minister und der Räuber, die sich seit langer Zeit kannten, frühstückten zusammen wie zwei alte Freunde. Beim Dessert bot ihm Rhalettis unbedingte und gänzliche Amnestie für sich und die Seinen, ein Patent als Divisions-General, den Titel als Senator, und zehntausend Hectaren Waldung als unumschränktes Eigenthum an. Der Palikare zögerte eine kurze Zeit und antwortete endlich: „Vielleicht hätte ich vor zwanzig Jahren dies Anerbieten angenommen, aber jetzt bin ich zu alt, um meine Lebensweise noch zu ändern. Der Staub von Athen taugt mir nichts, im Senat würde ich einschlafen, und wenn du mir Soldaten zu befehligen giebst, so wäre ich im Stande, aus uralter Gewohnheit auf ihre Uniform zu schießen. Kehre also ruhig zurück an deine Geschäfte und überlasse mir die Sorge für die meinigen."

Rhalettis hielt sich noch nicht für geschlagen. Er versuchte den Räuber über die Schändlichkeit seines Gewerbes aufzuklären. Hadschi Stavros lachte und sagte mit gewinnender Herablassung:

„Gevatter, wer von uns Beiden wird an dem Tage, wo wir unsere Sünden aufzählen, die längste Liste aufzuweisen haben?.."

„Bedenke endlich," fügte der Minister hinzu, „daß du deinem Schicksale nicht entgehen kannst: früher oder später wirst du eines gewaltsamen Todes sterben."

„Allah Kerim!" antwortete er auf türkisch, „weder du noch ich haben in den Sternen gelesen. Aber einen Vortheil habe ich vor dir: nämlich den, daß meine Feinde alle Uniform tragen; so kann ich sie schon von Weitem erkennen... das kannst du von den deinigen nicht sagen. Leb' wohl, Bruder."

Sechs Monate später ward der Minister von seinen politischen Feinden ermordet; der Räuber lebt heute noch. — —

Unser Wirth erzählte nicht alle wunderbaren Thaten seines Helden: dazu hätte der ganze Tag kaum hingereicht. Er begnügte sich, die vorzüglichsten anzuführen. Ich glaube kaum, daß jemals ein Nacheiferer des Hadschi Stavros in irgend einem Lande etwas so Kunstvolles vollbracht hat, als seine Kaperung des Niebuhr. Dies ist ein Dampfboot des österreichischen Lloyd, welches der Palikare auf festem Lande, gegen elf Uhr Mittags, geplündert hat. Der Niebuhr kam von Konstantinopel: er brachte seine Ladung und seine Passagiere nach Kalamachi, im Osten des Isthmus von Korinth. Vier Frachtwagen und zwei Omnibus nahmen Passagiere und Waaren auf, um sie nach der andern Seite des Isthmus, in den kleinen Hafen Loutraki zu bringen, wo sie ein anderes Schiff erwartete. Dasselbe wartete lange — und wenn es nicht gestorben ist, so wartet es vielleicht noch heute. Am hellen Tag, auf einer guten Straße, in einem flachen Lande ohne Waldung, raubte Hadschi Stavros die Waaren, das Gepäck, das Geld der Reisenden und die Munition der Gensdarmen, die dem Zuge das Geleite gaben: „Jener Tag brachte ihm zweihundertundfünfzig= tausend Drachmen ein!" sagte Christobulos mit einer leisen An= wandelung von Neid.

Man hat viel von den durch Hadschi Stavros verübten Grau= samkeiten gesprochen. Sein Freund Christobulos führte uns den Be= weis, daß derselbe das Böse nicht aus Vergnügen daran thue. Er sei ein nüchterner Mann, der sich nie berausche, nicht einmal in Blut. Wenn es ihm ja einmal begegne, die Füße eines reichen

Bauern etwas zu verbrennen, so geschehe es nur, um zu erfahren, wo der Knicker seine Schätze verborgen halte. Im Allgemeinen

behandelt er die Gefangenen, von denen er ein Lösegeld erhofft, mit Sanftmuth. Im Sommer des Jahres 1874 brach er eines Abends mit seiner Bande bei einem angesehenen Kaufmanne der Insel Euböa, Herrn Voïbi ein. Er fand die ganze Familie versammelt und außerdem einen alten Richter des Tribunals zu Chalkis, der sein Spielchen mit dem Herrn des Hauses machte. Hadschi Stavros bot dem Beamten an, um seine Freiheit zu spielen: er verlor und hielt getreulich sein Wort. Er nahm Herrn Voïbi, seine Tochter und seinen Sohn mit sich; die Frau ließ er zurück um für das Lösegeld zu sorgen. Den Tag, da dies geschah, litt der Kaufmann am Podagra, die Tochter hatte das Fieber und der kleine Junge war blaß und gedunsen. Nach zwei Monaten kamen sie alle frisch und munter wieder, durch die Bewegung, die frische Luft und die gute Behandlung völlig hergestellt. Eine ganze Familie erhielt für fünfzigtausend Drachmen ihre Gesundheit wieder; war das zu theuer erkauft?

„Ich muß freilich gestehen," fügte Christobulos hinzu, „daß unser Freund ohne Nachsicht für schlechte Zahler ist. Wenn ein Lösegeld zur bestimmten Frist nicht eingetroffen ist, tödtet er seine Gefangenen mit kaufmännischer Pünktlichkeit: es ist dies seine Art, die Wechsel zu protestiren. Wie groß übrigens auch meine Bewunderung und die Freundschaft, die unsere beiden Familien vereint,

sein mag, ich habe ihm niemals den Mord der beiden jungen Mädchen von Mistra verzeihen können. Es war ein Zwillingspaar von sechzehn Jahren, hübsch wie kleine Marmorstatuen, beide mit zwei jungen Leuten von Leondari verlobt. Sie sahen sich so vollkommen ähnlich, daß, wenn sie zusammen waren, man sich die Augen rieb in der Meinung man sähe doppelt. Eines Morgens gingen sie Cocons in der Spinnerei zu verkaufen; beide trugen einen großen Korb, wie zwei Täubchen, die einen Wagen ziehen. Hadschi Stavros entführte sie in's Gebirge und schrieb ihrer Mutter, daß er sie für zehntausend Drachmen frei geben wolle, welche Ultimo des Monats zu zahlen seien. Die Mutter war eine wohlhabende Wittwe, Besitzerin schöner Maulbeerbäume, doch arm an baarem Gelde, wie wir es alle sind. Sie nahm Geld auf ihre Besitzung auf, was nie leicht ist, selbst gegen zwanzig Procent. Sie brauchte über sechs Wochen, um die Summe aufzutreiben. Als sie endlich das Geld beisammen hatte, lud sie es auf ein Maulthier und machte sich zu Fuß auf den Weg nach dem Lager des Hadschi Stavros. Als sie die große Langaba von Taygete betrat, wollte das Maulthier, welches voranging, an der Stelle, wo die sieben Quellen unter einer Platane sind, nicht mehr weiter. Da erblickte die unglückliche Mutter ihre armen Kinder am Rande der Straße. Der Hals war ihnen bis auf den Knochen durchschnitten, die hübschen Köpfchen waren völlig vom Körper losgetrennt.

Sie nahm die beiden süßen Geschöpfe, lud sie selbst auf das Maulthier und brachte sie zurück nach Mistra. Sie konnte nicht weinen und so verlor sie den Verstand und starb. Ich weiß, daß Hadschi Stavros seine That bereute: er hatte die Wittwe für reicher gehalten und geglaubt, sie wolle nicht zahlen. Er hatte die beiden Kinder des Beispiels halber getödtet. Andererseits ist es aber gewiß, daß seit dieser Zeit die Zahlungen stets pünktlich geleistet worden sind, und ebenso gewiß, daß es Niemand wieder gewagt hat, ihn warten zu lassen."

»Brutta carogna!« schrie Giacomo, indem er einen Schlag führte, von dem das ganze Haus erzitterte wie bei einem Erdbeben. „Wenn mir der je in die Hände fällt, so warte ich ihm mit einem Lösegeld von zehntausend Faustschlägen auf, das ihm gestatten wird, sich von den Geschäften zurückzuziehen... darauf kann sich der Herr ‚König‘ verlassen."

„Und ich," sagte der kleine Lobster mit einem ruhigen Lächeln, „wünsche ihn nur fünfzig Schritt vor der Mündung meines Revolvers zu haben. Und Sie, Onkel John?"

Harris pfiff eine amerikanische Melodie zwischen den Zähnen, die klang scharf wie die Klinge eines Stilets.

„Soll ich meinen Ohren trauen?" fügte Herr Merinay, der friedfertige Sterbliche, mit seiner sanften Stimme hinzu. „Ist es möglich, daß solche Gräuel in einer Zeit wie der unsrigen begangen werden? Wohl weiß ich, daß die Gesellschaft zur sittlichen Besserung der Verbrecher noch keinen Zweigverein in diesem Königreiche errichtet hat; aber unterdessen, sollte man denken, ist ja doch die Gensdarmerie da."

„Freilich," sagte Christobulos; „fünfzig Offiziere, hundertundzweiundfünfzig Brigabiers und eintausendzweihundertundfünfzig Gensdarmen, von denen hundertundfünfzig beritten sind. Es ist die beste Truppe nächst der des Habschi Stavros."

„Was mich wundert," bemerkte ich, „ist, daß die Tochter des alten Bösewichts ihn gewähren ließ."

„Sie ist nicht bei ihm."

„Das ist etwas Anderes. Wo ist sie?"

„In Pension."

„In Athen?"

„Da fragen Sie mich zu viel: das ist mehr als ich sagen kann. Immerhin ist es gewiß, daß derjenige, der sie heirathen wird, eine vortreffliche Partie macht."

„Ja," sagte Harris, „so behauptet man ja auch, daß die Tochter Calcraft's gleichfalls keine üble Partie sei."

„Wer ist Calcraft?"

„Der Henker von London."

Bei diesen Worten erröthete Dimitri, der Sohn des Christobulos, bis über die Ohren.

„Verzeihung, mein Herr," sagte er schüchtern zu John Harris, „es besteht ein großer Unterschied zwischen einem Henker und einem Räuber. Das Gewerbe des Henkers ist schändlich — der Beruf des Räubers ist geachtet. Die Regierung sieht sich genöthigt, den Henker von Athen in der Veste von Palamedes zu halten, sonst würde man ihn ermorden; dem Hadschi Stavros hingegen will Niemand übel und die ehrlichsten Leute des Königreichs würden sich ein besonderes Vergnügen und eine Ehre daraus machen, ihm die Hand zu schütteln."

Harris öffnete den Mund um zu antworten, als die Hausglocke ertönte. Es war die Magd, die mit einem jungen Mädchen heimkehrte, welches fünfzehn bis sechzehn Jahr alt sein mochte und wie das neuste Modekupfer gekleidet war; Dimitri stand auf und sagte in seiner etwas plumpen Art:

„Das ist Photini."

„Lassen Sie uns von etwas Anderem sprechen, meine Herren," sagte der Kuchenbäcker. „Räubergeschichten sind nichts für junge Mädchen."

Christobulos stellte uns Photini als die Tochter eines seiner Waffengefährten, des Obersten Johann, Commandanten von Nauplia, vor. Sie hieß folglich Photini, Tochter Johann's; so heischte es die Sitte des Landes, die keinen Familiennamen im eigentlichen Sinne kennt.

Die junge Athenienserin war häßlich, wie neun Zehntel der Töchter Athen's es zu sein pflegen. Sie hatte hübsche Zähne und schönes Haar, doch dies war Alles. Ihre plumpe Taille schien sich in einem Pariser Corset sehr unbehaglich zu fühlen. Ihre Füße, von der Form eines Bügeleisens, mußten eine wahre Folter ausstehen: sie waren dazu geschaffen, Pantoffeln zu schleppen und nicht in Hackenstiefelchen gepreßt zu werden. Ihr Gesicht, das geradezu kein Profil besaß, zeigte keine Spur von griechischem Typus. Es hatte beinahe das Ansehen, als ob eine unvorsichtige Amme sich aus Versehen auf dasselbe gesetzt habe. Der Putz kleidet nicht alle Frauen; er ließ die arme Photini beinahe lächerlich erscheinen. Das Linkische ihres Wesens und das Ungeschickte ihrer Bewegungen wurde durch ein von einer mächtigen Crinoline getragenes Volantkleid noch mehr hervorgehoben. Die Schmuckgegenstände, mit denen sie besät war, schienen ebensoviel Ausrufungszeichen, um sich über die verschiedenen Unvollkommenheiten ihres Körpers zu wundern. Man glaubte eine dicke untersetzte Magd vor sich zu sehen, die mit den Kleidern ihrer Herrin zum Sonntage Staat macht.

Niemand von uns verwunderte sich, die Tochter eines einfachen Obersten so kostbar angethan zu sehen, um ihren Sonntag im Hause eines Kuchenbäckers zuzubringen. Wir kannten das Land schon lange genug, um zu wissen, daß Putzsucht die unheilbarste Wunde der griechischen Gesellschaft ist. Die Landmädchen lassen Geldstücke durchbohren, nähen sie in Form eines Helms zusammen und schmücken sich damit zu hohen Festtagen. Sie tragen ihre Mitgift auf dem

Kopfe; die Städterinnen verschwenden sie bei den Kaufleuten und tragen sie zerstreut am ganzen Körper.

Photini war in dem Hetärion in Pension. Dies ist, wie Sie wissen, ein Erziehungshaus, welches nach dem Muster der Ehrenlegion errichtet ist, doch wird dasselbe durch mildere und tolerantere Gesetze beherrscht. Man erzieht dort nicht nur die Töchter der Soldaten, sondern auch zuweilen die Erbinnen der Räuber... Doch ich will nicht vorgreifen.

Die Tochter des Obersten Johann konnte etwas Französisch und Englisch; doch ihre Schüchternheit verhinderte sie, in der Unterhaltung zu glänzen. Später habe ich erfahren, daß ihre Familie auf uns gerechnet hatte, um sie in den fremden Sprachen zu vervollkommnen. Sobald ihr Vater erfahren, daß Christobulos gebildete und anständige Europäer in seinem Hause beherberge, hatte er den Kuchenbäcker gebeten, sie jeden Sonntag bei sich aufzunehmen und ihr als Correspondent zu dienen. Dieses Uebereinkommen schien dem Christobulos und ganz besonders seinem Sohne Dimitri durchaus nicht unangenehm zu sein. Der junge Lohndiener verschlang mit seinen Blicken die arme Pensionärin, die jedoch nichts davon bemerkte.

Wir hatten uns vorgenommen, gemeinschaftlich die Musik zu besuchen. Dies ist ein schönes Schauspiel, welches sich die Athenienser jeden Sonntag selbst bereiten. Das gesammte Volk versammelt sich im höchsten Staate auf einem staubigen Platze, um Walzer und Quadrillen anzuhören, die von der Regimentsmusik ausgeführt werden. Die Armen kommen zu Fuß, die Reichen zu Wagen und die Elegants zu Pferde. Der Hof gar darf selbstverständlich dabei nicht fehlen. Nach der letzten Quadrille kehrt Jeder mit staubigem Kleid und zufriedenem Herzen heim und man sagt sich: „Wir haben uns vortrefflich unterhalten." Ganz gewiß hatte Photini darauf gerechnet, sich bei der Musik zu zeigen, und Dimitri, ihr Bewunderer, wäre nicht ungern neben ihr erschienen, denn er trug einen neuen Rock, welchen er in einem der besten Magazine sich hatte anfertigen lassen. Unglücklicherweise nöthigte uns ein strömender Regen zu Hause zu bleiben. Um die Zeit hinzubringen, schlug Marula uns vor, um Bonbons zu spielen: dies ist eine in der mittleren Gesellschaft sehr beliebte Unterhaltung. Sie holte ein gefülltes Glas aus dem Laden und vertheilte an Jeden eine Handvoll einheimischer Bonbons, von Nelken, Anis, Pfeffer und Cichorie. Darauf wurden Karten ausgegeben, und wer davon zuerst neun von gleicher Farbe beisammen hatte, bekam von jedem Mitspielenden drei Zuckerplätzchen. Der Maltese Giacomo bewies durch seine gespannte Aufmerksamkeit, daß ihm der Gewinn keineswegs gleichgültig sei. Das Glück war ihm günstig, er gewann wahre Reichthümer, und wir sahen ihn sieben oder acht Hände voll Bonbons verschlingen, die abwechselnd durch die Finger Aller, also auch durch die des Herrn Merinay gegangen waren, letzteres ein Umstand, der meines Erachtens durch den chronisch tropfbar-flüssigen Zustand, in welchem sich die natürlichen Greifwerkzeuge unseres Haus-Archäologen zu befinden pflegten, auf den Wohlgeschmack dieser Süßigkeiten förderlich einzuwirken kaum besonders geeignet war.

Ich, der ich bei der Partie weniger interessirt war, concentrirte meine Aufmerksamkeit auf ein merkwürdiges Phänomen, das sich zu meiner Linken zeigte. Während die Blicke des jungen Atheniensers einer nach dem anderen an Photini's Gleichgültigkeit scheiterten, wurde sie wiederum durch Harris, der sie gar nicht ansah, unwiderstehlich angezogen. Er hielt seine Karten mit einem ziemlich zerstreuten Gesichte, gähnte von Zeit zu Zeit mit amerikanischer Aufrichtigkeit, oder pfiff den Yankee-Doodle, ohne Rücksicht auf die Gesellschaft. Ich glaube, daß ihn die Erzählung des Christobulos beschäftigte und daß sein Geist im Gebirge umherschweifte und Hadschi Stavros nachlief. Auf jeden Fall, wenn er überhaupt an etwas dachte, so war es sicherlich nicht an Liebe. Vielleicht machte sich das junge Mädchen auch keine Gedanken darüber, denn beinahe alle griechischen Frauen haben eine solide Grundlage von Gleichgültigkeit in ihrem Herzen. Nichtsdestoweniger betrachtete sie meinen Freund Harris, wie eine Lerche den Spiegel beschaut. Sie kannte ihn nicht, sie wußte nichts von ihm — weder seinen Namen, noch seine Heimath, noch sein Vermögen; sie hatte ihn nicht sprechen hören, und wenn sie ihn auch gehört hätte, so wäre sie keineswegs im Stande gewesen zu beurtheilen ob er Geist habe oder nicht. Sie sah daß er sehr schön war und das genügte ihr. Die Griechen der Vorzeit beteten die Schönheit an — es war die einzige ihrer Gottheiten, welche nie Leugner fand; — die Griechen der Jetztzeit wissen trotz ihres Verfalls noch immer einen Apoll von einem Cretin zu unterscheiden. In der Sammlung des Herrn Fauriel findet man ein kleines Lied, das sich ungefähr folgendermaßen übersetzen ließe:

„Jünglinge wollt Ihr wissen,
Junge Mädchen soll ich Euch sagen,
Wie die Liebe in uns bringt?
Sie bringt durch die Augen ein,
Von den Augen steigt sie in das Herz
Und im Herzen schlägt sie Wurzel."

Ohne Zweifel kannte Photini das Lied; denn sie öffnete ihre Augen nur so weit, damit die Liebe hineingelangen könne, ohne sich zu bücken...

Der Regen wurde nicht müde, zu fallen, noch Dimitri, das junge Mädchen zu beobachten, noch das junge Mädchen, Harris anzustarren, noch Giacomo, Bonbons zu verschlingen, noch Herr Merinay, dem kleinen Lobster, der nicht auf ihn hörte, ein Kapitel aus der alten Geschichte zu erzählen. Um acht Uhr trug Marula das Abendessen auf. Photini erhielt ihren Platz zwischen Dimitri und mir, der ich ohne Bedeutung war. Sie aß wenig und sprach nichts.

Erst zuletzt, als beim Dessert die Magd sagte, sie wolle sie jetzt wieder nach Hause zu bringen, machte sie eine sichtliche Anstrengung und flüsterte in mein Ohr:

„Ist Herr Harris verheirathet?"

Ich machte mir ein Vergnügen daraus, sie ein wenig in Verlegenheit zu bringen, und so antwortete ich denn mit der trockensten Miene von der Welt:

„Ja, mein Fräulein: er hat die Wittwe des Dogen von Venedig geheirathet."

„Wäre es möglich! Wie alt ist sie?"

„Sie ist so alt wie die Welt und so ewig wie die Schönheit!"

„Spotten Sie nicht meiner; ich bin ein einfaches Mädchen und verstehe Ihre westländischen Scherze nicht."

„Mit anderen Worten, Fräulein, er hat sich dem Meere vermählt; er ist Commandant des amerikanischen Stationsschiffes Fun and Fancy."

Sie dankte mir mit so strahlender Freude, daß mir ihre Häßlichkeit zu schwinden schien und ich sie wenigstens eine Secunde lang hübsch fand.

III.

Mary-Ann.

Meine Jugendstudien haben eine Leidenschaft in mir entwickelt, die endlich die Oberhand über alle anderen gewonnen hat: es ist dies die Wißbegier — oder wenn Sie es lieber anders nennen wollen, die Neugierde. Bis zu dem Tage meiner Abreise nach Athen kannte ich nur ein Vergnügen: das Lernen — und nur einen Kummer: die Unwissenheit. Ich verehrte die Wissenschaft wie eine Geliebte, und noch Niemand hatte ihr mein Herz streitig gemacht. Hingegen muß ich gestehen, daß ich nicht schwärmerisch war, und daß ich und die Poesie selten durch dieselbe Pforte traten. Ich wandelte in der Welt umher wie in einem großen Museum, mit der Loupe in der Hand; ich beobachtete die Freuden und Leiden Anderer als Erscheinungen, die des Studiums würdig, aber des Neides oder des Mitleidens unwürdig sind. Ein glückliches Ehepaar beneidete ich ebenso wenig, als etwa ein Paar Palmbäume, die der Wind verwühlt hatte; für ein von Liebe gequältes Herz hatte ich nicht mehr und nicht weniger Mitgefühl als für ein vom

Frost erstarrtes Geranium. Wenn man lebende Thiere secirt hat, so ist man gegen den Schrei des zuckenden Fleisches ziemlich abgehärtet. Ich hätte gut unter die Zuschauer bei einem Kampfe der Gladiatoren gepaßt.

Die Liebe Photini's zu John Harris hätte das Mitleid eines jeden Andern, als eines Naturforschers erweckt. Das arme Geschöpf liebte „die kreuz und die quer", wie sich Heinrich IV. so hübsch ausgedrückt hat, und es war klar, daß sie ganz vergebens lieben würde. Sie war zu schüchtern, ihre Liebe zu verrathen, und John zu strudelköpfig, dieselbe zu errathen. Ja, selbst wenn er etwas bemerkt hätte, so blieb doch keine Hoffnung, daß er sich für ein naives Molchgesicht von den Ufern des Ilissos interessiren würde. Photini verlebte noch vier Tage mit ihm, die vier Sonntage des April. Sie blickte ihn von Früh bis Abends mit sehnsüchtigen, verzweifelnden Augen an; doch hatte sie nie den Muth, in seiner Gegenwart den Mund zu öffnen. Harris pfiff höchst gleichmüthig, Dimitri trauerte wie eine junge Dogge, und ich beobachtete lächelnd diese sonderbare Krankheit, vor der meine Natur mich stets behütet hatte.

Inzwischen schrieb mir meine Mutter, daß des Vaters Geschäfte schlecht gingen, daß sich höchst selten Reisende einstellten, daß das Brot sehr theuer wäre, daß unsere Nachbarn gegenüber ausgewandert seien und daß ich, wenn ich eine russische Fürstin gefunden hätte, nichts Besseres thun könne, als sie unverzüglich zu heirathen. Ich antwortete ihr, daß ich noch kein Weib gefunden hätte, das zu gewinnen gewesen außer der Tochter eines armen griechischen Obersten; daß diese ernstlich verliebt sei, aber in einen Andern als mich; daß es mir mit ein wenig Gewandtheit gelingen könne, ihr Vertrauter zu werden, aber daß ich niemals ihr Mann werden würde. Uebrigens wäre meine Gesundheit gut und mein Herbarium prachtvoll. Meine Nachforschungen, die sich bisher nur auf Athen und die nächste Umgebung beschränkt hätten, würden sich nun weiter erstrecken. Die Sicherheit kehre wieder; die Räuber seien von den Gensdarmen geschlagen worden und alle Zeitungen verkündigten die Zerstreuung der Bande des Hadschi Stavros. Spätestens in einem Monate würde ich die Rückreise antreten und mich dann wohl mit Erfolg um eine Stelle bewerben können, welche die ganze Familie vor Mangel schützen solle.

Am 28. April hatten wir in dem Staatsanzeiger von Athen die Niederlage des Königs des Gebirges gelesen. Die offiziellen Berichte sagten, daß zwanzig Mann kampfunfähig gemacht worden, sein Lager verbrannt und seine Bande verstreut worden sei, und daß ihn die Gensdarmerie bis in die Sümpfe von Marathon verfolgt hätte. Diese Neuigkeiten, die allen Fremden sehr angenehm waren, schienen die Griechen weniger zu erfreuen, am wenigsten unsere Wirthe. Christodulos zeigte für einen Lieutenant der Phalanx sehr wenig Enthusiasmus, und die Tochter des Oberst Johann war bei der Nachricht von der Niederlage des Räubers den Thränen nahe. Harris, der die Zeitung mitgebracht hatte, zeigte unverhohlen seine Freude. Was mich betraf, so gelangte ich wieder in den Besitz des freien Feldes, also war ich entzückt. Schon den dreißigsten brach ich früh morgens mit meiner Botanisirtrommel und meinem Stock auf, Dimitri, der gewohnt war zu jeder Jahreszeit frühe aufzustehen, weckte mich um vier Uhr; er hatte die Befehle einer englischen Familie in Empfang zu nehmen, welche seit wenig Tagen im Hôtel des Etrangers angekommen war.

Ich ging die Hermesstraße entlang bis an den hellenischen Platz, und lenkte in die Aeolusstraße ein. Als ich an dem Kanonenplatze vorbeikam, begrüßte ich die kleine Artillerie des Königreichs, die unter einem Zeltdache ruhte und von der Einnahme von Konstantinopel träumte; von hier gelangte ich in vier Sprüngen nach der Patissia-Promenade. Die zu beiden Seiten blühenden Melinen öffneten eben ihre duftenden Kelche, der dunkelblaue Himmel färbte sich unmerklich heller zwischen dem Hymettos und Pentelikon. Vor mir stiegen am Horizont die Höhen des Parnasses auf, wie eine zum Theil zerstörte Mauer: das war das Ziel meiner Reise. Durch einen Seitenweg gelangte ich an das Haus der Gräfin Janthe Theotoki, wo sich die französische Gesandtschaft befindet; ich ging die Gärten des Prinzen Michael Soutzo entlang, an der Akademie des Plato vorbei, welche ein Präsident des Areopags vor einigen Jahren verlost hat, und dann betrat ich den Olivenwald. Die munteren Krammetsvögel und die Elstern, ihre Geschwisterkinder, hüpften vergnüglich zwitschernd in dem silbernen Laube über mir. Am Ausgange des Waldes durchwanderte ich große Flächen noch grüner Gerste, auf welchen die kurzen, gedrungenen Pferde Attika's, gleich

denen auf dem Fries des Parthenon, sich für die trockene und erhitzende Nahrung des Winters zu entschädigen suchten. Ganze Züge Turteltauben entflohen vor meinen Schritten, und die Haubenlerchen stiegen wie Raketen eines Feuerwerks senkrecht auf zum Himmel. Von Zeit zu Zeit schleppte sich eine träge Schildkröte, ihr Haus nach sich ziehend, über die Steine; sobald mir wieder ein solch riesiges Panzerthier über den Weg kroch, machte ich mir das allerdings mit nicht unerheblicher Mühe verbundene Vergnügen, dasselbe sorgfältig auf den Rücken zu wälzen und setzte dann meinen Weg fort, indem ich ihr die Ehre überließ, sich aus der Verlegenheit zu ziehen. Nach zweistündiger Wanderung betrat ich die Wüste. Jegliche Spur von Cultur verschwand; auf dem dürren Boden erblickte man einige Büschel dürftigen Grases, die Zwiebel der Ornithogale und die langen verdorrten Stengel der Asphedellilien. Die Sonne ging auf und ich erblickte deutlich die Tannen, welche die Seiten des Parnasses begrenzen. Der Pfad, den ich eingeschlagen hatte, war kein ganz zuverläßiger Führer, doch ging ich auf einige zerstreut liegende Häuser zu, die ich für das Dorf Castia hielt.

Mit einem Sprung setzte ich über den Eleusinischen Kephissos, zum großen Aergerniß der kleinen, flachen Schildkröten, die in's Wasser hüpften wie die Frösche. Ungefähr hundert Schritte weiter verlor sich der Pfad in eine tiefe, breite Schlucht, welche die Regengüsse von viel tausend Wintern ge‑
graben hatten. Ich vermuthete mit einiger Wahrscheinlich‑
keit, daß diese Schlucht der Weg sein müsse, da ich schon früher bemerkt hatte, daß die Griechen sich die Mühe, einen Weg zu bahnen, allemal da ersparen, wo das Wasser die Gefälligkeit gehabt hat, diese Arbeit zu übernehmen. In einem Lande, wo der Mensch den Werken der Natur so wenig hinderlich ist, wie hier, sind alle Ströme Chausseen, die Bäche Straßen und die kleinen Rieselquellen Feld‑
wege. Die Gewitter versehen das Amt der Ingenieure für Brücken‑ und Straßenbau, und für große und kleine Verbindungswege ist der
Regen ein Aufseher, der keiner Controle bedarf. Ich begab mich also getrost in die Schlucht und verfolgte meine Wanderung zwischen zwei steilen Ufern, die mir die Ebene, den Berg und mein Ziel

vollständig verdeckten. Aber mein launenhafter Weg machte so viel Biegungen, daß ich bald die Richtung, in welcher ich mich befand, nicht mehr anzugeben wußte und im Zweifel war, ob ich dem Parnaß nicht den Rücken wende. Das Beste würde wohl gewesen sein, ein oder das andere Ufer zu erklimmen und mich in der Ebene zu orientiren; aber die Abhänge waren steil, ich war müde und hungrig und befand mich im Schatten ganz wohl; ich setzte mich daher auf einen Marmorblock, nahm aus meiner Trommel ein Stück Brot, etwas kaltes Lammfleisch und ein Fläschchen jenes herrlichen Weins, von dem ich Ihnen erzählt habe. Ich sagte mir: Wenn ich auf einer wirklichen Straße bin, so wird wohl mit der Zeit Jemand vorüberkommen, den ich befragen kann.

Und richtig; eben klappte ich mein Messer wieder zu, um mich mit jener süßen Behaglichkeit, die den Mahlzeiten der Reisenden und Schlangen zu folgen pflegt, im Schatten hinzustrecken, als ich den Tritt eines Pferdes zu hören glaubte. Ich legte mein Ohr an die Erde und ward inne, daß zwei oder drei Reiter hinter mir herkamen. Während ich meine Vorbereitungen traf,  ihnen zu folgen, im Fall sie auch nach dem Parnaß gingen, erschienen zwei Damen zu Pferde, wie reisende Engländerinnen angethan. Hinter ihnen erblickte ich einen Fußgänger, in dem ich ohne Mühe Dimitri erkannte.

Wer ein wenig in der Welt herumgekommen ist, wird sicher schon bemerkt haben, daß sich der Reisende ohne alle Sorge um seinen Anzug auf den Weg macht; sobald er jedoch Repräsentanten des schönen Geschlechts begegnet, und wären sie auch so alt wie die Taube aus der Arche, so verschwindet plötzlich diese Gleichgültigkeit und er wirft einen ängstlichen Blick auf seine staubige Hülle. Noch ehe ich die Züge der Damen hinter ihren blauen Schleiern unterscheiden konnte, musterte ich meine Person und war mit mir zufrieden. Ich trug dieselben Kleider, die ich heute noch trage und die noch ganz präsentabel sind, trotzdem sie schon zwei Jahr gedient haben. Ich habe nur meine Kopfbedeckung gewechselt; denn eine Mütze, wäre sie auch eben so schön und gut wie die meine, würde den Reisenden nicht vor dem Sonnenstiche schützen. Ich hatte einen breitkrämpigen grauen Filzhut, auf welchem der Staub nicht sichtbar war.

Besagten Hut nahm ich vor den beiden Damen höflich ab, doch schien sie mein Gruß nicht sonderlich zu kümmern. Ich reichte Dimitri die Hand und er theilte mir in wenig Worten mit, was ich zu wissen wünschte.

„Bin ich hier auf dem Wege nach dem Parnaß?"

„Ja, wir gehen eben hin."

„Kann ich mich Ihnen anschließen?"

„Warum nicht?"

„Wer sind die Damen?"

„Meine Engländerinnen. Der Mylord ist im Hotel geblieben."

„Was sind es für Leute?"

„Bah! Banquiers aus London. Die alte Dame ist Madame Simmons, vom Hause Barley und Comp., der Mylord ist ihr Bruder, das Fräulein ihre Tochter."

„Ist sie hübsch?"

„Das ist Geschmacksache. Ich ziehe Photini vor."

„Werden Sie bis zur Festung Phile gehen?"

„Ja. Sie haben mich auf eine Woche engagirt, vier Thaler täglich und freie Kost. Ich werde die Promenaden arrangiren; ich habe mit dieser begonnen, weil ich wußte, daß ich Sie treffen würde. ... Aber was für ein Einfall ist das?"

Die alte Dame, welche es ungnädig vermerkt hatte, daß ich mich ihres Führers bediente, setzte ihr Pferd in Trab und zwar an einer Stelle, wo seit Pferdegedenken niemand getrabt hatte. Das andere Thier fühlte seinen Ehrgeiz angeregt und bemühte sich, denselben Schritt einzuschlagen, so daß, wenn wir einige Minuten länger geschwatzt hätten, sie uns auf und davon gegangen wären.

Dimitri eilte die Damen einzuholen und ich hörte, daß Madame Simmons auf Englisch zu ihm sagte:

„Entfernen Sie sich nicht. Ich bin eine Engländerin und will gut bedient sein. Ich bezahle Sie nicht, damit Sie mit Ihren Freunden schwatzen. Wer war jener Grieche, mit dem Sie sprachen?"

„Es ist ein Deutscher."

„Ach! was treibt er?"

„Er sucht Pflanzen."

„So ist er wohl ein Apotheker?"

„Nein, er ist ein Gelehrter."

„Ach! kann er englisch?"

„Ja, sehr gut."

„Ach!"

Die drei Ach! der alten Dame wurden in drei verschiedenen Modulationen ausgesprochen, die ich gern in Musik gesetzt hätte, wäre ich der Noten kundig gewesen. Sie deuteten in sehr vernehmbaren Schattirungen auf den Fortschritt, den ich in ihrer Achtung machte. Doch redete sie mich nicht an, und ich folgte der kleinen Karawane in einiger Entfernung. Dimitri wagte es nicht mehr mit mir zu schwatzen, er ging voran wie ein Kriegsgefangener. Das Einzige was er zu meinen Gunsten thun konnte war, daß er mir zwei oder drei Blicke zuwarf, welche ungefähr sagten: „Was die Engländerinnen doch für Närrinnen sind!" Miß Simmons drehte sich nicht um und so blieb ich außer Stande zu entscheiden, inwiefern ihre Häßlichkeit von der Photini's abweiche. So viel jedoch konnte ich auch so schon mit Sicherheit sehen, daß die junge Engländerin groß und wunderbar schön gewachsen. Ihre Schultern waren zart, ihre Taille rund wie ein Rohr und biegsam wie Schilf. Das Wenige, was ich von ihrem Halse sehen konnte, hätte mich an die Schwäne des zoologischen Gartens erinnert, auch wenn ich nicht Naturforscher gewesen wäre.

Ihre Mutter wandte sich, um mit ihr zu reden; ich beeilte meine Schritte, in der Hoffnung, ihre Stimme zu hören. Habe ich Ihnen nicht gesagt, daß ich leidenschaftlich neugierig bin? Ich kam gerade zu rechter Zeit, um Zeuge folgenden Gesprächs zu sein:

„Mary-Ann?"

„Mama?"

„Ich habe Hunger!"
„Hast du?"
„Ich habe."
„Mama?"
„Mary=Ann?"
„Ich finde es heiß."
„Findest du?"
„Ich finde."

Glauben Sie vielleicht, daß ich über diesen ächt englischen Dialog gelächelt habe? Keineswegs — ich befand mich wie unter einem Zauber. Mary=Ann's Stimme war, auf Gott weiß welchem Wege, ich weiß nicht wo eingedrungen; was ich aber weiß, ist, daß ich es wie eine köstliche Angst und ein höchst angenehmes Ersticken empfand, als ich ihr zuhörte. In meinem Leben hatte ich nichts so Junges, Frisches und Silbernes vernommen als diese Stimme. Der Schall eines goldenen Regens, der sich auf mein väterliches Dach ergossen hätte, wäre mir weniger süß erschienen. Welch' ein Unglück, dachte ich bei mir, daß die melodischsten Vögel zugleich auch immer die häßlichsten sind, und jetzt fürchtete ich mich, ihr Gesicht zu sehen — und doch hatte ich ein unwiderstehliches Verlangen, ihr in's Auge zu schauen; so mächtig wirkt die Neugier auf mich.

Dimitri beabsichtigte die beiden Damen bei dem „Khan von Calyvia" frühstücken zu lassen. Es ist dies ein aus schlecht zusammengefügten Brettern errichtetes Wirthshaus; aber man findet dort jederzeit einen Schlauch Harzwein, eine Flasche Rhaki (das heißt: Reisschnaps), schwarzes Brod, Eier und ein ganzes Bataillon ehrwürdiger Bruthennen, welche durch den Tod in junge Hühnchen verwandelt werden, wahrscheinlich vermöge der Seelenwanderung. Unglücklicherweise war der Khan ausgestorben und die Thüre geschlossen. Bei dieser Nachricht zankte Madame Simmons meinen guten Dimitri sehr heftig aus; indem sie sich umwandte zeigte sie mir ein Gesicht, so scharf, wie die Klinge eines Sheffielder Messers, und zwei Reihen Zähne wie Pallisaden: „Ich bin Engländerin," sagte sie; „ich verlange essen zu können, wenn ich Hunger habe."

„Madame werden in einer halben Stunde im Dorfe Castia frühstücken," bemerkte Dimitri höchst zerknirscht.

Ich, der ich gefrühstückt hatte, überließ mich schwermüthigen Betrachtungen über die Häßlichkeit der Madame Simmons und brummte eine Reminiscenz aus meinen Gymnasialjahren vor mich hin: „Wie die Mutter, so die Tochter. Qualis mater, talis filia."

Die Straße von dem Khan nach dem Dorfe ist ganz ausgesucht abscheulich. Sie zieht sich schmal zwischen einem steilen Felsen und einem Abgrunde, welcher sogar Gemsen schwindlich machen könnte, hin. Madame Simmons fragte, ehe sie sich auf diesen dämonischen Pfad wagte, auf dem die Pferde mit Mühe Fuß fassen konnten, ob es keinen andern Weg gebe. — „Ich bin Engländerin," sagte sie, „und bin nicht dazu da, in Abgründe zu stürzen." Dimitri bemühte sich, die Vorzüge des Weges hervorzuheben, und versicherte, daß es im Lande wohl hundert Mal schlechtere gäbe. „So führen Sie wenigstens mein Pferd am Zügel!" sagte die gute Dame. — „Aber was wird dann aus meiner Tochter werden? ... Führen Sie das Pferd meiner Tochter! — Indessen ich habe auch keine Lust, den Hals zu brechen ... Können Sie nicht beide Pferde zu gleicher Zeit leiten? ... Dieser Weg ist in der That abscheulich. Vielleicht ist er gut genug für Griechen, doch jedenfalls nicht für Engländerinnen. — Habe ich nicht Recht, mein Herr?" fügte sie hinzu, indem sie sich voller Huld nach mir wandte.

So war ich denn eingeführt. Ob regelrecht, ob nicht — die Vorstellung war erfolgt. Ein in den Romanen des Mittelalters wohlbekanntes Wesen, genannt Gefahr, hatte mich unter seinen Schutz genommen. Ich verbeugte mich mit aller Anmuth, die mir zu Gebote stand, und antwortete auf englisch:

„Der Weg ist nicht so schlecht als er beim ersten Anblick erscheint. Ihre Pferde sind sicher: ich kenne sie, denn ich habe sie selbst zuweilen geritten. Ueberdies stehen Ihnen, wenn Sie es gütig erlauben wollen, zwei Führer zu Diensten — Dimitri für Sie und ich für das Fräulein."

Wie gesagt, so gethan; ohne eine Antwort abzuwarten, trat ich kühn vor, erfaßte den Zügel von Mary-Ann's Pferd, indem ich

mich zu ihr wandte; der Wind hatte eben ihren blauen Schleier zurückgeschlagen und so erblickte ich das entzückendste Gesicht, welches jemals einen deutschen Naturforscher um den Verstand gebracht hat.

Ein liebenswürdiger chinesischer Dichter, der berühmte Hatschih, behauptet, jeder Mann trage eine Anzahl Eier in seinem Herzen,  von denen jedes einen Amor enthalte; um sie auszubrüten, bedürfe es nur des Blickes einer Frau. Nun bin ich zwar — wie ich wohl ohne Unbescheidenheit sagen darf — gescheidt genug, um zu wissen, daß diese Hypothese jedes soliden Grundes entbehrt und mit den Erfahrungen der Anatomie in directem Widerspruche steht; trotzdem muß ich bekennen, daß der erste Blick der Miß Simmons mir eine fühlbare Erschütterung in der Gegend des Herzens verursachte. Ich empfand ein ganz ungewöhnliches und doch nicht schmerzhaftes Beben; es kam mir vor, als ob in dem Knochengehäuse meiner Brust, gerade unter dem „Sternum" genannten Knochen etwas gebrochen sei. Zugleich strömte mein Blut in großen Wellen; die Pulsadern an meinen Schläfen schlugen so heftig, daß ich die Schläge zählen konnte.

Was für Augen sie hatte, Herr! Ich wünsche um Ihrer Ruhe willen, daß Ihnen nie ähnliche begegnen möchten. Sie waren nicht auffallend groß und stachen in dem übrigen Gesichte nicht besonders hervor; sie waren weder blau noch schwarz, sondern von einer eigenthümlichen, ihnen ganz eigenen Farbe, die auf der Palette besonders gemischt worden. Es war ein sammtenes, glühendes Braun, welches man an der sibirischen Granate und bei manchen Gartenblumen findet. Ich kann Ihnen eine Skabiose und eine

Art Rose zeigen, die beinahe schwarz sind und einigermaßen an die wunderbare Schattirung ihrer Augen erinnern. Oder falls Sie jemals um Mitternacht eine Schmiede besuchten, haben Sie gewiß den eigenthümlichen Schein bemerkt, welchen eine rothbraun erhitzte Eisenplatte wirft: dies ist genau die Farbe ihrer Blicke. Doch kann kein Bild Ihnen eine Vorstellung des darin enthaltenen Zaubers geben. Diese Gewalt ist eine Gabe, welche nur einem kleinen Theile des Thierreichs verliehen ist. Mary-Ann's Augen hatten etwas unbeschreiblich Naives und Geistiges, ein unschuldiges Feuer, ein Funkeln von Jugend und Gesundheit, zuweilen etwas rührend Schmachtendes. Alle Klugheit der Frau, alle Unschuld des Kindes waren darin wie in einem Buche zu lesen; doch hätte man dabei erblinden können. Ihr Blick war gluthvoll; er hätte die Pfirsiche an Ihrem Spaliere zur Reife gebracht.

Wenn ich bedenke, daß der arme Dimitri sie weniger schön fand als Photini! Die Liebe ist wahrlich eine Krankheit, die ihre Patienten eigenthümlich verdummt. Ich, der ich nie meinen Verstand verlor und alle Dinge mit dem weisen Gleichmuth eines Naturforschers betrachte, ich kann bezeugen, daß die Welt nie ein Weib gesehen, das mit Mary-Ann verglichen werden konnte.  Könnte ich Ihnen nur ihr Bild zeigen, wie ich es ganz deutlich im Gedächtnisse habe! Sie würden sie bewundern, diese langen, seidenen Wimpern, diese anmuthig geschwungenen Brauen, den lieblichen Mund, das rosige kleine Ohr. Ich habe ihre Schönheit in allen Einzelnheiten studirt, weil ich einen kritischen Verstand besitze und gewohnt bin, sehr scharf zu beobachten. Ein Zug, der mir ganz besonders an ihr auffiel, war die Feinheit und Durchsichtigkeit ihres Teints; ihre Haut war zarter als die sammetne Hülle schöner Früchte. Die Farbe ihrer Wangen schien aus jenem feinen Staube zu bestehen, der die Flügel der Schmetterlinge färbt. Wäre ich nicht Doctor der Naturwissenschaften gewesen, so hätte ich fürchten können, daß die Berührung ihres Schleiers den Schmelz ihrer zarten Schönheit zerstören müsse. Ich weiß zwar nicht, ob Sie für blasse Frauen schwärmen und möchte Ihrem Geschmacke nicht vorgreifen, wenn Sie ja an jener leichenhaften Schönheit Gefallen finden sollten, die einige Zeit in der Mode war; aber in meiner Eigenschaft als Gelehrter bewundere ich nichts so sehr als Gesundheit und Lebensübermuth. Sollte ich jemals als Arzt auftreten, so würden die guten Mütter heirathsfähiger Töchter wohl bald lernen, mir mit vollem Vertrauen ihre Kleinode anzuvertrauen, da ich mich gewiß nie in eine meiner Patientinnen verlieben würde. Der Anblick eines hübschen, frischen und gesunden Gesichtes verursacht mir beinahe eben so viel Freude als der eines jungen kräftigen Bäumchens, dessen Blüthen fröhlich in der Sonne leuchten und dessen Laub von Raupen und Maikäfern unberührt geblieben ist. So war ich, als ich Mary-Ann's Gesicht zum ersten Mal erblickte, stark versucht, ihr die Hand zu drücken und auszurufen: „Mein Fräulein, es ist sehr gütig von Ihnen, daß Sie sich so wohl befinden!"

Ich habe vergessen zu sagen, daß sie weder regelmäßige Züge, noch das Profil einer griechischen Statue besaß. Vielleicht hätte sich Phidias geweigert, ihre Büste zu modelliren: doch mancher moderne Bildhauer würde sich glücklich geschätzt haben, wenn sie ihm eine Sitzung bewilligt hätte. Ich bekenne ferner, auf die Gefahr hin, Ihre Illusionen zu zerstören, daß sie ein Grübchen in der linken Wange hatte, welches an der rechten gänzlich fehlte; das ist freilich gegen alle Gesetze der Symmetrie. Sie müssen auch wissen, daß ihre Nase weder gerade noch gebogen, sondern ganz entschieden aufgeworfen war. Aber daß dieser Zug sie weniger hübsch hätte erscheinen lassen, das werde ich — wenn nöthig — bis zum Schaffot leugnen. Sie war eben so schön als die griechischen Statuen, aber sie war es auf andere Weise. Die Schönheit läßt sich nicht nach unwandelbaren Gesetzen feststellen, trotzdem Plato es in seinen erhabenen Faseleien behauptet. Sie ändert sich je nach der Zeit, dem Volke und dem Bildungsgrade des Geistes. Die Venus von Milo war vor zweitausend Jahren das schönste Mädchen des Archipel's: ich glaube kaum, daß sie in der zweiten Hälfte des neunzehnten Jahrhunderts die schönste Frau in Paris wäre. Führen Sie sie zu einer Schneiderin, zu einer Modistin und lassen Sie sie nach neuester Mode kleiden, Sie werden bald entdecken, daß Ihr Schützling in den Salons weniger Erfolg haben wird als Frau So und So, welche keine so tabellosen Züge und keine so gerade Nase besitzt. Zu einer Zeit, wo die Frau nur ein Kunstgegenstand war, dazu bestimmt, dem Auge zu schmeicheln ohne den Geist anzuregen, ein Paradiesvogel, dessen Gefieder man bewunderte und dessen Stimme man nie zu hören verlangte, zu einer solchen Zeit konnte man eine mathematisch schöne Frau bewundern. Eine schöne Athenienserin mußte so ebenmäßig gebaut, so weiß und so kalt wie die Säule eines Tempels sein. Herr Merinay hatte mir aus einem Buche nachgewiesen, daß die ionische Säule nur eine verkappte Frauengestalt sei. Der Porticus des Erechtheus-Tempels in der Akropolis von Athen ruht heute noch auf vier Athenienserinnen aus der Zeit des Perikles. Die Frauen der Jetztzeit sind kleine, beflügelte, leichte, bewegliche und vor Allem denkende Wesen, welche nicht geschaffen sind, Tempel auf ihrem Haupte zu tragen, sondern das Genie zu erwecken, die Arbeit zu erheitern, den Muth anzufeuern und die Welt mit den Blitzen ihres Geistes zu erhellen. Was wir in ihnen lieben und worin ihre Schönheit besteht, ist nicht die steife Regelmäßigkeit der Züge, sondern der wechselnde und lebhafte Ausdruck von Empfindungen, zarter und sanfter als die unsrigen; es ist das Leuchten des Geistes in dieser luftigen Hülle, welche kaum stark genug scheint ihn zu tragen; es ist das feurige Spiel einer lebhaften Physiognomie. Ich bin nicht Bildhauer, aber wenn ich den Meißel zu führen verstände und man mir den Auftrag gäbe, eine allegorische Figur unserer Zeit zu entwerfen, so schwöre ich Ihnen, daß sie ein Grübchen in der linken Wange und eine aufgeworfene Nase haben würde.

Ich führte Mary-Ann bis zu dem Dorfe Castia. Was sie zu mir gesprochen und was ich darauf geantwortet haben mag, hat nicht mehr Spuren in meiner Erinnerung zurückgelassen, als der leichte Flug der Schwalbe in der Luft. Ihre Stimme war so hold anzuhören, daß ich vielleicht gar nicht darauf geachtet habe, was sie sagte. Ich befand mich wie in der Oper, wo eine wahrhaft melodiöse Musik uns die Worte überhören läßt.

Und doch sind alle Einzelnheiten dieses ersten Begegnens mit unauslöschlichen Zügen in mein Gedächtniß eingegraben. Ich brauche nur die Augen zu schließen, um mir einzubilden, daß ich sie leibhaft vor mir sehe. Die Aprilsonne sandte ihre leichten Strahlen

auf uns herab; rings um uns entströmte den harzigen Bäumen des Gebirges — den Tannen, Thuya und Terpentinfichten — Wohlgerüche, sie schienen auf Mary-Ann's Weg einen herben und ländlichen Weihrauch zu streuen; sie athmete mit sichtlicher Freude die duftende Spende der Natur. Das Stumpfnäschen schnaufte und schlug mit den Flügeln; ihr Auge, jenes schöne Auge betrachtete alle Gegenstände mit strahlendem Blick. Wer sie so hübsch, so froh und so glücklich gesehen hätte, würde sie für eine eben ihrem Brunnen entstiegene Dryade gehalten haben. Ich sehe das Pferd, welches sie ritt, noch vor mir: es war der Psari, ein gut geschulter Schimmel aus einer mir bekannten Reitschule in Athen. Ihr Reitkleid war schwarz; das der Madame Simmons, die mir den Horizont verdeckte, war von einem etwas auffallenden Bouteillengrün, womit sie die Selbstständigkeit ihres Geschmackes beweisen wollte. Auf dem Haupte der Madame Simmons thronte ein Hut von jener unsinnigen, unschönen Form, welche die Männer in allen Ländern angenommen haben; der der Tochter war von grauem Filz, wie ihn die Heldinnen der Freude trugen. Beide hatten gemsledene Handschuhe; Mary-Ann's Hand war etwas groß, aber wunderschön geformt. Meine Hand hat sich nie an Handschuhe gewöhnen können.

Das Dorf Castia fanden wir eben so verödet wie den Khan von Calyvia. Dimitri konnte es nicht begreifen. Wir stiegen vor der Kirche, bei dem Brunnen ab. Jeder von uns klopfte an alle Häuser: keine Seele ließ sich sehen, weder Jemand vor noch hinter der Thüre. Die Behörde war dem Beispiele der Einwohner gefolgt. Ein Haus der Gemeinde wie das andere besteht aus vier Wänden, einem Dach und zwei Oeffnungen, von denen eine als Thür, die andere als Fenster dient. Der arme Dimitri nahm sich die Mühe, zwei oder drei Thüren einzustoßen und vier oder fünf Fenster zu erbrechen, um sich zu überzeugen, daß wirklich Niemand darin sei. Das Resultat all' dieser Einbrüche war nur die Befreiung einer unglücklichen Katze, die ihr Herr vergessen haben mochte, und die nun wie ein Pfeil nach der Richtung des Waldes schoß.

Nun verlor aber Madame Simmons ganz ernstlich die Geduld: „Ich bin Engländerin," sagte sie zu Dimitri, „man spottet meiner nicht ungestraft. Ich werde mich bei dem Gesandten beklagen. Was denken Sie denn! ich miethe Sie zu einem Ausfluge in's Gebirge und Sie führen mich über Abgründe! ich befehle Ihnen, für Mundvorrath zu sorgen und Sie lassen mich verhungern! Erst sollen wir im Khan frühstücken — der Khan ist leer; ich habe die Ausdauer, Ihnen hierher zu folgen trotz meines Hungers und

der schlechten Wege... und alle Einwohner haben sich auf und davon gemacht. Das geht nicht mit rechten Dingen zu. Ich habe die Schweiz bereist: die Schweiz ist ein bergiges Land; doch hat mir es nie an etwas gefehlt; ich habe dort stets zu meiner gewohnten Stunde gefrühstückt, und habe noch dazu Forellen gegessen, daß Sie es nur wissen!"

Mary-Ann versuchte ihre Mutter zu besänftigen; doch die gute Dame hörte nicht. Dimitri setzte ihr so gut er konnte auseinander, daß fast alle Bewohner des Dorfes Kohlenbrenner seien und ihr Gewerbe sie sehr oft nöthige, sich im Gebirge umherzutreiben. Auf jeden Fall wäre ja nichts verloren: es sei noch nicht acht Uhr, in zehn Minuten würde man ein bewohntes Haus und ein fix und fertiges Frühstück finden."

„Was für ein Haus?" fragte Madame Simmons.

„Den Meierhof des Klosters. Die Mönche des Pentelikon besitzen ausgedehnte Ländereien oberhalb Castia; dort ziehen sie Bienen. Der gute Alte, der die Meierei verwaltet, hat immer Wein, Brod, Honig und Hühner im Vorrath, er wird uns gern ein Frühstück bereiten."

„Der wird wohl auch ausgegangen sein, wie die Andern."

„Wenn er ausgegangen ist, so kann er nicht weit sein. Die Zeit des Schwärmens rückt heran und er kann sich nicht lange von seinen Bienenkörben entfernen."

„So gehen Sie denn und sehen Sie nach: ich bin diesen Morgen schon genug umhergewandert. Ich werde mein Pferd nicht eher wieder besteigen, als bis ich gegessen habe."

„Sie brauchen es auch ohnehin nicht zu thun," erwiderte Dimitri mit der Geduld eines Führers. „Wir können unsere Pferde bei der Tränke lassen, zu Fuß werden wir noch schneller ankommen."

Mary-Ann wußte ihre Mutter zu bereden; sie wollte für ihr Leben gern den guten Alten und seine geflügelte Heerde sehen. Dimitri legte große, schwere Steine auf die Zügel der Pferde und ließ sie am Brunnen zurück, Madame Simmons und ihre Tochter nahmen ihre Reitkleider auf, und unsere kleine Gesellschaft begann einen steilen Pfad zu erklimmen, den die Ziegen von Castia gewiß mit Vorliebe wandelten. Alle kleinen, grünen Eidechsen, die sich an der Sonne wärmten, zogen sich bei unserer Ankunft bescheiden zurück, dennoch entriß jede derselben der guten Madame Simmons einen wahren Adlerschrei, denn sie konnte das kriechende Gethier nicht leiden. Nach einer Viertelstunde solcher Stimmübungen erlebte sie endlich die Freude, ein offenes Haus und ein menschliches Wesen zu erblicken. Es war die Meierei und der gute Alte.

Der Meierhof bestand aus einem kleinen, mit fünf Kuppeln verzierten und aus rothen Backsteinen aufgeführten Gebäude — eine ächte Dorf-Moschee. Von Weitem gesehen erschien er nicht ohne Zierlichkeit. Reinlich von außen und schmutzig von innen — das ist der Wahlspruch im Orient. In der Nähe erblickte man am Fuße eines mit Thymian bewachsenen Hügels ungefähr hundert aus Stroh geflochtener Bienenkörbe, welche in regelmäßigen Reihen geordnet dastanden, wie die Zelte eines Lagers. Der Eigenthümer und Hüter dieses Lagers, der „gute Alte", war ein kleiner, junger, runder und munterer Mann von fünfundzwanzig Jahren. Alle griechischen Mönche werden ohne Rücksicht auf ihre Jahre mit dem Ehrentitel „guter Alter" geziert. Er war wie ein Bauer gekleidet, nur war seine Mütze nicht roth, sondern schwarz: an diesem Zeichen hatte ihn Dimitri erkannt.

Als uns der kleine Mann hereneilen sah, hob er die Arme gen Himmel, indem er sich in allen möglichen Zeichen eines unbegrenzten Erstaunens erging. „Was für ein absonderliches Original," meinte Madame Simmons; „worüber ist er denn so maßlos erstaunt? Man sollte meinen, er habe in seinem Leben noch keine Engländerinnen gesehen."

Dimitri, der voranlief, küßte dem Mönche die Hand und sagte ihm mit einem komischen Gemisch von Ehrfurcht und Vertraulichkeit:

„Geben Sie mir Ihren Segen, mein Vater ... Dreh' schleunigst zwei Hühnern den Hals um, man wird dich gut bezahlen."

„Unglücklicher," rief der Mönch, „was sucht Ihr hier?"

„Ein Frühstück."

„So hast du wohl nicht bemerkt, daß der Khan unten verlassen steht."

„Das habe ich sehr wohl gesehen, denn das ganze Nest war ausgeflogen."

„Und daß das Dorf leer ist?"

„Wäre ich früher Jemandem begegnet, so würde ich nicht zu dir heraufgeklettert sein."

„So bist du mit ihnen einverstanden."

„Mit ihnen? Wem?"

„Mit den Räubern."

„Was! sind Räuber im Parnaß?"

„Seit vorgestern."

„Wo sind sie?"

„Ueberall."

Dimitri wandte sich eiligst zu uns, indem er uns erklärte: „Wir haben keinen Augenblick zu verlieren. Die Räuber sind im Gebirge. Kehren wir schleunigst zu unseren Pferden zurück. Nur Muth, meine Damen, und beeilen Sie sich, wenn's gefällig ist."

„Das ist zu arg!" schrie Madame Simmons, „ohne gefrühstückt zu haben — —!"

„Das Frühstück könnte Ihnen theuer zu stehen kommen. Lassen Sie uns um's Himmels Willen aufbrechen!"

„Aber das ist ja eine förmliche Verschwörung! Sie haben gelobt, mich Hungers sterben zu lassen! Nun sind wieder die Räuber da! Als ob es Räuber gäbe! Ich glaube nicht an Räuber. Alle Zeitungen verkündigen, daß es keine mehr gibt! Uebrigens bin ich Engländerin, und wenn es Jemand wagen sollte, mir nur ein Haar zu krümmen ..."

Mary-Ann war viel weniger ruhig. Sie lehnte sich auf meinen Arm und fragte mich, ob ich glaube, daß wir in Lebensgefahr seien.

„In Lebensgefahr? nein. In Gefahr bestohlen zu werden? ja."

„Das gilt mir ganz gleich," erwiderte Madame Simmons, „möge man mir stehlen, was ich bei mir trage, jetzt verlange ich mein Frühstück."

Später habe ich erfahren, daß die arme Frau an dem Uebel litt, welches man im gewöhnlichen Leben Heißhunger nennt und wir Gelehrten mit dem Namen Bulimie bezeichnen. Wenn der Heißhunger sie erfaßte, so hätte sie ihr Vermögen für eine Schüssel Kartoffeln gegeben.

Dimitri und Mary=Ann faßten sie jedes bei einer Hand und schleppten sie auf den Weg zurück, den wir gekommen waren. Der kleine Mönch folgte ihnen, heftig gesticulirend; ich war stark versucht, sie vorwärts zu schieben; da ... ein deutlich vernehmbarer Pfiff ließ uns wie angewurzelt stehen bleiben.

„St, st!"

Ich hob die Augen. Zwei Johannisbrotbäume und Erdbeer=gebüsche schlossen rechts und links den Weg ein. Aus jeder Baumgruppe blitzten drei oder vier Flintenläufe. Eine Stimme schrie auf griechisch: „Setzen Sie sich auf die Erde!" Diese Operation wurde mir um so leichter, als meine Kniee unter mir brachen. Doch tröstete ich mich mit der Betrachtung, daß Ajax, Agamemnon, ja der feurige Achill den angebotenen Sitz nicht abgelehnt haben würden, wenn sie sich in derselben Lage befunden hätten.

Die Flintenläufe senkten sich zu uns herab. Es kam mir vor, als ob sie sich unglaublich verlängerten und als ob ihre Spitzen sich über unseren Köpfen vereinigen würden. Es war nicht Furcht, was mich täuschte; doch war mir früher die verzweifelte Länge der griechischen Flinten nie in solchem Grade aufgefallen. Bald lenkte das ganze Arsenal in den Weg ein, und jeder Gewehrkolben erschien in Begleitung seines Herrn.

Der einzige Unterschied der zwischen Teufeln und Räubern besteht ist, daß die Teufel nicht so schwarz und die Räuber viel schmutziger sind als man glaubt. Die acht Wegelagerer, die sich im Kreise um uns versammelten, waren dermaßen schmierig, daß ich ihnen gern mein Geld vermittels einer Zange überreicht hätte. Mit einiger Anstrengung konnte man noch errathen, daß ihre

Mützen roth gewesen waren; aber selbst eine gründliche Wäsche hätte die Farbe ihrer übrigen Kleidung nicht wieder an den Tag gebracht. Alle Felsen des Königreichs hatten auf ihren Kattunröcken abgefärbt; die Westen trugen Spuren des verschiedenen Erdreichs, auf dem sie geruht; ihre Hände, ihr Gesicht, ja selbst ihr Schnurbart waren von einem röthlichen Grau, wie der Boden, auf dem wir standen. Jedes Thier trägt die Farbe seines Wohnorts und seiner Lebensweise: die Füchse von Grönland sind von der Farbe des Schnee's, die Löwen wüstenfarbig, die Rebhühner verschmelzen sich mit der Furche des Feldes — die griechischen Räuber tragen die Farbe der Landstraße.

Der Anführer der kleinen Truppe, die uns gefangen genommen hatte, unterschied sich von seinen Gefährten durch kein äußerliches Zeichen. Höchstens waren etwa seine Hände, sein Gesicht und seine Kleider noch staubiger als die der Anderen. Er beugte sich von der Höhe seiner langen Gestalt zu uns herab und betrachtete uns in solcher Nähe, daß mich sein Schnurbart berührte. Er glich einem Tiger, der seine Beute beriecht, ehe er sie verschlingt. Als seine Neugierde befriedigt war, sagte er zu Dimitri: „Leere deine Taschen!" Dimitri ließ es sich nicht zwei Mal sagen. Er warf ein Messer, einen Tabaksbeutel und drei amerikanische Piaster, welche ungefähr vier Thaler werth sein konnten, vor sich hin.

„Ist das Alles?" fragte der Räuber.

„Ja, Gevatter."

„Du bist der Diener?"

„Ja, Gevatter."

„Nimm einen Piaster zurück. Du sollst nicht ohne Geld nach der Stadt zurückkehren."

Dimitri fing an zu handeln: „Du könntest mir deren wohl zwei lassen," meinte er. „Ich habe zwei Pferde unten; sie sind aus der Reitschule gemiethet, ich werde den Tag bezahlen müssen."

„Du wirst dem Besitzer derselben erklären, daß wir dir dein Geld abgenommen haben."

„Wenn er aber trotzdem bezahlt sein will?"

„So antworte ihm, er könne froh sein, daß er seine Pferde überhaupt wieder bekommt."

„Er weiß recht gut, daß ihr keine Pferde nehmt. Was wolltet ihr im Gebirge damit anfangen?"

„Genug! Sag' mir, wer ist der lange hagere Mensch da neben dir."

Ich antwortete selbst: „Ich bin ein ehrlicher Deutscher, dessen Habe euch nicht sehr bereichern wird."

„Du sprichst gut griechisch. Leere deine Taschen."

Ich legte mein bischen Baarschaft, in unserem Geld etwa sechs bis acht Thaler, meine Pfeife, meinen Tabak und mein Taschentuch auf die Erde.

„Was ist das?" fragte der Inquisitor.

„Ein Taschentuch."

„Wozu?"

„Um mich zu schnäuzen."

„Warum machst du mir weiß, daß du arm bist? Nur die großen Herrn bedienen sich eines Taschentuches. Nimm die Schachtel ab, die du auf dem Rücken trägst. — So! — Oeffne sie!"

Meine Trommel enthielt einige Pflanzen, ein Buch, ein Messer, ein kleines Päckchen mit Arsenik, eine beinahe leere Flasche und die Ueberbleibsel meines Frühstücks, auf welche Madame Simmons einen gar begehrlichen Blick warf. Ich hatte die Kühnheit, sie ihr anzubieten, ehe meine Sachen an einen andern Herrn übergingen; sie nahm sie gierig und verschlang alsbald Brot und Fleisch. Zu meinem Erstaunen schien dieser Beweis von Appetit großes Mißfallen bei den Räubern hervorzurufen, denn ich hörte sie unter sich murmeln: „Schismatisch!" Der Mönch bekreuzigte sich ein Dutzend Mal nach Brauch und Sitte der griechischen Kirche.

„Du hast gewiß eine Uhr," sagte der Räuber zu mir, „lege sie zu dem Uebrigen."

Ich lieferte meine silberne Uhr aus, ein Erbstück von wenigstens vier Unzen Gewicht. Die Spitzbuben ließen sie von Hand zu Hand gehen und fanden sie sehr schön. Ich hoffte, daß die Bewunderung, welche den Menschen besser machen soll, sie bewegen würde mir

Einiges zurückzugeben, und bat den Anführer mir meine blecherne Pflanzentrommel zu lassen. Er verwies mich streng zur Ruhe. „Gieb mir wenigstens zwei Thaler um nach der Stadt zurückzukehren." Er antwortete mit einem satyrischen Lachen: „Das wirst du nicht nöthig haben."

Nun kam die Reihe an Madame Simmons. Ehe sie die Hand an ihre Tasche legte, parlamentirte sie mit unseren Siegern in der Sprache ihrer Väter. (Englisch ist eine der wenigen Mundarten, die man mit vollen Backen reden kann.) „Bedenken Sie wohl, was Sie zu thun sich anschicken," ließ sie ihre drohende Stimme vernehmen. „Ich bin Engländerin, und englische Unterthanen sind in allen Ländern der Welt unantastbar. Was Sie mir nehmen, wird Ihnen wenig nützen und theuer zu stehen kommen. England wird mich rächen und Sie werden sammt und sonders zum mindesten gehängt werden. So, wenn Sie mein Geld jetzt noch wollen, so brauchen Sie es nur zu sagen; aber warten Sie nur, Sie werden sich die Finger daran verbrennen: es ist englisches Geld."

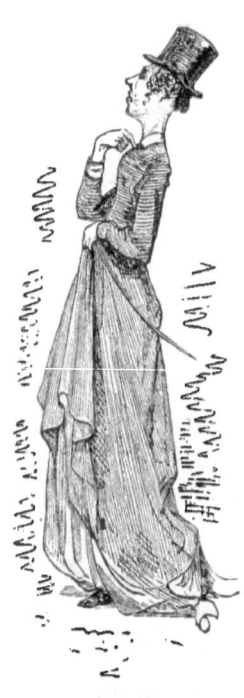

„Was sagt sie?" fragte der Wortführer der Räuber.

„Sie sei Engländerin," antwortete Dimitri.

„Desto besser, alle Engländer sind reich. Sage ihr, daß sie thun soll wie du."

Die arme Dame leerte ihre Börse, welche zwölf Goldstücke enthielt, auf den Sand. Da ihre Uhr nicht sichtbar war und man nicht Miene machte, sie zu durchsuchen, so behielt sie dieselbe. Die Milde ihrer Sieger ließ sie auch im Besitz ihres Taschentuches.

Mary-Ann warf ihre Uhr hin nebst einer ganzen Sammlung Talismane gegen den bösen Blick. Dann fügte sie mit einer Bewegung voll muthwilliger Grazie einen Pergamentbeutel hinzu, den sie um die Achsel trug. Der Räuber öffnete ihn mit der Hast eines Zollbeamten. Er nahm ein kleines englisches Necessaire, ein Flacon mit englischem Salz, eine Schachtel mit englischen Pfefferminzchen und hundert und etliche Thaler englisches Geld heraus.

„Nun," sagte die schöne Ungeduldige, „können Sie uns gehen lassen; wir haben Ihnen nichts mehr zu geben."

Man machte ihr mit einer drohenden Geberde begreiflich, daß die Sitzung noch nicht aufgehoben sei. Der Anführer kauerte sich neben unsere Habseligkeiten nieder, rief den guten Alten, zählte das Geld in seiner Gegenwart und übergab ihm die Summe von etwa zwölf Thalern. Madame Simmons stieß mich an: „Sehen Sie," sagte sie, „der Mönch und Dimitri haben uns ausgeliefert: man theilt mit ihnen."

„Nein," erwiderte ich. „Dimitri hat nur ein Almosen von dem, was man ihm gestohlen, erhalten. Das geschieht überall. In den rheinischen Bädern zahlte früher, wenn ein Reisender sich im Spiele ruinirt hatte, der Pächter so viel aus, als das gerupfte Huhn zur Rückreise brauchte."

„Aber der Mönch?"

„Er hat, kraft eines uralten Brauches, den Zehnten von der Beute zu heben. Machen Sie ihm keinen Vorwurf daraus, seien Sie ihm vielmehr dankbar, daß er uns retten wollte, trotzdem sein Kloster bei unserer Gefangennehmung nur zu gewinnen hatte."

Unser Zwiegespräch ward durch Dimitri unterbrochen, welcher Abschied nahm. Man hatte ihm seine Freiheit wieder gegeben. „Warte auf mich," rief ich ihm zu, „wir kehren zusammen heim." Er schüttelte traurig den Kopf und antwortete auf englisch, um von den Damen verstanden zu werden:

„Sie sind auf einige Tage Gefangene und werden Athen nicht wiedersehen, ehe Sie ein Lösegeld gezahlt haben. Ich werde dem Mylord Anzeige machen. Haben mir die Damen sonstige Aufträge an ihn zu geben?"

„Sagen Sie ihm," schrie Madame Simmons, „er soll auf die Gesandtschaft eilen, dann soll er nach dem Piräus gehen und mit dem Admiral reden, er soll sich bei dem Foreign Office beschweren und an Lord Beaconsfield schreiben! Man wird uns von hier durch die Gewalt der Waffen, durch den Einfluß der Politik befreien; aber ich will nicht, daß man einen Penny für meine Freiheit ausgibt."

„Ich," erwiderte ich mit weniger Zorn, „bitte dich, meinen Freunden zu sagen, in wessen Händen du mich gelassen. Sollte es einiger hundert Drachmen bedürfen, um einen armen Teufel von Naturforscher loszukaufen, so werden sie diese Summe ohne Mühe zusammenbringen. Diese Herren von der Landstraße können mich unmöglich sehr hoch anschlagen. Ich habe Lust, während du noch da bist, sie zu fragen, was das Genaueste ist, was ich werth bin."

„Das ist umsonst, mein lieber Herr Tietze, da diese es gar nicht sind, welche Ihr Lösegeld bestimmen werden."

„Und wer denn sonst?"

„Ihr Anführer, Hadschi Stavros."

IV.

Hadschi Stavros.

Dimitri kehrte nach Athen zurück, der Mönch zu seinen Bienen; wir wurden von unseren neuen Herren auf einen Weg getrieben, der nach dem Lager ihres Oberhauptes führte. Madame Simmons gab einen wiederholten Beweis ihrer Selbstständigkeit, indem sie sich weigerte, einen Fuß vor den andern zu setzen. Die Räuber drohten, sie in ihren Armen zu tragen; sie erklärte, daß sie das nicht dulden würde. Aber ihre Tochter wußte sie zu besänftigen, indem sie ihr vorstellte, wie sie möglicherweise den Tisch gedeckt finden und mit Hadschi Stavros frühstücken würde. Mary-Ann war mehr überrascht als entsetzt. Die subalternen Räuber, welche uns angehalten hatten, zeigten eine gewisse Höflichkeit; sie hatten Niemand durchsucht und ihre Hände fern von ihren Gefangenen gehalten. Anstatt uns zu plündern, hatten sie uns gebeten, es

selbst zu thun; sie hatten nicht bemerkt, daß die Damen Ohrgehänge trugen und ihnen nicht einmal zugemuthet, ihre Handschuhe auszuziehen. Wir waren demnach bei weitem besser daran, als etwa mit italienischen oder gar spanischen Strauchdieben, die einen Finger abschneiden, um einen Ring zu bekommen, und ein Ohrläppchen abreißen, einer Perle oder eines Diamanten wegen. Alles Unglück, welches uns bevorstand, beschränkte sich auf die Zahlung eines Lösegeldes; noch war es nicht unmöglich, daß man uns gratis freigeben würde. Wie konnte man annehmen, daß uns Hadschi Stavros gefangen halten würde, nur fünf Meilen entfernt von der Hauptstadt, dem Sitze der griechischen Armee, des Gesandten Ihrer britischen Majestät und endlich eines englischen Stationsschiffes? So speculirte Mary-Ann. Was mich betraf,

Hadschi Stavros. 73

so mußte ich unwillkürlich an die Geschichte der beiden Mädchen von Mistra denken; ich wurde traurig. Ich fürchtete, daß Madame Simmons ihre Tochter durch ihren patriotischen Eigensinn in große Gefahr bringen würde und beschloß, sie sobald als möglich über ihre Lage aufzuklären. Wir gingen eines hinter dem andern auf einem schmalen Pfade, durch unsere wilden Reisegefährten von einander getrennt. Der Weg kam mir endlos vor und ich fragte wohl zehn Mal, ob wir noch nicht da wären. Die Landschaft war grauenerregend: der nackte Fels ließ durch seine Spalten kaum einen kleinen grünen Eichenbusch oder einen Zweig des dornigen Thymian bringen, und der letztere hing sich an unsere Füße. Die siegreichen Räuber ließen keine Freude blicken, ihr Triumphzug glich einem Leichenbegängnisse. Sie rauchten stillschweigend fingerdicke Cigarretten. Keiner sprach mit seinem Nachbar; nur einer murmelte von Zeit zu Zeit eine Art Gesang, — dies Volk ist düster gleich einer Ruine.

Gegen elf Uhr ließ uns ein wüthendes Gebell die Nähe des Lagers vermuthen. Zehn oder zwölf ungeheure Hunde, groß wie

Kälber und wollig wie Schafe, drangen auf uns ein, indem sie uns ihre Zähne wiesen; unsere Beschützer empfingen sie mit Steinwürfen und erst nach einer Viertelstunde der Feindseligkeiten ward Frieden geschlossen. Diese ungastlichen Bestien sind die Vorposten des „Königs des Gebirges" (wie der Hauptmann officiell von seinen Leuten und sonstigen Bewunderern genannt wurde und in der Folge der Localfarbe halber auch von mir des Oeftern genannt werden wird), sie riechen die Gensbarmerie, wie die Hunde der Schmuggler die Zollbeamten. Doch dies genügt ihnen nicht immer, ihr Eifer geht zuweilen so weit, daß sie harmlose Schäfer, verirrte Wanderer, ja selbst des Hadschi Stavros eigene Gefährten anfallen. Dieser unterhält sie, wie etwa die früheren Sultane ihre Janitscharen: in der steten Furcht, von ihnen zerrissen zu werden.

Das Lager des Hauptmanns war eine Hochebene von sieben- oder achthundert Meter Flächeninhalt. Ich suchte vergeblich die Zelte unserer Sieger; diese Räuber sind wahrlich keine Sybariten, denn sie schliefen am dreißigsten April unter freiem Himmel. Ich sah weder ausgebreitete Schätze, noch sonstige Beute, noch überhaupt etwas was man in dem Hauptquartiere einer Diebesbande zu sehen erwartet. Hadschi Stavros besorgt den Verkauf der gestohlenen Sachen; jeder Mann erhält seinen Antheil in klingender Münze und verwendet ihn nach Gefallen. Einige bringen ihr Geld im Handel unter, andere nehmen Hypothek auf Häuser in Athen oder kaufen Ländereien in ihrem Dorfe; keiner verschleudert den Ertrag des Raubes. Unsere Ankunft unterbrach das Frühstück von fünfundzwanzig bis dreißig Mann, welche mit ihrem Brot und Käse herbeieilten. Der Anführer beköstigt seine Leute; man theilt täglich eine Ration Brot, Oel, Wein, Käse, Caviar, Pfeffer, bittere Oliven und Fleisch, wenn es die Küche erlaubt, unter sie aus. Die Feinschmecker, welche gern Malven oder andere Kräuter genießen, haben die Freiheit, sich diese Leckerbissen selbst im Gebirge zu pflücken. Die Räuber, so wie die anderen Volksklassen, zünden selten Feuer an; sie essen ihr Fleisch kalt und die Gemüse roh. Ich bemerkte, daß Alle, die sich um uns schaarten, die Vorschriften der Fasten pünktlich befolgten; wir waren am Vorabende der Himmelfahrt und diese braven Leute, von denen der Unschuldigste mindestens ein Menschenleben auf dem Gewissen hatte, würden um keinen Preis ihren Magen mit dem Bein eines Huhnes belastet haben. Mit geladenem Gewehre zwei Engländerinnen anhalten erschien ihnen wie eine unbedeutende Kleinigkeit; Madame Simmons hatte sich viel schlimmer dadurch vergangen, daß sie den Mittwoch vor der Himmelfahrt Fleisch genossen.

Die Männer unserer Escorte befriedigten die Neugierde ihrer Gefährten auf das Ausführlichste; man überschüttete sie mit Fragen, die sie ohne Ausnahme beantworteten. Sie zeigten die gewonnene Beute und meine silberne Uhr fand wieder einen Beifall, der meiner Eigenliebe nicht wenig schmeichelte. Mary-Ann's kleine goldene Savonette-Uhr ging unbeachtet vorüber. Bei dieser ersten Zusammenkunft fiel die allgemeine Achtung auf meine Uhr, ein Theil davon fiel auf mich zurück. In den Augen dieser einfachen Menschen war der Besitzer eines so werthvollen Stückes wenigstens ein Graf.

Die Neugierde der Räuber war unbequem aber nicht unverschämt; keiner machte Miene, uns als erobertes Gut zu behandeln. Sie wußten, daß wir in ihren Händen waren und daß sie uns früher oder später gegen eine bestimmte Summe Geldes austauschen würden, doch dachten sie nicht daran, sich dieses Vorrechtes zu bedienen, um uns zu mißhandeln oder auch nur mit weniger Rücksicht entgegenzukommen. Die gesunde Vernunft, dieser unsterbliche Genius des griechischen Volkes, ließ sie in uns die Vertreter einer andern und gewissermaßen bevorzugten Menschenrace sehen; die siegreiche Barbarei brachte der besiegten Civilisation stillschweigend ihre Huldigung. Mehrere unter ihnen erblickten die europäische Kleidung zum ersten Mal in ihrem Leben; sie umkreisten uns mit einem Erstaunen wie etwa die Einwohner der neuen Welt die Spanier und Columbus umkreist haben mochten. Sie befühlten verstohlen den Stoff meines Ueberziehers, um zu wissen, aus welchem Zeug er gemacht sei; sie hätten mir gern alle meine Kleider ausgezogen, um sie genau zu betrachten. Vielleicht hätten sie mich sogar nicht ungern in einige Stücke zerlegt, um den innern Bau eines Grafen zu studiren: doch hätten sie es sicherlich nicht gethan, ohne sich zu entschuldigen und höflich für die genommene Freiheit um Verzeihung zu bitten.

Mistreß Simmons verlor bald genug die Geduld; sie fand es sehr langweilig, sich von diesen Käseessern so genau betrachten zu lassen, da keinem es einfiel, ihr ein Frühstück anzubieten. Die Rolle eines lebenden Schaustückes mißfiel der guten Dame über die Maßen, obgleich sie dieselbe in allen Welttheilen hätte mit Ehren durchführen können. Mary-Ann hingegen kam vor Müdigkeit beinahe um. Eine sechsstündige Wanderung, Hunger, Aufregung, Ueberraschung hatten dieses zarte Wesen bald überwältigt. Stellen Sie sich eine junge Miß vor, welche so zu sagen in Baumwolle aufgewachsen und nur gewöhnt gewesen ist, auf den Teppichen der Salons oder auf dem Gras der schönsten Parks zu wandeln. Ihre Stiefelchen waren von den Unebenheiten des Weges zerrissen worden; die Gebüsche hatten den Saum ihres Kleides zerfetzt. Den Abend vorher hatte sie noch den Thee in den Salons der englischen Gesandtschaft getrunken und mit Herrn Wilberg über literarische Neuigkeiten geplaudert; heute sah sie sich plötzlich inmitten einer trostlosen Umgebung unter einen Haufen Wilder versetzt, und sie konnte sich nicht einmal sagen: „Es ist ein Traum!", da sie weder die Annehmlichkeit des Liegens noch die Wohlthat des Sitzens genoß, sondern zur großen Verzweiflung ihrer kleinen Füße stehen mußte.

Eine neue Truppe stellte sich ein, welche unsere Lage unerträglich machte. Es waren keine Räuber — nein, etwas viel Schlimmeres. Die Griechen tragen eine ganze Menagerie kleiner, behender, muthwilliger, unfaßbarer Thierchen an sich, welche ihnen Tag und Nacht

Gesellschaft leisten, sie bis in ihren Schlummer verfolgen und durch ihre Sprünge und Stiche die Regsamkeit des Geistes und die Circulation des Blutes beschleunigen. Die Flöhe der Räuber, von denen ich Ihnen in meiner entomologischen Sammlung einige Exemplare zeigen kann, sind kräftiger, behender und naturwüchsiger als diejenigen der Städter; die freie Luft hat solch mächtigen Einfluß! Doch nur zu bald wurde ich inne, daß sie sich mit ihrer Lage nicht genügen ließen und daß ihnen die feine Haut eines jungen Deutschen einladender erschien, als das gegerbte Fell ihrer rechtmäßigen Herren. Eine bewaffnete Auswanderung warf sich auf meine armen Beine.

Anfangs fühlte ich ein heftiges Zucken in der Gegend der Knöchel: dies war die Kriegserklärung. Zwei Minuten später warf sich ein Vortrab auf meine rechte Wade; ich griff hastig mit der Hand darnach. Aber den Vortheil dieses Scheinangriffes benutzend, drang der Feind in Eilmärschen auf meinen linken Flügel ein und nahm auf der Höhe des Knie's feste Stellung. Ich war überwältigt, jeder Widerstand war vergeblich. Hätte ich mich in einem entlegenen Winkel allein befunden, so hätte ich mit einigem Erfolg ein Scharmützelgefecht wagen können. Doch die schöne Mary-Ann stand vor mir, kirschroth und vielleicht von demselben Feind heimlich überfallen. Ich wagte weder mich zu beklagen noch mich zu wehren; wahrhaft heldenmüthig ertrug ich meine Pein, ohne Miß Simmons auch nur anzusehen; und ich litt für die Holde ein Martyrium, welches sie mir niemals danken wird. Endlich aber war meine Geduld erschöpft; ich war entschlossen, mich durch die Flucht der steigenden Fluth der feindlichen Invasion zu entziehen; ich verlangte vor den Hauptmann gebracht zu werden. Dies erinnerte unsere Führer an ihre Pflicht. Sie erkundigten sich, wo Hadschi Stavros sich aufhielte; man sagte ihnen, er arbeite in den Bureaux.

„Endlich," sagte Madame Simmons, „werde ich mich auf einen Fauteuil setzen können."

Sie nahm meinen Arm, bot dann den ihren ihrer Tochter, und schritt mit Zuversicht in der Richtung voran, welche uns die versammelte Menge andeutete. Die Bureaux waren nicht weit von dem Lager entfernt, in weniger als fünf Minuten waren wir dort.

Die Bureaux des König-Hauptmanns glichen gewöhnlichen Bureaux, wie das Lager der Diebe einem ordentlichen Lager. Es waren weder Tische noch Stühle noch sonst ein anderes Möbel zu sehen. Hadschi Stavros saß nach Art der Schneider auf einem viereckigen Teppich im Schatten einer Tanne. Vier Secretäre und zwei Diener umgaben ihn. Ein junger Mensch von sechzehn bis achtzehn Jahren war mit dem Füllen, Anzünden und Reinigen des Tschibuks seines Herrn unablässig beschäftigt; er trug einen reich mit Gold und echten Perlen gestickten Tabaksbeutel und eine silberne Zange zum Anfassen der Kohle im Gürtel. Ein anderer Diener hatte den Tag über nichts weiter zu thun, als die Tassen Kaffee, die Gläser Zuckerwasser und die verschiedenen Süßigkeiten zu bereiten, welche den königlichen Mund erquicken sollten. Die Secretäre, welche auf den nackten Felsen saßen, schrieben auf ihren Knieen mit geschnittenem Rohre. Jeder von ihnen hatte einen langen kupfernen Kasten, der das Rohr enthielt, sowie ein Federmesser und ein Schreibzeug zur Hand. Einige Blechcylinder, gleich denen, in welchen unsere Schulkinder ihre Schreibutensilien aufbewahren, dienten als Archiv. Das Papier war nicht im Lande fabricirt und zwar aus guten Gründen; jedes Blatt trug das Wort Bath in großen Buchstaben aufgedruckt.

Der König war ein schöner Greis und ausgezeichnet wohlconservirt, aufrecht, hager, elastisch wie eine Feder, reinlich und glänzend wie ein neuer Säbel. Sein langer weißer Schnurbart hing über sein Kinn herab wie zwei Marmorstalaktiten. Das übrige Gesicht war sorgfältig rasirt, der Schädel kahl bis an den Wirbel, wo sich eine lange Locke von weißem Haar zusammengedreht unter der Mütze befand. Der Ausdruck seiner Züge erschien mir ruhig und bedacht. Ein Paar kleine, hellbraune Augen und ein eckiges

Kinn verkündeten einen unerschütterlichen Willen. Sein Gesicht war lang und die Lage der darin enthaltenen Falten ließ es noch länger erscheinen. Alle Runzeln der Stirn waren in der Mitte unterbrochen und schienen sich zwischen den Augenbrauen vereinigen zu wollen; zwei tiefe, scharfe Furchen liefen von den Mundwinkeln herab, als ob die Last des Schnurbarts die Gesichtsmuskeln herabzöge. Ich habe viele Siebziger gekannt, ich habe sogar einen secirt, welcher ohne Zweifel die Hundert erreicht hätte, wäre ihm der Osnabrücker Postwagen nicht über den Leib gefahren, — doch nie sah ich einen rüstigeren, kräftigeren Greis als Hadschi Stavros.

Er trug die Kleidung von Tino und den Inseln des Archipels; seine rothe Mütze bildete unten über der Stirn eine breite Falte, die Weste war von schwarzem Tuch mit schwarzseidenen Verzierungen; seine weite blaue Hose, welche wohl an die zwanzig Meter Baumwollenstoff enthielt, und große Stiefel von geschmeidigem festen Juchtenleder vervollständigten den Anzug. Der einzige Schmuck an seinem Costüme bestand aus einem mit Gold und Edelsteinen reich verzierten Gürtel, im Werth von gewiß mehr als tausend Thaler. In seinen Falten war eine Börse von gesticktem Kaschmir, ein Damascener Dolch in einer silbernen Scheide, eine lange, goldverzierte Pistole und der dazu gehörige Ladstock enthalten.

Hadschi Stavros saß regungslos zwischen seinen Untergebenen; er bewegte nur die Fingerspitzen und die Lippen — die letzteren, um seine Correspondenz zu dictiren — die Finger, um die Perlen seines Rosenkranzes abzuzählen. Es war ein schöner Rosenkranz von milchigem Bernstein, der nicht dazu dient, Gebete herzusagen, sondern dem feierlichen Müßiggang der Orientalen eine Weihe zu geben.

Er hob den Kopf bei unserer Ankunft, errieth augenblicklich, welcher Zufall uns hergeführt, und sagte uns mit einem durchaus aufrichtigem Ernste: „Sie sind willkommen. Setzen Sie sich."

„Mein Herr," schrie Madame Simmons, „ich bin Engländerin, und ..."

Er unterbrach ihre Rede, indem er mit der Zunge schnalzte, wobei er wahrhaft wundervolle Zähne zeigte: „Sogleich, jetzt bin ich beschäftigt." Er verstand nur Griechisch und Mistreß Simmons nur Englisch; aber die Züge des Hauptmanns waren so sprechend, daß die Dame seine Worte ohne Dolmetscher verstand.

Wir nahmen im Staube Platz. Fünfzehn oder zwanzig Räuber kauerten sich um uns herum, und Hadschi Stavros, welcher keine Geheimnisse zu verbergen hatte, dictirte ruhig seine Familien= und Geschäftsbriefe. Der Anführer der Truppe, die uns festgenommen hatte, flüsterte ihm eine Warnung in's Ohr. - Er antwortete mit stolzer Geberde: „Was thut's? und wenn der Herr es auch versteht! Ich thue kein Unrecht und Jedermann kann mich hören. Setze dich. — Du, Spiro, schreib weiter: dies ist an meine Tochter."

Er schnäuzte sich sehr geschickt mit den Fingern und dictirte mit ernster, sanfter Stimme:

„Mein liebes Kind! Die Vorsteherin der Pension schreibt mir, daß deine Gesundheit hergestellt sei und jener böse Schnupfen dich mit dem Winter verlassen habe. Weniger zufrieden ist man aber mit deinem Fleiß; man klagt, daß du seit Anfang April nur sehr wenig lerntest. Mademoiselle Mavros behauptet, du seiest zerstreut, säßest vor deinem Buche, den Kopf aufgestützt, die Augen in's Blaue gerichtet, als dächtest du an ganz andere Dinge. Ich kann dir nicht genug wiederholen, daß du fleißig sein mußt. Sieh' mein eignes Leben an. Wenn ich geruht hätte, wie so Viele, so würde ich die Stellung, welche ich in der Gesellschaft einnehme, nie erreicht haben. Ich wünsche daß du meiner würdig werdest, und bringe deßhalb so große Opfer für deine Erziehung. Du weißt, daß ich dir die Bücher und Lehrer, welche du verlangtest, stets bewilligt habe, doch muß mein Geld auch Nutzen bringen. Die „Problematischen Naturen" sind im Piräus angekommen, sowie auch der Geibel und all' die andern Bücher, welche du zu lesen gewünscht hast: laß sie beim Zollamt durch unsere Freunde von der Hermesstraße abholen. Durch dieselbe Gelegenheit wirst du das Armband, sowie die stählerne Maschine, um die Röcke deiner Kleider aufzubauschen, erhalten. Sollte dein Wiener Instrument nicht gut sein, wie du sagst, und wenn du durchaus eins von Bechstein haben mußt, so sollst du es bekommen. Ich werde mir nach verlaufter Ernte ein oder zwei Dörfer vornehmen, und der Teufel müßte sehr pfiffig sein, wenn nicht das Geld zu einem schönen Flügel dabei herauskäme. Ich gebe dir Recht, daß die Musik dir nothwendig ist; aber vor allen Dingen mußt du fremde Sprachen erlernen. Fahre fort, deine Sonntage auf die angegebene Weise anzuwenden, und benutze die Gefälligkeit unserer Freunde. Du mußt im Stande sein, Französisch, Englisch und besonders Deutsch zu sprechen. Du bist nicht dazu da, in unserem lächerlichen kleinen Lande zu leben, denn ich wollte dich lieber todt, als an einen Griechen verheirathet sehen. Als Tochter eines Königs kannst du nur einen Fürsten heirathen. Ich meine keinen nachgemachten, wie unsere Phanarioten, die sich rühmen von den orientalischen Kaisern abzustammen und die ich nicht einmal zu meinen Dienern haben möchte; sondern einen gekrönten und regierenden Fürsten. Man findet deren recht annehmbare in Deutschland; mein Vermögen erlaubt dir, einen von ihnen zu erwählen. Wenn die Deutschen früher herkommen konnten, um uns zu regieren, so sehe ich nicht ein, warum du jetzt nicht gleichfalls bei ihnen regieren könntest. Beeile dich also, ihre Sprache zu erlernen, und melde mir in deinem nächsten Briefe, ob du Fortschritte gemacht hast. Und nun, mein Kind, umarme ich dich zärtlich; ich schicke dir mit deiner dreimonatlichen Pension meinen väterlichen Segen."

Madame Simmons neigte sich zu mir, indem sie mich fragte: „Dictirt er unser Urtheil?"

Ich antwortete: „Nein, er schreibt an seine Tochter."

„Ueber unsere Gefangennehmung?"

„Ueber Instrumente, Crinoline und Spielhagen."

„Das kann noch lange dauern. Wird er uns kein Frühstück anbieten?"

„Hier ist schon sein Diener mit Erfrischungen für uns."

Der Cafedschi des Königs stand vor uns mit drei Tassen Caffee, einer Schachtel voll Rahat-Lukum und einem Glas mit Einge-

machtem. Mistreß Simmons und ihre Tochter wiesen den Caffee mit Widerwillen zurück, denn er war nach türkischer Sitte bereitet und sah trübe aus wie Brei. Ich leerte meine Tasse als ächter orientalischer Feinschmecker. Das Eingemachte, welches aus Rosensorbet bestand, fand nur mäßigen Beifall, weil wir genöthigt waren, es alle Drei mit einem und demselben Löffel zu genießen. Zimperliche Leute sind in diesem patriarchalischen Lande übel daran. Der Rahat-Lukum jedoch, in Stücken geschnitten, sagte den Gaumen der Damen zu, ohne gegen ihre Gewohnheiten zu sehr zu verstoßen. Sie griffen mit beiden Händen nach diesem Pudding von parfümirter Stärke und leerten die Schüssel bis auf den Grund, während der König folgenden Brief dictirte:

„Herren Barley & Comp., 31. Cavendish-Square, London.

Aus Ihrem Geehrten vom fünften März und der beigeschlossenen Bilanz meines Contocorrents habe ich ersehen, daß mir gegenwärtig 22350 Pfund Sterling gut geschrieben sind und diesen Saldo conform mit Ihnen in neue Rechnung vorgetragen. Bitte gefälligst dieses Capital zur Hälfte in dreiprocentigen Englischen, zur Hälfte in andern sichern Staatspapieren nach Ihrer Auswahl anzulegen. Verkaufen Sie gütigst meine Actien der Internationalen Schnapsbrennerei-Gesellschaft, es ist ein Papier, welches mir nicht mehr so viel Vertrauen einflößt; nehmen Sie dagegen Berliner-Große-Pferdebahn-Actien. Wenn Sie für mein Haus am Strand einhundertundfünfzigtausend Pfund erhalten können, (es war im Jahre 1872 das Doppelte werth,) so kaufen Sie dafür Württembergische-Vereinsbank-Actien, da mir dieses Institut mit außerordentlichem Geschick geleitet scheint.

Was den weitern Vorschlag betrifft, den Sie die Güte hatten mir zu unterbreiten, so habe ich denselben in reifliche Erwägung gezogen, bin jedoch zu dem Resultat gelangt, meine Geschäfte wie bisher nur gegen Baar zu machen. Die Zeitgeschäfte haben einen Anstrich von Hazard, der jeden guten Hausvater davon abschrecken muß. Obgleich ich überzeugt bin, daß Sie über meine Capitalien nur mit der Vorsicht disponiren würden, welche Ihr Haus stets ausgezeichnet hat, und obgleich der Gewinn, welchen Sie mir in Aussicht stellen, ein sicherer sein mag, so habe ich, offen gestanden, einigen Widerwillen dagegen, meinen Erben ein Vermögen zu hinterlassen, welches im Spiel, d. h. auf eine so gewagte Art vergrößert worden wäre.

Genehmigen Sie ꝛc.

Habschi Stavros, Gutsbesitzer."

„Ist von uns die Rede?" fragte mich Mary-Ann.

„Noch nicht, mein Fräulein. Seine Majestät schreiben Zahlen."

„Zahlen? hier? ich glaubte, von dergleichen wisse man nur bei uns."

„Ist Ihr Herr Vater nicht Theilnehmer eines Bankgeschäfts?"

„Ja, des Hauses Barley u. Comp."

„Giebt es in London vielleicht zwei Bankiers, welche diesen Namen führen?"

„Nicht daß ich wüßte."

„Haben Sie je gehört, ob das Haus Barley Geschäfte mit dem Orient macht?"

„Mit der ganzen Welt."

„Und Sie wohnen in Cavendish-Square?"

„Nein, dort ist nur das Geschäftslocal. Unser Haus ist in Piccadilly."

„Ich danke Ihnen, mein Fräulein. Wenn Sie erlauben, höre ich weiter zu. Dieser würdige Greis hat eine höchst anziehende Correspondenz."

Der König dictirte, ohne abzusetzen, einen langen Bericht an die Actionäre seiner Bande. Diese denkwürdige Urkunde war an Herrn Georg Micromatti, königlicher Ordonnanzoffizier im Schloß, adressirt, damit er sie in der Generalversammlung den Interessenten vorlese.

Viertes Kapitel.

Rechenschaftsbericht über die Operationen der Nationalcompagnie des Königs des Gebirges.

Geschäftsjahr 1878/79.

Aus dem königlichen Lager.
30. April 1879.

Meine Herren!

Der Betriebsdirector, welchen Sie mit Ihrem Vertrauen beehrt haben, erlaubt sich Ihnen heute zum vierzehnten Male das Resultat seiner Thätigkeit während des verflossenen Jahres vorzulegen.

Seit dem Tage, wo die Statuten unserer Gesellschaft im Bureau des Herrn Tsapas, königlichen Hof- und Gerichts-Notars in Athen, unterzeichnet wurden, hat unser Unternehmen nie so viele Hindernisse erfahren, sind unseren Arbeiten nie so ernste Widerwärtigkeiten entgegengetreten, als jetzt.

Zu der nun schon eine Reihe von Jahren als Reaction gegen die Zeit des Ueberflusses anhaltenden allgemeinen Flauheit von Handel und Industrie trat im letzten Rechnungsjahre noch als besonderer Uebelstand der orientalische Krieg. Derselbe übte durch die Nähe des Schauplatzes, auf welchem er spielte, auch seine Wirkung auf unsere commerciellen Verkehrsverhältnisse aus, indem er durch Leerung der Börsen unserer theuren Landsleute der volksthümlichen Institution, welche wir vertreten, eine leider ebenso wirksame als illoyale Concurrenz machte.

So kam es, daß unserer Thätigkeit ein nur sehr enger Wirkungskreis blieb und unser Eifer unübersteigliche Schranken fand. Und selbst in diesem eingeschränkten Kreise waren unsere Erwerbsquellen durch die allgemeine Sparsamkeit, die Seltenheit des Geldes und die unzureichenden Ernten noch geschmälert. Die Olivenbäume haben den gehegten Erwartungen nicht entsprochen, der Bodenertrag war ein mittelmäßiger, der Wein ist vom Oidium noch jetzt nicht frei. Unter solchen Umständen war es ungemein schwer, aus der Nachsicht der Behörden und der Milde einer väterlichen Regierung Nutzen zu ziehen. Unser Unternehmen ist mit den Interessen des Landes so eng verbunden, daß es nur beim Gedeihen des Ganzen zur Blüthe kommen kann und daß alle allgemeinen Unglücksfälle unvermeidlich auf dasselbe zurückwirken müssen; denn denen, welche nichts besitzen, ist auch beim besten Willen und der angestrengtesten Energie kaum viel zu nehmen.

Fremde Reisende, deren Neugierde dem Lande und uns so besonders nützlich ist, waren sehr selten. Die englischen Touristen, welche früher einen wichtigen Einkommenszweig für uns bildeten, haben gänzlich gemangelt. Zwei junge Amerikaner, welche auf der Straße des Pentelikon angehalten wurden, haben uns um das Lösegeld betrogen. Ein — wie wir mit Stolz sagen dürfen — materiell durchaus nicht unbegründeter, wenn auch in seinen

Folgen für uns höchst fataler Geist des Mißtrauens, eifrigst unterhalten von denjenigen Zeitungen, welchen es nicht gelang uns zur Insertion unserer geschäftlichen Mittheilungen in ihren Spalten zu veranlassen, hat beinahe jeden Fang, der uns hätte nützlich sein können, von uns entfernt.

Und trotzdem, meine Herren, ist der Lebenstrieb unserer Institution ein so großer, daß sie diesen widrigen Krisen besser widerstanden hat, als der Ackerbau, die Industrie und der Handel. Ihre mir anvertrauten Capitalien haben sich rentirt, zwar nicht so, wie ich es gewünscht hätte, doch viel besser, als es irgend Jemand erwarten konnte. Ich füge nichts weiter hinzu: mögen die Zahlen sprechen. Die Arithmetik ist beredter als Demosthenes:

Das Gesellschaftscapital, welches anfangs auf die bescheidene Summe von 50,000 Drachmen beschränkt gewesen war, ist durch drei aufeinanderfolgende Ausgaben von Actien zu 500 Drachmen auf 120,000 gesteigert worden.

Unsere Bruttoeinnahme im verflossenen Rechnungsjahr betrug in Summa 261,482 Drachmen.

Unsere Ausgaben gestalten sich wie folgt:

Zehnten an die Kirchen und Klöster	26,148
Interessen des Capitals nach dem gesetzlichen Zinsfuß von 10%	12,000
Löhnung und Nahrung für achtzig Mann à 650 Drachmen	52,000
Material, Waffen etc.	7,056
Herstellung der Straße nach Theben, welche unzugänglich geworden und auf der mithin keine Reisenden mehr zu finden waren	2,540
Aufsichtskosten auf den Landstraßen	5,835
Bureaukosten	3
Honorar an einige Journalisten	11,900
Aufmunterungs-Gratificationen an einige Beamte der Verwaltung und Justiz	18,000
Totalsumme	135,482
Ziehen wir diese Summe von der Bruttoeinnahme ab, so ergiebt sich ein Reinertrag von	126,000

Laut den Statuten wird dieser Ueberschuß vertheilt wie folgt:

Zum Reservefonds, bei der Griechischen Bodencredit-Bank in Athen deponirt	6,000
Ein Drittheil Tantième für den Betriebsdirector	40,000
Unter die Actionäre zu vertheilen	80,000

Also 333 Drachmen 33 Lepta auf die Actie.

Rechnen Sie zu diesen 333 Drachmen 33 Lepta noch 50 Drachmen für Interessen und 25 Drachmen zum Reservefonds, so ergiebt sich die Totalsumme von 408 Drachmen 33 Lepta auf jede Actie. Ihr Geld ist mithin zu beinahe 82 Procent angelegt.

Dies sind, meine Herren, die Ergebnisse des letzten, von den oben geschilderten schwierigen Verhältnissen begleitet gewesenen Betriebsjahrs. Welche Zukunft uns erwartet, wenn der Druck, der auf der Welt, unserem Land und unserem Unternehmen lastet aufgehört haben wird — das sich auszumalen glaube ich getrost Ihrem eigenen Urtheil überlassen zu dürfen."

Den hier gegebenen Bericht dictirte der König ohne Notizen zu Rathe zu ziehen, ohne über eine Zahl oder nur ein Wort nachzudenken — ich hätte nie geglaubt, daß ein Mann seines Alters ein so treues Gedächtniß haben könne. Dann drückte er sein Siegel auf die drei Briefe; es ist dies nämlich seine Art zu unterzeichnen: er liest recht geläufig, doch hat er nie Zeit finden können, schreiben zu lernen. Karl der Große war, wie man behauptet, in demselben Fall.

Während die Herren Unterstaatssecretäre sich damit beschäftigten, seine Tagescorrespondenz zu copiren, um sie im Archiv niederzulegen, gab er seinen Subalternbeamten Audienz, welche im Laufe des Tages mit ihrer Abtheilung wieder eingetroffen waren. Jeder dieser Männer setzte sich vor ihn hin, grüßte ihn, indem er die rechte Hand auf's Herz legte, und stattete seinen Bericht mit ehrerbietiger Kürze ab. Ich glaube kaum, daß Ludwig der Heilige unter seiner Eiche den Einwohnern von Vincennes eine tiefere Ehrfurcht eingeflößt haben wird.

Der erste, welcher erschien, war ein Geselle von recht heimtückischem Aussehen: ein ächtes Galgengesicht. Er war von der Insel Korfu und wurde von der Justiz wegen einiger Brandstiftungen verfolgt: hier hatte man ihn willkommen geheißen, seine Talente ließen ihn rasch avanciren. Doch hielten sein Chef und seine Soldaten nicht besonders viel von ihm. Man hatte ihn im Verdachte, daß er häufig einen

Theil der Beute für sich selbst auf die Seite schaffe; gegen Vergehen dieser Art war der König unerbittlich. Ertappte er einen Mann auf der That, so wurde er mit Verachtung aus der Bande gestoßen und Hadschi Stavros sagte ihm mit schneidendem Hohne: „Geh' und werde Staatsbeamter."

Hadschi Stavros fragte den Korfioten: „Was hast du ausgerichtet?"

„Ich habe mich mit meinen fünfzehn Mann nach der Schwalbenschlucht, auf der Straße nach Theben begeben. Dort begegnete ich einer Abtheilung Linientruppen, aus fünfundzwanzig Mann bestehend."

„Wo sind ihre Flinten?"

„Ich habe sie ihnen gelassen. Die Percussionsgewehre sind unbrauchbar für uns, da die Zündhütchen fehlen."

„Gut. Weiter?"

„Es war Markttag; die von dort Kommenden habe ich aufgehalten."

„Wie viele?"

„142 Personen."

„Und du bringst?"

„254 Ducaten."

„Kaum zwei Ducaten auf den Kopf! Das ist wenig."

„Es ist viel... lauter Bauern!"

„Sie hatten also ihre Waaren noch nicht verkauft?"

„Einige hatten verkauft, andere hatten eingekauft."

Der Korfiote eröffnete einen schweren Beutel, welchen er unter dem Arme trug; er schüttete ihn vor den Secretären aus und diese fingen sogleich an zu zählen. Die Einnahme bestand in dreißig bis vierzig mexicanischen Piastern, einigen Händen voll Zwanziger, und einer ungeheuren Menge Scheidemünze. Einige zerknitterte Papiere rollten unter der Münze umher; es waren Cassenanweisungen zu verschiedenen Beträgen.

„Hast du keinen Schmuck?" fragte der König.

„Nein."

„So waren keine Frauen dabei?"

„Ich habe nichts gefunden, was der Mühe werth gewesen wäre mitzunehmen."

„Was hast du an deinem Finger?"

„Einen Ring."

„Von Gold?"

„Oder Kupfer... ich weiß es nicht."

„Wo ist er her?"

„Ich habe ihn vor zwei Monaten gekauft."

„Hättest du ihn gekauft, so wüßtest du wohl, ob er von Gold oder Kupfer ist. Gieb ihn her!"

Der Korfiote gehorchte mit Widerstreben. Der Ring wurde augenblicklich in einem Kästchen voll Schmuck verschlossen.

„Ich verzeihe dir," sagte der König, „wegen deiner schlechten Erziehung. Die Leute aus deiner Heimath entehren den Raub, indem sie ihn mit Spitzbüberei vereinen. Hätte ich lauter Jonier unter meiner Truppe, so würde ich mich genöthigt sehen, Drehkreuze auf den Landstraßen anzubringen, wie man sie an den Eingangsthüren der Industrie-Ausstellungen findet, um die Passanten zu zählen und das Geld einzunehmen. — Ein Anderer!"

Der Folgende war ein dicker, gesunder Bursche, mit dem einnehmendsten Gesicht von der Welt. Seine runden vorstehenden Augen drückten Gutmüthigkeit und Ehrlichkeit aus. Seine geöffneten Lippen ließen, wenn sie lächelten, zwei Reihen tadelloser Zähne blicken. Er nahm mich auf den ersten Blick für sich ein, und ich sagte mir, daß, wenn er sich auch für jetzt in diese schlechte Gesellschaft verirrt habe, er doch früher oder später ganz gewiß schon wieder auf den rechten Weg zurückzukehren werde. Ich schien ihm gleichfalls zu gefallen, denn er grüßte mich sehr höflich, ehe er sich vor dem Könige niederließ.

„Was hast du vollbracht, mein Wasilius?" fragte der König.

„Ich bin gestern Abend mit meinen sechs Mann in Pigabia, dem Dorfe des Senators Zimbolis angekommen."

„Recht."

„Zimbolis war abwesend wie immer; aber seine Verwandten, seine Pächter und Miethbewohner waren alle zu Hause und im Bette."

„Recht."

„Ich bin in den Khan gegangen, habe den Khanzi geweckt, ihm fünfundzwanzig Bund Stroh abgekauft und ihn, statt der Bezahlung, umgebracht."

„Recht."

„Wir haben das Stroh an den Fuß der Häuser, die aus Brettern oder Rohr gebaut sind, getragen und an sieben Stellen zugleich Feuer angelegt. Der Zündstoff war gut, der Wind kam aus Norden, Alles fing Feuer."

„Recht."

„Wir zogen uns leise nach den Brunnen zurück. Das ganze Dorf erwachte zugleich mit Geschrei. Die Männer mit ihren ledernen Trögen kamen, um Wasser zu holen. Vier von ihnen, die wir nicht kannten, haben wir ersäuft, die andern haben sich geflüchtet."

„Recht."

„Dann gingen wir in das Dorf zurück. Wir fanden Niemand, als ein von seinen Eltern vergeßnes Kind, das wie ein

kleiner, aus dem Neste gefallener Rabe schrie. Ich warf es in ein
brennendes Haus und es verstummte sogleich."

„Recht."

„Sodann haben wir Feuerbrände ergriffen und die Oliven=
bäume damit angezündet. Die Sache ist trefflich gelungen. Hier=
auf machten wir uns wieder auf den Weg nach dem Lager; unter=
wegs ruhten wir aus, während wir unser Abendbrot verzehrten,
und um neun Uhr langten wir wohlbehalten, ohne jeglichen
Schaden hier an."

„Recht... Der Senator
Zimbolis wird nie wieder
Reden gegen uns halten. —
Ein Anderer!"

Wasilius zog sich zurück,
mich ebenso höflich grüßend,
als das erste Mal; doch
erwiderte ich seinen Gruß
nicht.

Er ward von dem langen
Teufel, der uns gefangen ge=
nommen hatte, abgelöst. Durch
einen sonderbaren Zufall trug
der erste Urheber des Drama's,
in welchem ich eine Rolle zu
spielen hatte, den Namen So=
phokles. In dem Augenblicke,
als er seinen Bericht begann,
fühlte ich einen leisen Frost
durch meine Adern rieseln;
ich beschwor Madame Sim=
mons, kein unbedachtes Wort
zu wagen. Sie antwortete
mir, daß sie Engländerin sei und wohl wisse, was sie zu thun
habe. Der König bat uns um Ruhe, damit der Redner das
Wort ergreifen könne.

Zuerst breitete dieser die uns geraubten Sachen aus; dann zog er vierzig österreichische Ducaten aus seinem Gürtel.

„Die Ducaten," sagte er, „sind aus dem Dorfe Castia; das Uebrige haben mir die Herrschaften gegeben. Du hattest mir befohlen, die nächste Umgegend zu durchstreifen; ich fing mit dem Dorfe an."

„Das hast du schlecht gemacht," antwortete Hadschi Stavros, „die Bewohner von Castia sind unsere Nachbarn, man muß sie in Frieden lassen. Wie sollen wir in Ruhe leben, wenn wir uns Feinde dicht vor unserer Thüre machen? Ueberdies sind es brave Leute, die uns gelegentlich werden beistehen können."

„O! den Kohlenbrennern habe ich nichts genommen! Sie sind im Wald verschwunden, ohne mir Zeit zu lassen, mit ihnen zu unterhandeln. Nur den Oberrichter fand ich zu Hause, er hatte das Podogra."

„Was hast du ihm gesagt?"

„Ich verlangte Geld, doch behauptete er keines zu haben. Ich steckte ihn nebst seiner Katze in einen Sack; ich weiß nicht, was ihm die Katze gethan hat, doch rief er mir zu, seine Schätze lägen unter einem großen Stein hinter dem Hause. Dort fand ich die Ducaten."

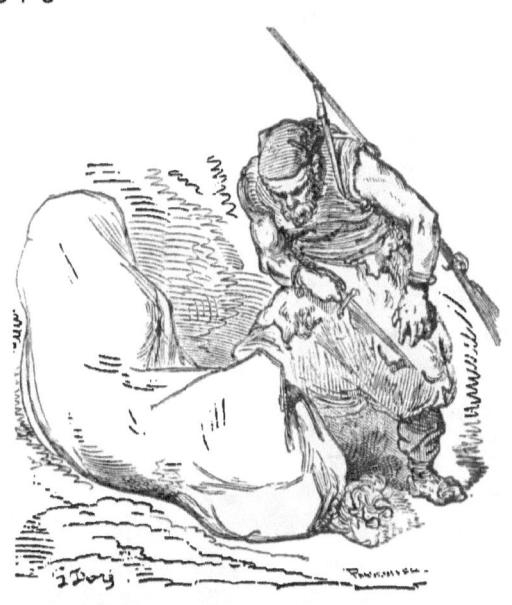

„Du hast Unrecht gethan. Der Oberrichter wird das ganze Dorf gegen uns aufhetzen."

„Ich glaube kaum! Im Fortgehen vergaß ich den Sack aufzumachen, die Katze wird ihn wohl in Ermangelung eines bessern für eine Maus gehalten und aufgefressen haben."

„Das ist freilich etwas Anderes. Doch hört ihr Alle: ich will nicht, daß man unsere Nachbarn beunruhige. Du kannst gehen."

Nun sollte unser Verhör beginnen. Anstatt uns zu sich zu rufen, stand Hadschi Stavros gravitätisch auf und setzte sich neben uns auf die Erde. Dieses Zeichen von Achtung schien eine günstige Vorbedeutung. Madame Simmons machte Anstalt, ihn tüchtig zur Rede zu stellen. In Voraussicht alles dessen, was sie sagen würde, und die Zügellosigkeit ihrer Zunge kennend, bot ich dem Könige meine Dienste als Dolmetscher an. Er dankte kalt und rief den Korfioten, welcher Englisch verstand.

„Sie scheinen erzürnt zu sein," redete der König Madame Simmons an. „Haben Sie vielleicht über das Benehmen der Leute, welche Sie begleitet haben, zu klagen."

„Es ist eine Schande!" sagte sie, „Ihre Spitzbuben haben mich angehalten, in den Staub geworfen, beraubt, mich müde und hungrig gemacht."

„Erlauben Sie mir, Ihnen mein Bedauern auszusprechen. Ich bin leider genöthigt, Männer ohne alle Erziehung zu verwenden. Seien Sie aber versichert, daß nicht nach meinem Befehlen gehandelt worden ist. Sie sind Engländerin?"

„Engländerin aus London."

„Ich war ein Mal in London; ich kenne und achte die Engländer; ich weiß, daß es ihnen nie an gutem Appetit fehlt; Sie werden wohl bemerkt haben, daß ich mich beeilte, Ihnen, meine verehrte Dame, Erfrischungen anzubieten. Ich weiß, daß die Damen ihrer Heimath es nicht lieben, zwischen Felsen umherzuklettern, und ich bedaure, daß man Sie hat zu Fuß gehen lassen. Ich weiß, daß Ihre Landsleute auf Reisen nur das Nöthigste bei sich führen, und ich werde es dem Sophokles nie verzeihen, daß er Sie beraubt hat, namentlich wenn Sie eine Person von Stande sind."

„Ich gehöre zur besten Gesellschaft in London."

„Wollen Sie gefälligst das Geld, welches man Ihnen genommen hat, wieder an sich nehmen. Sie sind reich?"

„Gewiß."

„Gehört dieses Necessaire nicht auch zu ihren Sachen?"

„Es gehört meiner Tochter."

„Nehmen Sie, was Ihrer Fräulein Tochter gehört, gleichfalls zurück. Sie sind sehr reich?"

„Sehr reich."

„Gehören diese Gegenstände nicht Ihrem Herrn Sohn?"

„Der Herr ist nicht mein Sohn; es ist ein Deutscher. Wie könnte ich als Engländerin einen Deutschen zum Sohne haben?"

„Das stimmt allerdings. Haben Sie wohl tausend Pfund Einkünfte?"

„Mehr."

„Man gebe den Damen einen Teppich! ... Sollten Sie vielleicht zweitausend Pfund Renten besitzen?"

„O, wir haben mehr als das."

„Sophokles ist ein Flegel und ich werde ihn züchtigen. Logothetis, bestelle den Mittagstisch für die Damen ... Sind Sie vielleicht Millionärin?"

„Das bin ich."

„Sie sehen mich in Verzweiflung über die Ihnen zugefügte Behandlung. Gewiß haben Sie auch angesehene Verwandte in Athen?"

„Ich kenne den englischen Gesandten, und wenn Sie es gewagt hätten —"

„O bitte! .... Kennen Sie auch Handlungs- und Bankierhäuser?"

„Mein Bruder, welcher sich in Athen befindet, kennt mehrere Bankiers in der Stadt."

„Sie entzücken mich in der That! ... Sophokles, komm her! bitte die Damen um Verzeihung."

Sophokles murmelte zwischen den Zähnen — Gott weiß, was für Entschuldigungen. Der König fuhr fort:

„Diese Damen sind vornehme Engländerinnen; sie besitzen mehr als eine Million an Vermögen; sie sind bei der englischen Gesandtschaft eingeführt; ihr Bruder, welcher in Athen ist, kennt alle Bankiers der Stadt."

„Alles ganz in Ordnung!" rief Madame Simmons. Der König fuhr fort:

„Du hätteſt dieſe Damen mit allen Rückſichten behandeln ſollen, welche ihr Vermögen erfordert."

„Gut!" ſagte Madame Simmons.

„Sie ſanft hierher geleiten."

„Warum das?" murmelte Mary=Ann.

„Und dich hüten, ihre Sachen anzurühren. Wenn man die Ehre hat, zwei Perſonen von dem Range dieſer Damen im Gebirge zu begegnen, ſo grüßt man ſie ehrfurchtsvoll, führt ſie mit Höflichkeit in's Lager, hütet ſie mit Vorſicht und bietet ihnen mit Zuvorkommenheit alle Bequemlichkeiten des Lebens an, bis ihr Bruder oder ihr Geſandter ein Löſegeld von hunderttauſend Drachmen geſchickt hat."

Die arme Madame Simmons! Die gute Mary=Ann! Dieſer Schluß kam Beiden unerwartet. Ich ſelbſt war darüber keineswegs erſtaunt, denn ich wußte, mit welch' ſchlauem Spitzbuben wir zu thun hatten. Ich ergriff dreiſt das Wort und ſagte ihm in's Geſicht: „Du kannſt behalten, was mir deine Leute geſtohlen, denn das iſt Alles, was du von mir bekommen wirſt. Ich bin arm, mein Vater hat nichts, meine Brüder eſſen häufig nur trocknes Brod, ich kenne weder Bankiers noch Geſandte, und wenn du mich in der Hoffnung eines Löſegeldes durchfüttern willſt, ſo geſchieht es auf deine eignen Koſten, darauf verlaſſe dich!"

Ein ungläubiges Gemurmel erhob ſich unter den Zuhörern, doch ſchien mir der König auf's Wort zu glauben.

„Wenn die Sache ſich ſo verhält," ſagte er zu mir, „ſo werde ich nicht den Fehler begehen, Sie gegen ihren Willen hier zurückzuhalten; dann ziehe ich es vor, Sie nach der Stadt zurückzuſchicken. Die gnädige Frau wird Ihnen einen Brief an ihren Bruder anvertrauen, Sie werden ſich noch heute auf den Weg machen. Sollten Sie es aber vorziehen, ein oder zwei Tage im Gebirge zuzubringen, ſo biete ich Ihnen meine Gaſtfreundſchaft an; denn ich kann kaum vermuthen, daß Sie nur mit der großen Schachtel hierher gekommen ſind, um die Landſchaft zu bewundern."

Dieſe kleine Rede erleichterte mein Gemüth bedeutend. Ich warf einen zufriedenen Blick um mich. Der König, ſeine Secre=

täre und Soldaten erschienen mir weit weniger schrecklich; die umgebenden Felsen kamen mir weit malerischer vor, seitdem ich sie mit den Augen eines Gastes, statt mit denen eines Gefangenen betrachtete. Mein Wunsch, nach Athen zurückzukehren, war nicht mehr vorhanden, ich gewöhnte mich bald an den Gedanken, zwei oder drei Tage im Gebirge zuzubringen. Ich fühlte, daß Mary-Ann's Mutter meines Rathes bedürfen würde; die gute Dame befand sich in einem Zustande der Aufregung, der sie sehr gefährden konnte. Wenn es ihr zum Beispiel einfiele, kein Lösegeld zahlen zu wollen! Ehe England ihr zu Hülfe käme, konnte sie auf ein liebliches Haupt irgend ein Unglück herabbeschworen haben. Ich durfte sie nicht verlassen, ohne ihr wenigstens als Warnung die Geschichte der beiden Mädchen von Mistra zu erzählen. Was soll ich noch hinzufügen? Sie kennen meine Leidenschaft für die Botanik. Die Flora des Parnaß hat im April einen besonders großen Reiz; man findet fünf bis sechs Arten von Pflanzen in diesen Bergen, welche eben so selten als berühmt sind. Vorzüglich die Eine, die Boryana variabilis, welche von Bory de Saint-Vincent entdeckt und benannt wurde. Sollte ich eine solche Lücke in meiner Sammlung lassen und mich dem Hamburger Museum ohne die Boryana variabilis vorstellen?

Ich sagte dem König, daß ich seine Gastfreundschaft annehme, aber nur unter einer Bedingung.

„Was verlangen Sie?" fragte er mich.

„Daß du mir meine Schachtel wiedergiebst."

„Es sei; aber auch unter einer Bedingung."

„Laß hören."

„Sie werden mir erklären, wozu sie dient."

„Warum denn nicht? Ich gebrauche sie zur Aufbewahrung der von mir gesammelten Pflanzen."

„Und warum suchen Sie Pflanzen? Um sie zu verkaufen?"

„O pfui! ich bin kein Händler; ich bin ein Gelehrter."

Er reichte mir die Hand, indem er mit sichtbarer Freude ausrief: „Das trifft sich nett! Die Wissenschaft ist eine gar schöne Sache. Unsere Vorfahren waren Gelehrte, vielleicht werden es unsere Enkel wieder sein. Uns hat freilich die Zeit dazu gefehlt. Man schätzt wohl die Gelehrten sehr in Ihrer Heimath."

„Ungemein."

„Man giebt ihnen gute Stellen?"

„Zuweilen."

„Man bezahlt sie gut?"

„So ziemlich."

„Man befestigt kleine Bändchen auf ihrer Brust?"

„Hin und wieder."

„Ist es wahr, daß sich die Städte um ihren Besitz streiten?"

„In Deutschland wohl."

„Und daß ihr Tod als ein allgemeines Unglück angesehen wird?"

„Ganz gewiß."

„Was Sie mir da sagen, freut mich außerordentlich. Sie haben sich also über Ihre Mitbürger nicht zu beklagen?"

„Im Gegentheil! Durch ihre Freigebigkeit bin ich in den Stand gesetzt worden, nach Griechenland zu kommen."

„Sie reisen auf ihre Kosten?"

„Ja, seit sechs Monaten."

„So sind Sie wohl sehr gelehrt?"

„Ich bin Doctor der Philosophie."

„Giebt es in der Wissenschaft noch einen höhern Grad."

„Nein."

„Und wie viel zählt man Doctoren in der Stadt, die Sie bewohnen?"

„Das weiß ich nicht genau, doch giebt es in Hamburg kaum so viel Doctoren als Generale in Athen."

„Was Sie sagen! Nun, ich werde Ihrem Lande einen so seltenen Mann nicht entziehen. Sie sollen nach Hamburg zurückkehren, mein Herr Doctor. Was würde man dort sagen, wenn man erführe, daß Sie in unseren Bergen gefangen sind!"

„Man würde sagen, daß es ein Unglück ist."

„Nun wohl! Die Stadt Hamburg wird lieber ein Opfer von fünfzehntausend Drachmen tragen, als Sie ganz verlieren. Nehmen

Sie Ihre Pflanzentrommel, botanisiren Sie und vollenden Sie Ihre Studien.... Warum stecken Sie dieses Geld nicht in die Tasche? Es gehört Ihnen, ich achte die Gelehrten zu sehr, um sie zu berauben. Doch Ihr Land ist reich genug, um seinen Ruhm zu bezahlen. Glücklicher junger Mann! Heute müssen Sie einsehen, wie viel Ihre Kenntnisse dazu beitragen, Ihren persönlichen Werth zu erhöhen. Ich hätte nicht einen Heller Lösegeld verlangt, wären Sie so unwissend gewesen, wie ich selbst."

Der König hörte weder auf meine Einwendungen, noch auf die Ausrufe der Madame Simmons. Er hob die Sitzung auf und wies uns mit der Hand nach unserem Speisesaal. Mrs. Simmons begab sich dahin, indem sie betheuerte, sie werde die Mahlzeit verschlingen, doch die Rechnung nie bezahlen. Mary-Ann schien sehr niedergeschlagen zu sein; doch so groß ist die Sorglosigkeit der Jugend, daß sie einen Freudenschrei ausstieß, als sie den lieblichen Ort erblickte, wo man die Tafel gedeckt hatte. Es war ein kleiner grüner Platz, von grauen Felsen dicht umschlossen; ein feiner, üppiger Rasen bildete den Teppich, einige Gruppen Bentisken und Lorbeerbäume dienten als Tapete und umkleideten die nackten, steilen Felswände. Des Himmels schöne blaue Kuppel wölbte sich über unseren Häuptern; zwei langhalsige Geier schwebten in der Luft und schienen dort aufgehängt zu sein, um das Auge zu ergötzen. In einem Winkel des Saales quoll eine diamanthelle Quelle in ihre längliche Schale, stieg über den Rand derselben und rauschte in silbernen Massen den steilen Abhang hinab. Von dieser Seite erstreckte sich die Aussicht in's Unendliche nach der Vorderseite des Pentelikon (dem weißen Palaste, welcher Athen beherrscht), dem dunkeln Olivenwalde, der staubigen Ebene, dem grauen Kamme des Hymettos, — gekrümmt wie der Rücken eines Greises, — und dem wundervollen Golf von Salonichi, — blau wie ein Stück auf die Erde gefallenen Himmels. Madame Simmons war zum Bewundern sicherlich nicht besonders aufgelegt, doch gestand auch sie, daß man für eine solche Aussicht in London und Paris bedeutende Miethe zahlen würde.

Die Tafel war mit idyllischer Einfachheit besetzt. Ein schwarzes

Brot, in einem ländlichen Backofen gebacken, dampfte auf dem Rasen und nahm durch seinen starken Geruch die Nerven ein. Geschlickerte Milch zitterte in einer großen hölzernen Schale; große Oliven und grüne Pfefferschoten waren auf roh geschnittenen viereckigen Brettchen aufgeschichtet. Ein haariger Schlauch breitete seine gewaltige Rundung neben einer kupfernen, mit sehr primitiven Verzierungen geschmückten Schale aus. Ein Ziegenkäse ruhte auf der Leinwand, die ihm als Verpackung gedient hatte, und von welcher ein getreuer Abdruck noch auf demselben sichtbar war. Fünf oder sechs einladende Lattichstauden versprachen einen schönen Salat — freilich ohne jegliche sonstige Würze. Der König hatte sein eigenes Silber zu unserer Verfügung gestellt, es bestand aus Löffeln, deren Verzierungen mit dem Messer ausgeschnitten waren, und als letzte Luxusgabe hatten wir unsere natürlichen Gabeln, unsere fünf Finger. Man hatte die Rücksicht nicht so weit getrieben, uns Fleisch vorzusetzen, dagegen versprach mir der goldene Tabak von Almyros ein angenehmes Verdauungsmittel.

Ein Offizier des Königs hatte den Auftrag, uns zu bedienen und zu behorchen. Es war jener scheußliche Korfiote, der Mann mit dem goldenen Ringe, welcher Englisch verstand. Er zerschnitt das Brod mit seinem Dolch und theilte uns mit vollen Händen von Allem aus, indem er bat, wir möchten uns nur ja nicht geniren. Madame Simmons warf ihm einige herrische Fragen hin, ohne jedoch einen Bissen zu versäumen: „Mein Herr," sagte sie ihm, „hat Ihr Hauptmann, König, oder wie sonst er heißen mag, sich ernstlich eingebildet, daß wir ein Lösegeld von hunderttausend Drachmen zahlen würden?"

„Er ist dessen gewiß."

„Das beweist, daß er die englische Nation nicht kennt."

„Er kennt sie sehr wohl und ich gleichfalls. In Korfu habe ich mit mehreren angesehenen Engländern verkehrt, es waren Richter."

„Ich gratulire; doch dem Stavros können Sie immer sagen, er möge sich nur mit Geduld wappnen, denn auf die hunderttausend Drachmen wird er lange warten müssen."

„Er hat mir aufgetragen, Ihnen mitzutheilen, daß er bis zum fünfzehnten Mai Punkt zwölf Uhr Mittags warte."

„Und wenn wir bis zum fünfzehnten Mai Mittag nicht gezahlt haben?"

„Dann wird er sich zu seinem Leidwesen genöthigt sehen, Ihnen sowohl als dem Fräulein den Hals abzuschneiden."

Mary-Ann ließ das Brot, welches sie eben zum Munde führen wollte, fallen: „Geben Sie mir etwas Wein," sagte sie. Der Räuber reichte ihr die volle Schale; doch kaum hatte sie diese an die Lippen gebracht, als ihr ein Ausruf des Schreckens und Widerwillens entschlüpfte. Das arme Kind glaubte, der Wein sei vergiftet. Ich beruhigte sie, indem ich die Schale mit einem Zuge leerte: „Fürchten Sie nichts," sagte ich, „es ist das Harz."

„Welches Harz?"

„Der Wein würde sich in den Schläuchen nicht halten, wenn man nicht eine Quantität Harz daran thäte, welches die Fäulniß verhindert. Diese Mischung macht ihn zwar nicht angenehmer, doch, wie sie sehen, kann man ihn ohne Schaden trinken."

Trotz meines Beispiels ließen sich Mary-Ann und ihre Mutter Wasser bringen. Der Räuber lief an die Quelle und kam in drei Sätzen zurück: „Sie werden begreifen, meine Damen, daß der König nicht den Fehler begehen würde, so werthvolle Personen, wie Sie sind, zu vergiften." Sich zu mir wendend, fügte er hinzu: „Ihnen, mein Herr Doctor, habe ich Befehl mitzutheilen, daß Sie dreißig Tage haben um Ihre Studien zu vollenden und die Summe zu zahlen. Ich werde Ihnen sowohl als den Damen alles zum Schreiben Nöthige liefern."

„Danke," sagte Madame Simmons, „wir wollen in acht Tagen daran denken, wenn wir bis dahin nicht frei sind."

„Und durch wen hoffen Sie befreit zu werden?"

„Durch England!"

„England ist weit."

„Oder durch die Gensdarmerie."

„Das Glück wünsche ich Ihnen! .. Haben Sie unterdessen irgend einen Wunsch, den ich befriedigen kann?"

„Erstens verlange ich ein Schlafzimmer."

„Es sind hier in der Nähe Höhlen, ‚die Ställe‘ genannt, doch würden Sie sich dort schlecht befinden, da während des Winters Schafe darin gewesen sind und der Geruch noch nicht entfernt werden konnte. Ich werde bei den Hirten unten ein paar Zelte holen lassen, worin Sie campiren können, ... bis die Gensdarmen kommen."

„Zweitens brauche ich eine Kammerjungfer."

„Nichs leichter, als das. Man wird einige unserer Leute in die Ebene hinunterschicken, um die erste beste Bäuerin anzuhalten ... wenn es nämlich die Gensdarmerie gestatten wird."

„Ich brauche ferner Kleider, Wäsche, Handtücher, Seife, einen Spiegel, Kämme, Odeurs, einen Stickrahmen, ein ....."

„Das sind vielerlei Sachen, und um alles das herbeizuschaffen, müßten wir ganz Athen plündern. Doch wird das Mögliche geschehen. Rechnen Sie auf mich .... und zählen Sie nicht zu sehr auf die Gensdarmen."

„Daß Gott erbarm'!" sagte Mary-Ann.

Ein kräftiges Echo antwortete: „Kyrie Eleison!"

Es war der gute Alte, welcher kam, uns zu besuchen, und im Gehen sang, um sich in Athem zu erhalten. Er grüßte sehr herzlich, setzte ein Gefäß mit Honig auf den Rasen und ließ sich neben uns nieder: „Nehmen Sie und essen Sie," sagte er, „meine Bienen bieten Ihnen ein Dessert an."

Ich drückte ihm die Hand; Madame Simmons und ihre Tochter wandten sich mit Abscheu ab. Sie blieben dabei, einen Helfershelfer der Räuber in ihm zu sehen. Das arme kleine Männchen hatte nicht so viel Schlauheit. Er konnte nur seine Gebete singen, seine kleinen Pfleglinge abwarten, seine Ernte verkaufen, die Einkünfte des Klosters einsammeln und mit aller Welt in Frieden leben.

Seine Intelligenz war beschränkt, seine Kenntnisse gleich null, sein Leben harmlos wie der Gang einer aufgezogenen Maschine. Ich glaube nicht, daß er das Gute vom Bösen richtig zu unterscheiden wußte, und daß er einen großen Unterschied zwischen einem Diebe und einem ehrlichen Manne machte. Seine Weisheit bestand darin, daß er täglich vier Mahlzeiten hielt, und so klug war, sich zwischen dem Rausche und der Nüchternheit in der richtigen Mitte zu halten. Uebrigens war er einer der besten Mönche seines Ordens.

Ich verschmähte das uns gebotene Geschenk keineswegs. Dieser wilde Honig glich demjenigen, welchen man bei uns bekömmt, wie das Fleisch eines Rehes dem einer Katze. Man hätte meinen sollen, die Bienen hätten in einer unsichtbaren Retorte alle Wohlgerüche des Gebirgs destillirt. Ich vergaß beim Genuß meines Honigbrotes, daß ich nur einen Monat Zeit hatte, um entweder fünfzehntausend Drachmen aufzutreiben oder zu sterben.

Der Mönch bat seinerseits um Erlaubniß, eine kleine Erfrischung zu sich nehmen zu dürfen; ohne eine Antwort abzuwarten, ergriff er die Schale und füllte sie bis an den Rand. Er trank der Reihe nach Jedem von uns zu. Fünf oder sechs Räuber hatten sich, von Neugierde getrieben, in unseren Speisesaal geschlichen. Er rief sie bei den Namen und trank einem Jeden mit strengem Gerechtigkeitssinne zu. Ich hatte bald genug Ursache, seinen Besuch zu verwünschen. Eine Stunde nach seiner Ankunft saß die Hälfte der Bande im Kreise um uns herum. In Abwesenheit des Königs, der in seinem Cabinet seine Mittagsruhe hielt, kamen sie, um Bekanntschaft mit uns zu machen. Der Eine bot uns seine Dienste an, der Andere brachte uns etwas, ein Dritter führte sich ein ohne Vorwand und ohne Scheu, wie Jemand, der sich zu Hause weiß. Die Zutraulichsten baten mich freundschaftlich, ihnen unsere Geschichte zu erzählen; die Schüchternsten hielten sich hinter ihren Gefährten und drängten sich allmälig in unsere Nähe. Einige streckten sich, nachdem sie sich an unserem Anblicke satt gesehen, in's Gras und schnarchten ohne alle Eitelkeit in Gehörweite von Mary-Ann. Dabei stiegen die Flöhe immer höher, ja die Gegenwart ihrer alten Herren machte sie so kühn, daß ich deren drei oder vier auf dem Rücken meiner

Viertes Kapitel.

Hand ertappte. Es war unmöglich, ihnen das Weiberecht streitig zu machen; ich war kein Mensch mehr, sondern eine Gemeindewiese. In diesem Augenblicke hätte ich die drei schönsten Pflanzen meiner Sammlung darum gegeben, nur eine Viertelstunde allein zu sein. Madame Simmons und ihre Tochter waren zu verschwiegen, um mir ihre Empfindungen mitzutheilen, doch bewiesen sie durch einige unwillkürliche Zuckungen, daß sich unsere Gedanken in gleicher Richtung bewegten. Ich beobachtete sogar einen zwischen ihnen gewechselten Blick der Verzweiflung, welcher deutlich sprach: Die Gensdarmen werden uns von den Räubern befreien, wer aber wird uns von den Flöhen erlösen? Diese stumme Klage erweckte eine ritterliche Regung in meinem Herzen. Ich hatte mich drein ergeben, zu leiden, — aber Mary-Ann's Qualen sehen, ging über meine Kräfte. Entschlossen stand ich auf, indem ich zu den Zudringlichen sagte:

„Entfernt euch alle! Der König hat uns diesen Platz angewiesen, um bis zur Ankunft unseres Lösegeldes ruhig hier zu leben. Die Miethe ist theuer genug, wir können wohl allein zu sein verlangen. Schämt ihr euch nicht, euch um unseren Tisch zu schaaren wie schmarotzende Hunde? Ihr habt nichts hier zu suchen. Wir brauchen euch nicht, wir brauchen eure Abwesenheit. Glaubt ihr, wir könnten flüchten? Wie denn? Durch die Cascade? oder durch das Cabinet des Königs? Laßt uns also in Frieden. Korfiote, treibe sie hinaus; ich werde dir helfen, wenn du willst."

Ich ließ die That den Worten folgen; ich trieb die Trägen an, weckte die Schläfer, schüttelte den Mönch und zwang den Korfioten, mir zu helfen; bald räumten uns die Räuber, trotz Dolch und Pistolen, den Platz mit lammartigem Gehorsam, indem sie sich zurückstemmten, kleine Schritte machten, mit den Schultern zuckten und den Kopf umwendeten, wie Schulknaben, die man in die Klasse treibt, wenn das Ende der Spielstunde geschlagen hat.

Endlich waren wir mit dem Korfioten allein. Ich sagte zu Madame Simmons: „Nun sind wir in unseren vier Pfählen. Ist es Ihnen gefällig, so theilen wir unser Gemach in zwei Theile. Ich bedarf nur eines Winkelchens, um mein Zelt aufzuschlagen. Hinter diesen Bäumen werde ich mich ganz leiblich befinden, alles

Uebrige ist Ihr Eigenthum. Sie werden die Quelle zur Hand haben, deren Nähe Sie nicht stören wird, da das Wasser am Abhang des Felsens herunterläuft."

Mein Anerbieten ward ziemlich unfreundlich angenommen. Die Damen hätten gern den ganzen Raum für sich behalten und mich zum Schlafen unter die Räuber geschickt. Freilich hätte die britische Prüderie dabei gewonnen, doch ich wäre um Mary-Ann's Anblick gekommen. Uebrigens war ich fest entschlossen, entfernt von den Flöhen zu ruhen. Der Korfiote unterstützte meinen Vorschlag, welcher ihm die Aufsicht erleichterte; er hatte Befehl, uns Tag und Nacht zu bewachen. Wir kamen überein, daß er neben meinem Zelte schlafen solle; doch verlangte ich eine Entfernung von sechs wohlgemessenen Fuß zwischen uns.

Nach abgeschlossenem Vertrag zog ich mich in meinen Winkel zurück, um mein Hauswild zu jagen. Doch kaum hatte ich das erste Hallali geblasen, als die zudringlichen Räuber unter dem Vorwande, uns Zelte zu bringen, wieder an unserem Horizonte auftauchten. Madame Simmons gerieth ganz außer sich, als sie sah, daß ihr Haus ganz einfach aus einem Stück groben Filz bestand, welches in der Mitte zusammengebrochen, an beiden Enden in die Erde befestigt und zu beiden Seiten den Winden preisgegeben war. Der Korfiote schwor, wir würden darin wohnen wie die Fürsten, es müßte denn sein, daß Sturm oder Regen käme. Die ganze Bande beschäftigte sich damit, die Zeltpfähle einzustecken, die Betten aufzuschlagen und die Decken herbeizutragen. Jedes Bett bestand aus einem Teppich; als Decke diente ein dicker Mantel von Ziegenhaar. Um sechs Uhr kam der König, sich durch den Augenschein zu überzeugen, daß uns nichts fehle. Mrs. Simmons, welche wüthender war denn je, versicherte, ihr fehle nicht weniger als Alles. Ich bat heimlich um die Ausweisung aller überflüssigen Besucher. Hadschi Stavros gab strenge Verhaltungsbefehle, welche sofort .. nicht befolgt wurden. Disciplin ist ein Wort, das sich sehr schwer in's Griechische übersetzen läßt.

Der König und seine Unterthanen zogen sich um sieben Uhr zurück, ehe unsere Abendmahlzeit aufgetragen wurde. Vier Fackeln von harzigem Holz erhellten die Tafel; ihr rothes, nebliges Licht spielte auf seltsame Weise in dem etwas blaß gewordenen Gesicht der Madame Simmons. Ihre Augen schienen in ihren Höhlen zu erlöschen und wieder aufzuleuchten, wie die Leuchtthürme mit wechselndem Licht. Ihre von der Anstrengung gebrochene Stimme hatte zuweilen einen eigenthümlichen Klang. Indem ich ihr zuhörte, verlor sich mein Geist in eine phantastische Welt, es kamen mir wunderliche Erinnerungen an allerlei abenteuerliche Mährchen. Eine Nachtigall fing an zu schlagen, mir schien, als flatterten ihre silbernen Töne um Mary=Ann's Lippen. Es war für uns alle ein angreifender Tag gewesen, ich selbst, der ich Ihnen doch glänzende Proben meines Appetites abgelegt habe, sah bald, daß ich nach nichts weiter Verlangen trug, als nach Schlaf. Ich wünschte den Damen eine gute Nacht und zog mich in mein Zelt zurück. Dort vergaß ich alsbald Nachtigall, Gefahr, Lösegeld und Flohstiche: fest schloß ich meine Augen und schlief ein.

Ich erwachte voll Schreck an einem entsetzlichen Gewehrfeuer; ich stand so hastig auf, daß ich mit dem Kopf an einen der Pfähle meines Zeltes anrannte. Im selben Augenblick hörte ich zwei weibliche Stimmen rufen: „Wir sind gerettet, die Gensdarmen!" Zwei oder drei Gestalten liefen im Dunkeln an mir vorüber. In meiner Freude, meinem Taumel umarmte ich die erste Gestalt, welche ich erreichen konnte: es war der Korfiote.

„Halt!" schrie er, „wo wollen Sie hin, wenn ich bitten darf?"

„Hund von einem Diebe," antwortete ich, mir den Mund abwischend, „ich will sehen, ob die Gensdarmen bald damit fertig sind, deine Kameraden niederzuschießen."

Madame Simmons und ihre Tochter eilten, durch meine Stimme geleitet, herbei. Der Korfiote sagte uns:

„Die Gensdarmen sind heute nicht unterwegs. Es ist Himmelfahrt und erster Mai, ein doppeltes Fest. Der Lärm, welchen sie gehört haben, ist das Zeichen zum Beginn der Lustbarkeiten. Es ist Mitternacht vorüber; bis morgen zur gleichen Stunde werden unsere Gefährten Wein trinken, Fleisch essen, die Romaika tanzen und Pulver vergeuden. Sie würden mir einen Gefallen thun, wenn Sie sich für dieses schöne Schauspiel interessirten. In der Nähe des Festes werde ich Sie mit mehr Vergnügen bewachen, als am Rande dieser Quelle."

„Sie lügen!" sagte Madame Simmons. „Es sind die Gensdarmen."

„Sehen wir selbst," fügte Mary-Ann hinzu.

Ich folgte ihnen. Der Tumult war so groß, daß es vergebene Mühe gewesen sein würde, schlafen zu wollen. Unser Führer ließ uns durch das Cabinet des Königs gehen und zeigte uns das wie von einer Feuersbrunst erleuchtete Lager. Hie und da flammten ganze Tannen. Fünf oder sechs Gruppen saßen am Feuer und brieten Lämmer, die an Stöcke gespießt waren. Inmitten der Menge wand sich ein Band von Tänzern beim Klang einer entsetzlichen Musik. Die Flintenschüsse gingen nach allen Richtungen. Einer kam in unsere Nähe und ich hörte die Kugel wenige Zoll von meinem Ohr vorüberpfeifen. Ich bat die Damen, ihre Schritte

zu beschleunigen, da ich hoffte, daß wir in der Nähe des Königs außer Gefahr sein würden. Hadschi Stavros führte, auf seinem weichen Teppiche sitzend, feierlich das Präsidium bei den Vergnügungen seines Volkes. Um ihn her leerte man ganze Schläuche wie einfache Flaschen; die Lämmer wurden wie Rebhühner zerlegt; jeder Gast ergriff eine Keule oder ein Schulterstück und schleppte

es mit vollen Händen fort. Das Orchester bestand aus einem tauben Tamburin und einem kreischenden Flageolet: der Tamburin war vor dem Gekreisch des Flageolets taub geworden. Die Tänzer hatten ihre Schuhe ausgezogen, um sich behender fortbewegen zu können. Von Zeit zu Zeit verließ Einer den Tanzplatz, goß eine Schale Wein hinunter, biß in ein Stück Fleisch, schoß eine Flinte ab und kehrte zum Tanze zurück. Alle diese Männer, außer dem Könige, tranken, aßen, heulten und sprangen, — lachen sah ich keinen Einzigen.

Hadschi Stavros entschuldigte sich höflich, uns geweckt zu haben:

„Doch nicht ich trage die Schuld," sagte er, „der Gebrauch heischt es so. Wenn zum ersten Mai keine Flintenschüsse knallten, so würden meine braven Leute nicht an die Wiederkehr des Frühlings glauben. Ich bin hier nur von einfachen Wesen umgeben, die auf dem Lande aufgewachsen und den alten Gebräuchen ergeben sind. Ich erziehe sie wohl so gut ich kann, doch werde ich  sterben, bevor ich sie eingeschult habe; Menschen lassen sich nicht, wie silberne Geräthe, in einem Tage umschmelzen. Ich selbst, wie Sie mich hier sehen, habe an diesen rohen Lustbarkeiten Gefallen gefunden; ich habe getanzt und getrunken wie jeder Andere. Ich kannte damals die europäische Cultur noch nicht; ach, warum habe ich auch so spät meine Reisen angetreten? Ich gäbe viel darum, noch wenigstens nicht mehr als fünfzig Jahre alt zu sein. Ich habe Ideen zu Reformen, welche nie in's Leben treten werden, denn wie Alexander sehe ich mich ohne würdigen Erben. Ich träume von einer Organisation des Räuberwesens, ohne Unfug, Gewaltthätigkeit und Lärm — ich finde aber keine Unterstützung.... Ich sollte eine genaue statistische Angabe aller Einwohner des Königreichs, nebst dem annähernden Bestand ihres Vermögens an beweglichen und unbeweglichen Gütern haben. Was die Fremden betrifft, welche bei uns landen, würde mich ein in jedem Hafenort angestellter Agent von ihren Namen, ihrem Reiseplane, und, so weit möglich, ihrem Vermögen in Kenntniß setzen. Auf diese Weise wüßte ich, was mir Jeder geben kann, und würde nie in den Fall kommen, entweder zu viel oder zu wenig zu verlangen. Auf jeder Landstraße würde ich einen Posten gutgekleideter, gebildeter Leute aufstellen; denn warum die Kunden durch eine abstoßende Kleidung und eine grimmige Miene erschrecken? In Frankreich und England habe ich äußerst elegante Diebe gesehen; ging ihr Geschäft deshalb weniger gut? Ferner — ich langweile Sie doch nicht mit meinem Idealstaat? — würde ich bei allen meinen Untergebenen streng auf ein ausgezeichnetes Benehmen halten, besonders bei den im Arrestationsfach Angestellten. Für vornehme Gefangene wie Sie würde ich bequeme Wohnungen in schöner Luft und mit Garten bereit halten; und glauben Sie ja nicht, daß es Ihnen theurer zu stehen käme — im Gegentheil: wenn Alle, welche im Königreich reisen, in meine Hände fallen müßten, so könnte ich den Einzelnen mit einer geringen Summe belegen. Wenn jeder Eingeborne und jeder Fremde mir von seinem Vermögen auch nur ein Viertel Procent gäbe, so würde ich eben an der Menge meinen Gewinn haben. Dann wäre die Räuberei nur noch eine Steuer auf das Reisen, eine gerechte Steuer, denn sie würde nach Verhältniß erhoben, ja eine normale Steuer, denn sie ist zu allen Zeiten von den alten Helden bis auf unsere Tage erhoben worden. Wir würden dieselbe, wenn nöthig, durch jährliche Abonnements noch vereinfachen. Mittels einer bestimmten, ein für alle Mal zu zahlenden Summe könnte man Schutzbriefe für die Eingebornen, Paßvisa für die Fremden erhalten. Sie werden mir einwenden, daß nach dem Grundsatze der Constitution keine Steuer ohne die Zustimmung beider Kammern eingeführt werden kann. Ganz richtig, meine

Herrschaften! — aber wenn ich nur Zeit hätte! Sie sollten sehen: Ich würde den ganzen Senat kaufen, ich würde eine Deputirtenkammer ernennen, die ganz mein sein sollte, das Gesetz würde mit Acclamation angenommen, man würde im Nothfall ein Ministerium der Landstraßen ernennen. Das würde mir allerdings zwei bis drei Millionen für den Anfang kosten; doch in vier Jahren hätte ich diese Ausgabe wieder eingebracht nnd noch obendrein würde ich die Straßen in Stand erhalten."

Er stieß einen feierlichen Seufzer aus, dann fuhr er fort: „Sie sehen, mit welcher Offenheit ich Ihnen meine Angelegenheiten vorlege; es ist dies eine alte Gewohnheit, die ich nie werde ablegen können. Ich habe stets nicht nur in freier Luft, sondern am hellen Tageslicht gelebt. Unser Gewerbe würde ein ehrloses sein, wenn wir es verstohlen ausübten. Ich verberge mich nicht, da ich mich vor Niemand fürchte. Wenn Sie in den Zeitungen lesen, daß man mich suche, so glauben Sie ohne Bedenken, daß dies Phrase ist: man weiß stets, wo ich bin. Ich fürchte weder die Minister, noch die Armee, noch die Gerichte. Die Minister wissen es alle nur zu gut, daß ich mit einem Wink das Cabinet umstoßen kann. Die Armee ist mein, sie liefert mir meine Rekruten, wenn ich deren brauche — ich borge von ihr Soldaten und gebe ihr Offiziere zurück. Was die Herren Richter betrifft, so kennen sie meine Gefühle für sie; ich achte sie nicht, aber ich bedaure sie. Arm und schlecht bezahlt, wie sie sind, kann man unmöglich verlangen, daß sie ehrlich sein sollen. Ich ernähre einige von ihnen; andere kleide ich; nur sehr wenige sind von mir gehängt worden: ich bin mithin der Wohlthäter der Beamten."

Er zeigte mir mit einer stolzen Bewegung den Himmel, das Meer und das Land: „Das Alles," sagte er, „ist mein. Alles, was im Königreiche athmet, ist mir aus Furcht, Freundschaft oder Bewunderung unterworfen. Ich habe manchem Auge Thränen entlockt, dennoch giebt es keine Mutter, die nicht wünschen würde, einen Sohn wie Hadschi Stavros zu haben. Ein Tag wird kommen, wo Gelehrte wie Sie meine Geschichte schreiben, wo die Inseln des Archipels sich um die Ehre streiten werden, mich geboren zu haben. Mein Bildniß wird sich in den Hütten finden neben den Heiligenbildern, die man auf dem Berge Athos kauft. In jener Zeit werden die Enkel meiner Tochter, und wären sie regierende Fürsten, mit Stolz von ihrem Vorfahren, dem König des Gebirges, sprechen!"

Vielleicht werden Sie über meine naive Einfalt lachen, doch gestehe ich, daß diese seltsame Rede mich tief bewegte; ich bewunderte unwillkürlich diese Erhabenheit im Verbrechen. Es war mir noch nie Gelegenheit geworden, einen majestätischen Spitzbuben zu sehen. Dieser Teufelskerl, welcher mir am Ende des Monats den Hals abschneiden wollte, flößte mir eine Art Ehrfurcht ein. Seine großartigen, marmornen Züge, heiter mitten in der Orgie, erschienen mir wie das unbeugsame Antlitz des Geschicks. Ich konnte nicht umhin, ihm zu sagen: „Ja, in der That, Sie sind ein König!"

Er antwortete lächelnd: „Ja, in der That! Denn sogar unter meinen Feinden habe ich Schmeichler ... Widersprechen Sie mir nicht! Ich lese in den Zügen: noch diesen Morgen haben Sie mich angeschaut, als ob sie wünschten, mich am Galgen baumeln zu sehen."

„Da Sie mich zur Offenheit auffordern, so gestehe ich, daß ich von einer Anwandlung schlechter Laune befallen worden war. Sie haben ein unbilliges Lösegeld von mir verlangt. Wenn Sie den Damen, die im Besitze eines großen Vermögens sind, hunderttausend Drachmen abnehmen, ist das etwas Natürliches, etwas das in Ihr Handwerk einschlägt; aber von mir fünfzehntausend zu verlangen, der ich nichts habe, das kann ich nicht billigen."

„Und warum denn nicht? Alle Fremden, welche zu uns kommen, sind reich, denn die Reise ist theuer. Sie sagen, daß Sie nicht auf eigene Kosten reisen, ich will es Ihnen glauben. Doch diejenigen, welche Sie hergeschickt, zahlen Ihnen jährlich wenigstens drei= oder viertausend Drachmen. Wenn sie sich diese Ausgabe erlauben, so müssen sie ihre Gründe dazu haben, denn umsonst geschieht nichts auf dieser schlechten Welt. Capitalisire ich Sie nun usancemäßig zu fünf Procent, so repräsentiren Sie in den Augen Ihrer Gönner mindestens ein Capital von sechzig= bis achtzigtausend Drachmen.

Wenn ich Sie also für fünfzehntausend wieder abgebe, so gewinnen die Käufer noch dabei."

"Aber das Institut, welches mich bezahlt, besitzt kein Capital; es hat nur seine Einkünfte. Das Budget des botanischen Gartens wird alljährlich durch den Staat bewilligt, seine Mittel sind beschränkt, nie hat man einen ähnlichen Fall vorausgesehen; wie soll ich Ihnen erklären? — Sie werden nicht verstehen...."

"Und gesetzt auch ich verstünde," antwortete er in hochfahrendem Tone, "glauben Sie, daß ich das, was ich einmal gesagt habe, zurücknehmen würde? Meine Worte sind Gesetz, — wenn ich sie geachtet sehen will, darf ich sie nicht selbst übertreten. Ich habe das Recht, ungerecht — aber nicht das Recht, schwach zu handeln. Meine Ungerechtigkeiten schaden nur Andern, aber eine Schwäche würde mein eigenes Verderben sein. Wenn man erführe, daß ich mich erbitten ließe, so würden meine Gefangenen nach Worten suchen, um mich zu rühren, anstatt nach Geld, um mich zu bezahlen. Ich bin nicht einer Ihrer europäischen Räuber, welche aus einer Mischung von Strenge und Großmuth, von Berechnung und Unvorsichtigkeit, von Grausamkeit ohne Ursache und Rührung ohne Entschuldigung zusammengesetzt sind, um schließlich dummer Weise auf dem Schafott zu enden. Ich habe vor Zeugen gesagt, daß ich fünfzehntausend Drachmen oder Ihren Kopf haben will. Richten Sie sich ein; auf die eine oder andere Weise muß ich meine Zahlung erhalten. Hören Sie: erst vor Kurzem habe ich zwei junge Mädchen im Alter meiner lieben Photini verurtheilt. Sie streckten weinend die Arme nach mir aus und ihre Klagen zerrissen mein Vaterherz. Wasilius, der sie umgebracht hat, mußte mehrere Mal ansetzen, seine Hand zitterte. Und dennoch bin ich unerbittlich geblieben, weil das Lösegeld nicht bezahlt worden war. Glauben Sie, daß ich Sie nach einem solchen Beispiele begnadigen werde? Was würde es mir nützen, die armen Geschöpfe getödtet zu haben, wenn man erführe, daß ich Sie umsonst freigelassen?"

Ich senkte den Kopf, ohne eine Antwort finden zu können; ich hatte tausendmal Recht, doch der unbarmherzigen Logik dieses grauen Henkers wußte ich nichts zu entgegnen. Er zog mich durch einen freundschaftlichen Schlag auf die Schulter aus meinen Gedanken: „Muth," sagte er mir. „Ich habe dem Tode näher in's Auge geschaut, als Sie — und ich lebe und bin stark wie eine

Eiche. Schon als ich noch sehr jung war, während des Befreiungskrieges, hat mich Ibrahim durch sieben Egyptier füsiliren lassen. Sechs Kugeln fehlten, die siebente traf mich an die Stirn, ohne einzudringen. Als die Türken kamen, meine Leiche aufzuheben, hatte ich mich im Pulverdampfe verloren. Vielleicht werden Sie noch länger leben als Sie glauben. Schreiben Sie allen Ihren Hamburger Freunden. Sie haben für Ihr Alter schon Erstaunliches geleistet; eine solche Leuchte der Wissenschaft muß doch für mehr als fünfzehntausend Drachmen Freunde haben! Ich wünsche es von Herzen. Ich hasse Sie nicht — Sie haben mir nichts gethan; Ihr Tod würde mir kein Vergnügen machen, und ich will aufrichtig hoffen, daß Sie Mittel finden werden, das Lösegeld zu zahlen. Einstweilen gehen Sie mit den Damen und ruhen Sie sich aus. Meine Leute haben etwas zu viel getrunken und sehen die Engländerinnen mit Blicken an, die nichts Gutes bedeuten. Die armen Teufel sind zu einem enthaltsamen Leben verdammt und sie sind noch nicht bald sechzig Jahre alt wie ich. Gewöhnlich zügle ich sie durch Anstrengungen; doch in einer Stunde stehe ich für nichts, wenn das Fräulein dableibt."

In der That sammelte sich ein drohender Kreis um Mary-Ann, welche die seltsamen Gestalten mit unschuldiger Neugier musterte. Die Räuber hatten sich vor sie hingekauert und sprachen sich ganz vernehmlich in die Ohren. Sie sangen ihr Lob in Worten, die sie glücklicherweise nicht verstand. Der Korfiote welcher das Versäumte wieder eingebracht hatte, reichte ihr eine Schale mit Wein, die sie stolz von sich stieß und deren Inhalt sich über die Versammelten ergoß. Fünf oder sechs Trinker, erregter als die Uebrigen, stießen, prügelten sich und wechselten Faustschläge, wie um sich zu ferneren Thaten anzuspornen und zu ermuthigen. Ich gab Madame Simmons ein Zeichen, auf das hin sie und ihre Tochter sich erhoben. Doch in demselben Augenblicke, als ich Mary-Ann meinen Arm bot, wankte Wasilius, erhitzt vom Weine, heran, indem er Miene machte, sie um die Taille zu fassen. Bei diesem Anblicke regte sich eine Anwandelung von Zorn in mir; ich sprang auf den Elenden los und machte ihm von meinen zehn Fingern eine Halsbinde. Er griff mit der Hand nach seinem Gürtel und tastete nach seinem Messer, doch ehe er es gefunden, sah ich ihn meinen Händen entrissen und durch die mächtige Faust des Hauptmanns zehn Schritt rückwärts geschleudert. Ein Gemurmel erhob sich unter der Versammlung. Habschi Stavros erhob seine Stimme über den Lärm und schrie: „Schweigt! Zeigt, daß ihr Hellenen und keine Albaneser seid." Leise fügte er hinzu: „Lassen Sie uns

eilen; Korfiote, du bleibst bei mir; mein Herr Deutscher, sagen Sie den Damen, daß ich mich vor ihre Thür legen werde."

Er zog sich mit uns zurück, voran sein Tschibukdschi, der ihn weder Tag noch Nacht verließ. Zwei oder drei Trunkenbolde schienen ihm folgen zu wollen, er stieß sie heftig zurück. Wir waren von der Menge nicht hundert Schritt entfernt, als eine Flintenkugel dicht an uns vorbeipfiff. Der alte Palikare drehte nicht einmal den Kopf um. Er blickte mich lächelnd an und sagte halblaut: „Wir müssen Nachsicht haben, es ist Himmelfahrtstag." Unterwegs benutzte ich die Zerstreutheit des Korfioten, um Madame Simmons um eine geheime Unterredung zu bitten: „Ich habe Ihnen," sagte ich ihr, „ein wichtiges Geheimniß mitzutheilen. Erlauben Sie mir, zu Ihrem Zelte hinzuschleichen, während unser Spion den Schlummer Noah's schläft."

Ich weiß nicht, ob dieser biblische Vergleich ihr unpassend vorkam, doch antwortete sie mir trocken, ihres Wissens habe sie keine Geheimnisse mit mir gemein. Ich bestand auf meiner Bitte, sie blieb ungerührt. Ich sagte ihr, daß ich ein Mittel entdeckt hätte, uns alle zu retten, ohne die Börse zu ziehen. Sie warf mir einen mißtrauischen Blick zu und entschloß sich endlich, meiner Bitte Gehör zu geben. Hadschi Stavros begünstigte unsere Unterredung, indem er den Korfioten bei sich behielt. Er ließ seinen Teppich an den Eingang der einfachen Treppe legen, welche zu unserem Lager führte, legte sich seine Waffen bequem zur Hand, ließ sich den Tschibukdschi zur Rechten und den Korfioten zur Linken niederlegen und wünschte uns goldene Träume.

Ich hielt mich vorsichtig unter meinem Zelte, bis mir drei verschiedene Schnarchlaute die Gewißheit gaben, daß unsere Wächter eingeschlafen seien. Der Lärm des Festes verstummte allmälig. Zwei oder drei verspätete Flintenschüsse unterbrachen allein von

Zeit zu Zeit die nächtliche Stille. Unsere Nachbarin, die Nachtigall, setzte das begonnene Lied weiter fort. Ich schlich den Bäumen entlang bis an das Zelt der Madame Simmons; Mutter und Tochter erwarteten mich, auf dem feuchten Rasen sitzend, — denn die englische Sitte verbot meinen Eintritt in ihr Schlafzimmer.

„Reden Sie mein Herr," sagte Madame Simmons, „aber beeilen Sie sich. Sie wissen selbst, wie sehr wir der Ruhe bedürfen."

„Meine Damen, was ich Ihnen zu sagen habe, ist wohl eine Stunde Schlafes werth. Wünschen Sie in drei Tagen frei zu sein?"

„Aber, mein Herr, das werden wir sicherlich schon morgen sein, oder England wäre nicht mehr England! Dimitri muß meinen Bruder gegen fünf Uhr gesprochen haben; mein Bruder hat unsern Gesandten zur Mittagszeit gesehen; die Befehle sind noch vor Einbruch der Nacht gegeben worden; die Gensdarmen sind unterwegs, und trotz der Reden des Korfioten werden wir morgen zur Frühstückszeit frei sein."

„Wir wollen uns nicht leeren Illusionen hingeben: die Zeit drängt. Ich rechne nicht auf die Gensdarmen; unsere Sieger sprechen mit zu viel Leichtfertigkeit von ihnen, als daß sie dieselben fürchten könnten. Man hat mir immer gesagt, daß hier zu Lande das Wild und der Jäger, der Räuber und der Gensdarm in der schönsten Eintracht leben. Gesetzt auch, es würden im besten Falle einige Mann zu unserer Befreiung abgeschickt, so wird sie Hadschi Stavros kommen sehen und uns auf Schleichwegen in einen andern Schlupfwinkel schleppen. Er kennt das Land durch und durch: die Felsen sind seine Helfershelfer, die Büsche seine Verbündeten, die Schluchten seine Hehler. Der Parnaß verbündet sich mit ihm gegen uns: er ist eben der König des Gebirges!"

„Bravo, mein Herr, es giebt nur Einen Hadschi Stavros und Sie sind sein Prophet. Es würde ihn gewiß rühren, wenn er hörte, mit welcher Bewunderung Sie von ihm sprechen. Es ist mir schon klar geworden, daß Sie Freunde sind, als ich sah, wie er Ihnen auf die Schulter klopfte und wie vertraulich er zu Ihnen sprach. Er ist es wohl auch, der Ihnen jenen Plan zur Flucht eingegeben hat, welchen Sie uns vorzuschlagen haben?"

„Ja gewiß, das hat er; oder vielmehr seine Correspondenz. Diesen Morgen, als er seine Briefe dictirte, habe ich das unfehlbare Mittel entdeckt, uns gratis zu befreien. Wollen Sie Ihrem Bruder umgehend schreiben, er möge die Summe von hundertundfünfzehntausend Drachmen aufbringen, hundert für Ihr Lösegeld und fünfzehn für das meine, und das Geld durch einen zuverlässigen Mann, durch Dimitri, unverweilt herschicken?"

„Durch Ihren Freund Dimitri, an Ihren Freund den König des Gebirges? Großen Dank, mein Herr! Das ist also der Weg, auf welchem wir gratis erlöst werden sollen?"

„Ja — übrigens ist Dimitri nicht mein Freund und Hadschi Stavros würde sich kein Gewissen daraus machen, mir den Kopf abschneiden zu lassen. Doch weiter: gegen den Empfang des Geldes verlangen Sie eine vom Könige unterzeichnete Quittung."

„Ein schönes Document, was wir da besitzen werden!"

„Vermöge dieses Documents werden Sie Ihre hundertundfünfzehntausend Drachmen wieder an sich nehmen, ohne eine Lepta zu verlieren; Sie sollen gleich sehen wie."

„Gute Nacht, mein Herr! Ersparen Sie sich die Mühe, weiter zu sprechen. — Seitdem wir in diesem gesegneten Lande angekommen sind, hat uns alle Welt bestohlen; die Zollbeamten des Piräus haben uns betrogen, der Kutscher, welcher uns nach Athen brachte, hat uns beschwindelt, unser Gastwirth hat uns den Dieben ausgeliefert. Wir sind einem ehrwürdigen Mönche begegnet, der das uns Geraubte mit den Dieben theilte; alle die Herren, welche da oben trinken, sind Diebe; die welche vor unserer Thür schlafen, um uns zu schützen, sind Diebe; Sie sind der einzige ehrliche Mann, der uns in Griechenland begegnet ist, und Ihre Rathschläge sind die besten von der Welt; aber — gute Nacht, mein Herr."

„Um Gottes Willen, Madame! Ich will mich nicht rechtfertigen; denken Sie von mir, was Sie wollen, aber lassen Sie mich Ihnen nur sagen, wie Sie wieder in den Besitz Ihres Geldes gelangen werden."

„Und soll ich wieder in den Besitz desselben gelangen, wenn die ganze Gensdarmerie des Königreichs nicht wieder in unsern Besitz gelangen kann? Hadschi Stavros ist wohl nicht mehr der

König des Gebirges? Er kennt keine Schleichwege mehr? Die Schluchten, Büsche und Felsen sind nicht mehr seine Hehler und Verbündeten? Gute Nacht, mein Herr; ich werde Ihren Eifer bezeugen; ich werde den Räubern sagen, daß Sie ihren Auftrag getreulich ausgerichtet haben; aber ein für alle Mal: Gute Nacht!"

Die gute Dame faßte mich bei den Schultern und schrie ihr Gute Nacht! in so schrillem Tone, daß ich zitterte, unsere Aufseher erwachen zu sehen, und mich sehr zerknirscht in mein Zelt flüchtete. Welch ein Tag! Ich versuchte, mir alle Erlebnisse wieder in's Gedächtniß zurückzurufen, welche, seitdem ich von Athen abgereist, um die Boryana variabilis zu suchen, über mein Haupt hereingebrochen waren. Die Begegnung mit den Engländerinnen, die schönen Augen Mary-Ann's, die Flinten der Räuber, die Hunde, die Flöhe, Hadschi Stavros, fünfzehntausend Drachmen zu zahlen, mein Leben um diesen Preis, das Gelage des Himmelfahrtsfestes, die Kugeln um meine Ohren pfeifend, das trunkene Gesicht des Wasilius, und nun, um das Ganze zu krönen, die ungerechten Vorwürfe der Madame Simmons! Das fehlte mir nach so vielen Prüfungen noch, für einen Dieb gehalten zu werden! Der Alles versöhnende Schlummer kam mir nicht zu Hülfe; die Ereignisse hatten mich überwältigt, es fehlte mir die Kraft zum Schlafen. Ueber meinen schmerzlichen Betrachtungen brach der Tag an; mit müdem Auge folgte ich dem Steigen der Sonne am Horizonte. Entfernte Laute unterbrachen allmälig das Schweigen der Nacht. Ich hatte nicht den Muth nach meiner Uhr zu sehen, oder den Kopf zu drehen, um zu erspähen was um mich her vorging. Alle meine Fähigkeiten waren durch Erschöpfung und Trostlosigkeit gelähmt. Hätte man mich den Berg hinabgerollt, so würde ich nicht einmal die Hand ausgestreckt haben, um mich festzuhalten. Während dieser gänzlichen Ermattung meiner Sinne hatte ich eine Vision, halb Traum, halb Hallucination, da ich weder wach noch schlafend, meine Augen halb geöffnet, halb geschlossen waren. Es schien mir, als habe man mich lebendig begraben; mein schwarzes Filzzelt bildete einen Katafalk, mit Blumen geschmückt, über meinem Haupte wurden Sterbelieder gesungen. Furcht überkam mich, — ich wollte schreien; die Worte blieben mir im Halse stecken oder wurden durch den Gesang übertäubt. Ich vernahm die Responsorien deutlich genug, um zu hören, daß mein Todtenamt in griechischer Sprache gefeiert wurde. Ich machte einen verzweifelten Versuch, meinen rechten Arm zu bewegen, er war wie von Blei. Ich streckte den linken aus, es gelang mit leichter Mühe, und indem ich an das Zelt anstieß, fiel ein Gegenstand herab, welcher aussah wie

ein Blumenstrauß. Ich reibe mir die Augen, richte mich auf, betrachte die aus der Luft gefallenen Blumen, und erkenne unter denselben ein prächtiges Exemplar der Boryana variabilis. Sie war es wirklich! Ich berührte ihre ausgespreizten Blätter, ihren vollen Kelch, ihre Covella, die aus fünf tiefen Blättern zusammengesetzt ist, welche an der Basis durch einen Staubfaden sich vereinigen, ihre zehn Staubgefäße, ihre fünfzellige Samenkapsel, — ich hielt die Königin der Malvaceen in der Hand. Aber durch welchen Zufall befand sie sich in der Tiefe meiner Gruft? und wie sollte ich sie aus solcher Entfernung dem Hamburger Botanischen Garten zuschicken? In dem Momente wurde meine Aufmerksamkeit durch einen heftigen Schmerz auf meinen rechten Arm gerichtet. Man hätte glauben sollen, er befinde sich unter einem Haufen kleiner, unsichtbarer Thierchen. Ich schüttelte ihn mit dem linken Arm, und allmälig kehrte er in den normalen Zustand zurück; mein Kopf hatte mehrere Stunden lang darauf geruht, er war in Folge dessen eingeschlafen. Demnach lebte ich, denn der Schmerz ist ein Attribut des Lebens. Was sollte aber dann der Sterbegesang bedeuten, welcher vor meinen Ohren summte? Ich stand auf. Unser Gemach befand sich noch in demselben Zustand wie gestern Abend. Madame Simmons und Mary-Ann schliefen noch fest. Ein großer Blumenstrauß, ähnlich dem meinigen, war an der Spitze ihres Zeltes befestigt. Endlich fiel mir ein, daß es griechische Sitte ist, in der Nacht zum ersten Mai die Wohnungen mit Blumen zu schmücken; diese Blumen mitsammt der Boryana variabilis waren also eine großmüthige Gabe des Königs. Der Grabgesang verfolgte mich noch immer. Ich erstieg die Treppe, welche zum Cabinet des Hadschi Stavros führte, und ein Schauspiel, noch seltsamer als Alles was mich gestern Abend überrascht hatte, bot sich meinen Blicken dar. Unter der Tanne des Königs war ein Altar errichtet; der Mönch, mit kostbaren Gewändern geschmückt, feierte mit imponirender Würde den

Gottesdienst. Unsere nächtlichen Säufer, theils stehend, theils fromm im Staube knieend, alle mit ehrfurchtsvoll entblößtem Haupte, hatten sich in eben so viele kleine Heilige verwandelt; der Eine küßte mit Inbrunst ein hölzernes Bild, ein Anderer bekreuzte sich mit ungeheuern Armbewegungen wie bei einer schweren Arbeit, die Andächtigsten schlugen mit der Stirn an die Erde und kehrten den Boden mit ihrem Haar. Der junge Tschibukdschi des Königs ging mit einem Teller durch die Reihen, indem er ausrief: „Gebet Almosen! — Wer der Kirche schenkt, hat Gott geliehen." Und die Münzen regneten um ihn her, der Klang des Kupfers, welches auf Kupfer fiel, begleitete die Stimme des Priesters und das Gebet der Andächtigen. Als ich in die Versammlung trat, grüßte mich Jeder mit bescheidener Vertraulichkeit, wie in den ersten Zeiten der Kirche. Hadschi Stavros, welcher neben dem Altare stand, machte

mir Platz an seiner Seite. Er hielt ein großes Buch in der Hand und ich überlasse Ihnen, sich mein Erstaunen vorzustellen, als ich sah, daß er mit lauter Stimme die Liturgie psalmodirte. Der Räuber versah Küsterdienste! Er hatte in seiner Jugend die zwei kleinen Weihen erhalten; er war Vorleser oder Anagnost. Einen Grad höher würde er Exorcist geworden und mit der Macht begabt gewesen sein, die Teufel auszutreiben! Ich gehöre nicht zu den Reisenden, die sich über Alles wundern, und das nil admirari führe ich sonst so ziemlich durch; doch war ich beim Anblick dieser eigenthümlichen Ceremonie ganz verdutzt und verblüfft. Wer diese Kniebeugungen mit angesehen und diese Gebete mit angehört hätte, würde gemeint haben, daß das Einzige, was sich die Betreffenden vorzuwerfen hätten, vielleicht nur ein wenig Götzendienerei wäre. Ihr Glaube schien brünstig und ihre Ueberzeugung innig zu sein; aber ich, der ich sie bei der Arbeit gesehen und wußte, wie wenig christlich gesinnt sie in ihren Thaten waren, konnte mich nicht erwehren, zu mir selbst zu sagen: „Wen hintergeht man hier?"

Das Hochamt dauerte bis nach zwölf Uhr. Eine Stunde später war der Altar verschwunden, die Räuber hatten wieder zu trinken angefangen; der „gute Alte" stand ihnen getreulich bei.

Hadschi Stavros nahm mich bei Seite und fragte mich, ob ich geschrieben hätte. Ich versprach ihm, es sogleich zu thun, worauf er mir Rohr, Papier und Tinte geben ließ. Ich schrieb an John Harris, Christodulos und meinen Vater. Ich beschwor Christodulos, bei seinem alten Kameraden ein gutes Wort für mich einzulegen und ihm vorzustellen, wie wenig ich im Stande sei, fünfzehntausend Drachmen aufzutreiben. Ich empfahl mich dem Muthe und der Klugheit Harris', da ich wußte, daß er nicht der Mann dazu, einen Freund in der Noth zu verlassen: „Wenn mich Jemand retten kann," sagte ich ihm, „so sind Sie es. Zwar weiß ich nicht, wie Sie es anfangen werden, doch hoffe ich mit ganzer Seele auf Sie: Sie sind ja so tollkühn! Ich rechne nicht darauf, daß Sie fünfzehntausend Drachmen auftreiben werden, um mich loszukaufen. Thun Sie Alles, was Sie wollen, zünden Sie meinetwegen das Königreich an allen Enden an — ich billige Alles im Voraus — aber verlieren Sie keine Zeit. Ich fühle, daß mein Kopf schwach ist und daß ich noch vor Ende des Monats den Verstand verlieren könnte."

Meinem armen Vater verschwieg ich, welches Unterkommen ich gefunden. Warum sollte ich ihn durch die Schilderung von Gefahren, denen er mich nicht entziehen konnte, in den Tod betrüben? Ich schrieb ihm, wie ich es immer den Ersten jedes Monats gethan, daß es mir wohl gehe und ich deßgleichen hoffe, daß mein Brief die Familie bei guter Gesundheit treffen möge. Ich fügte für meine Mutter hinzu, daß ich jetzt das Gebirg bereise, daß ich die Boryana variabilis und eine junge Engländerin, schöner und reicher als die Fürstin Ypsoff, romantischen Andenkens, gefunden. Zwar wäre es mir, in Ermangelung eines günstigen Momentes, noch nicht gelungen, ihr Liebe einzuflößen; doch würde ich vielleicht nächstens Gelegenheit finden, ihr einen wichtigen Dienst zu leisten, oder mich ihr im unwiderstehlichen Rock meines Onkels vorzustellen; „doch," fügte ich mit einem Gefühle tiefer Trauer hinzu, „wer weiß, ob ich nicht als Junggesell sterben werde? Meine Gesundheit ist blühender denn je und meine Kräfte sind noch frisch; aber Griechenland ist ein verrätherisches Land und wird mit dem gesundesten Menschen bald fertig. Sollte ich verdammt sein, Deutschland nie wieder zu begrüßen und hier unerwarteter Weise, am Ziele meiner Reise und meiner Arbeiten untergehen, so seid, geliebte und vortreffliche Eltern, versichert, daß entfernt von den Meinen zu enden, mein letzter Kummer, und mein letzter Gedanke der an Euch sein wird."

Hadschi Stavros kam in dem Momente dazu, als ich eine

Thräne abtrocknete, und ich glaube, daß dieser Beweis von Schwäche mir einen Theil seiner Achtung entzog.

„Nun, nun! junger Mann," sagte er mir, „nur Muth! Sie sollten wahrlich noch nicht über Ihr Schicksal weinen. Was Teufel! man könnte wirklich denken, Sie wohnten Ihrem eigenen Begräbniß bei! Die englische Dame hat eben einen Brief von acht Seiten beendet und es ist ihr nicht eine Thräne entfallen. Gehen Sie

und leisten Sie ihr ein wenig Gesellschaft, sie braucht wirklich Zerstreuung. Ja, wenn Sie ein Mann meines Schlages wären! An Ihrer Stelle und in Ihrem Alter wäre ich nicht lange Gefangener geblieben, das schwöre ich Ihnen. Mein Lösegeld wäre in weniger als zwei Tagen bezahlt worden, und ich weiß wohl, wer die Kosten getragen hätte. Sie sind unverheirathet?" — „Ja." — „Nun? Verstehen Sie immer noch nicht? Gehen Sie in ihr Gemach und seien Sie liebenswürdig! Ich habe Ihnen wahrlich eine schöne Gelegenheit verschafft, Ihr Glück zu machen. Wenn Sie sie nicht zu nutzen wissen, so sind Sie sehr ungeschickt, und wenn Sie mich nicht unter Ihre Wohlthäter zählen, sehr undankbar!"

Ich fand Mary-Ann und ihre Mutter an der Quelle sitzend. In Ermangelung des ihnen versprochenen Kammermädchens waren sie selbst damit beschäftigt, ihre Reitkleider zu verkürzen. Die Räuber hatten ihnen Zwirn, oder vielmehr Bindfaden und Nadeln, wie um Segeltuch damit zu nähen, gegeben. Von Zeit zu Zeit unterbrachen sie ihre Arbeit, um einen schwermüthigen Blick nach den Häusern von Athen zu werfen. Es war in der That hart, die Stadt so nahe vor sich liegen zu sehen und nur um den Preis von hunderttausend Drachmen hingelangen zu können. Ich erkundigte mich, ob sie wohl geruht hätten. Die trockene Art, mit der sie mir antworteten, bewies mir deutlich genug, daß sie meine Gesellschaft gern entbehrt hätten. In diesem Augenblicke fiel mir zum ersten Mal Mary-Ann's Haar auf; sie war ohne Kopfbedeckung und ließ, nachdem sie an der Quelle gründlich Toilette gemacht, ihr Haar an der Luft trocknen. Ich hätte nie geglaubt, daß ein einziges Weib eine solche Fülle seidener Locken besitzen könne. Ihr langes, kastanienbraunes Haar hing an Wangen und Schultern herab; sie rollten sich in kleinen Wellen, wie die Oberfläche eines See's, welche vom Winde gekräuselt wird. Das Licht, welches durch diesen lebendigen Wald streifte, färbte ihn mit einem sanften und sammetnen Glanze; ihr Gesicht glich in diesem Rahmen Zug für Zug einer Moosrose. Ich habe Ihnen gesagt, mein Herr, daß ich noch nie geliebt, und sicherlich hätte ich mit einem jungen Mädchen, welches mich für einen Dieb hielt, nicht den Anfang gemacht. Doch kann ich, ohne mir zu widersprechen, gestehen, daß ich mit meinem Leben dieses schöne Haar aus den Klauen des Hadschi Stavros hätte befreien mögen. Ich entwarf augenblicklich einen kühnen, aber nicht unausführbaren Plan zur Flucht. Unser Gemach hatte zwei Ausgänge: nach dem Cabinet des Königs und nach dem Abgrund. Durch Hadschi Stavros' Zimmer flüchten zu wollen, war undenkbar, man hätte dann noch das Lager der Räuber und die Vorposten passiren müssen, welche die Hunde bewachten. So blieb nur der Ab=

grund. Ich blickte hinab und fand, daß der beinahe senkrechte Felsen genug Vorsprünge und Spalten, sowie Grasbüschel und kleine Bäumchen auf dieser bot, um ohne Seite jedoch besondere erschwerte, Gefahr hin- das war der absteigen zu Wasserfall. können. Was Der Bach, die Flucht welcher sich

von unserem Zimmer aus ergoß, bildete an der Felswand eine furchtbar schlüpfrige Decke. Ueberdies war es schwierig, mit einer solchen Douche auf dem Kopfe seine Geistesgegenwart zu bewahren und den Schwerpunkt nicht zu verlieren.

Gab es aber kein Mittel, die Strömung abzuleiten? Vielleicht. Bei näherer Betrachtung erkannte ich, daß das uns angewiesene Gemach früher dem Wasser als Behältniß gedient haben mußte. Unser Zimmer war ganz einfach ein ausgetrockneter Teich. Ich hob einen Theil des Rasenteppichs zu unseren Füßen auf und fand ein dickes Schlammlager, welches das Wasser der Quelle zurück- gelassen. Entweder hatte eines der in dieser Gegend sehr häufigen Erdbeben den Damm des Wassers an einer Stelle zerstört, oder ein Theil des Felsens, weicher als das übrige Gestein, hatte dem Wasser einen Ausgang verschafft — kurz, die ganze Masse desselben war aus seinem Bette gebrochen. Ein zehn Fuß langer und drei Fuß breiter Canal leitete es an den Abhang des Berges. Um diesen seit Jahren gebahnten Abfluß zu hemmen und das Wasser in sein früheres Becken einzuschließen, bedurfte es einer kaum zwei- stündigen Arbeit. In höchstens einer Stunde konnte der nasse Stein abgetropft haben, und die Nachtluft mußte den Weg bald trocknen. Unsere in dieser Weise vorbereitete Flucht konnte so in höchstens fünfundzwanzig Minuten bewerkstelligt werden. Ein Mal am Fuße des Berges angelangt, hatten wir Athen vor uns; zwar waren die Wege abscheulich, doch liefen wir nicht Gefahr, einem Räuber zu begegnen. Wenn der König uns früh seinen Besuch machen und sich erkundigen würde, wie wir die Nacht zugebracht, sollte er inne werden, daß wir sie mit Laufen benutzt; und da man nie auslernt, müßte er auf seine Kosten einsehen, daß man sich nur auf sich selbst verlassen soll und daß ein Wasserfall ein schlechter Wächter für Gefangene ist.

Dieser Plan erschien mir vortrefflich, und ich theilte ihn sogleich derjenigen mit, die mir ihn eingegeben hatte. Anfangs hörten mir Mary-Ann und ihre Mutter mit der Vorsicht zu, die Verschwörer einem Polizeiagenten entgegenstellen würden. Doch maß die junge Engländerin furchtlos die Tiefe des Abgrunds: „Man könnte hinuntersteigen," sagte sie. „Nicht allein, aber mit der Hülfe eines starken Armes. Sind Sie kräftig, mein Herr?"

Ich antwortete, ohne zu wissen warum: „Ich werde es sein, wenn Sie mir vertrauen wollen." Diese Worte, denen ich keinen besonderen Sinn beigelegt hatte, mußten irgend eine Dummheit enthalten, denn sie wandte erröthend den Kopf ab: „Es kann sein, mein Herr," sagte sie, „daß wir Sie falsch beurtheilt haben; das Unglück macht bitter. Ich will gern glauben, daß Sie ein braver junger Mann sind."

Sie hätte mir leicht etwas Verbindlicheres sagen können; doch begleitete sie diese halbe Freundlichkeit mit einer so sanften Stimme und einem so eindringlichen Blicke, daß ich bis auf den Grund des Herzens gerührt ward. So wahr ist es, mein Herr, daß die Melodie dem Texte durchhilft.

Sie reichte mir ihre allerliebste Hand, und schon streckte ich meine fünf Finger danach aus, als sie sich eines Andern besann und sich vor die Stirn schlagend sagte: „Wo werden Sie das Material hernehmen, um einen Damm zu bauen?" — „Es ist unter unseren Füßen: der Rasen!" — „Das Wasser wird ihn mit fortreißen." — „Nicht vor zwei Stunden. Nach uns mag kommen, was will." — „Gut," sagte sie. Dieses Mal überließ sie mir ihre Hand, und ich führte sie an meine Lippen. Doch plötzlich entzog sich mir diese eigensinnige Hand nochmals: „Man bewacht uns Tag und Nacht. Haben Sie daran gedacht?" Daran hatte ich allerdings nicht gedacht, doch war ich zu weit gegangen, um vor irgend einem Hinderniß zurückzuschrecken. Ich antwortete mit einer Entschlossen=

heit, welche mich selbst in Erstaunen setzte: „Der Korfiote? den nehme ich auf mich. Ich werde ihn am Fuße eines Baumes festbinden." — „Er wird schreien." — „Ich werde ihn tödten." — „Ohne Waffen?" — „Ich werde welche stehlen." Morden, stehlen, das kam mir Alles ganz einfach vor, seitdem ich beinahe hatte ihre Hand küssen dürfen. Urtheilen Sie danach, mein Herr, wessen ich fähig wäre, wenn ich mich einst ernstlich verlieben sollte.

Madame Simmons schenkte mir ihre Aufmerksamkeit mit einem gewissen Wohlwollen, und ich glaubte zu bemerken, daß sie mich durch Blicke und Geberden ermuthigte. „Lieber Herr," sagte sie, „Ihre zweite Idee erscheint mir besser als die erste, ja wirklich weit besser. Nie würde ich mich entschlossen haben, ein Lösegeld zu zahlen, nicht einmal mit der Gewißheit, es später zurückzuerhalten. Wiederholen Sie mir gefälligst, wie Sie unsere Flucht zu bewerkstelligen gedenken."

„Ich stehe für Alles. Noch heute verschaffe ich mir einen Dolch. Diesen Abend werden sich unsere Räuber zeitig zur Ruhe begeben und fest schlafen. Um zehn Uhr stehe ich auf, binde unsern Wächter, knebele ihn und tödte ihn im Nothfalle. Das ist kein Mord, das ist eine Hinrichtung: er hat den Tod zwanzig Mal verdient. Halb elf Uhr werde ich fünfzig Quadratfuß Rasen losmachen, Sie tragen ihn an den Bach, ich baue den Damm; dies wird eine und eine halbe Stunde im Ganzen dauern. Nun wird es ungefähr Mitternacht sein. Während der Wind unsern Weg trocknet, werden wir an der Befestigung unseres Werkes arbeiten. Es ist nun ein Uhr; ich nehme das Fräulein in meinen linken Arm, wir gleiten bis an jene Spalte, halten uns an diesen beiden Grasbüscheln, erreichen jenen wilden Feigenbaum, ruhen an jener grünen Eiche aus, rutschen den Vorsprung entlang bis zu jenen rothen Felsen, springen in die Schlucht und sind frei!" — „Gut, aber ich?"

Dieses „Aber ich?" wirkte wie Eis auf meine Begeisterung. Man kann doch nicht an Alles denken, und ich hatte die Rettung der Madame Simmons rein vergessen. Umzukehren, um sie zu holen, war unmöglich — das Heraufsteigen war ohne Leiter gar nicht zu bewerkstelligen. Die gute Dame bemerkte meine Verlegenheit. Sie sagte mir mit mehr Mitleiden als Aerger: „Sie sehen, mein Herr, daß romantische Pläne immer eine Lücke haben. Sie werden mir erlauben, bei meinem ersten Entschlusse zu bleiben und auf die Gensdarmen zu warten. Ich bin Engländerin und habe aus alter Gewohnheit ein blindes Vertrauen zu dem Gesetze. Uebrigens kenne ich die Gensdarmen von Athen; ich habe sie auf dem Schloßplatz bei der Parade gesehen. Es sind schöne Männer und auch ziemlich reinlich für Griechen. Sie haben lange Schnurr= bärte und Remington=Gewehre und werden uns befreien — wenn Sie gütigst erlauben wollen."

Der Korfiote kam zu rechter Zeit, um mir eine Antwort zu ersparen. Er brachte das Kammermädchen der Damen. Es war eine, trotz ihrer platten Nase, ziemlich hübsche Albaneserin. Zwei Räuber, die im Gebirg umherstreiften, hatten sie im schönsten Putz zwischen ihrer Mutter und ihrem Bräutigam weggeholt. Sie schrie, daß es einen Stein hätte erbarmen mögen, doch war sie bald getröstet, als man ihr sagte, daß sie in weniger als vierzehn Tagen frei sein sollte und daß man sie bezahlen würde. Sie faßte sich heldenmüthig und freute sich endlich beinahe über einen Unfall, der ihre Aussteuer vergrößern sollte. Diese philoso= phische, beständig Knob= lauchzwiebeln knuspernde und danach riechende Dienstmagd war jedoch der Madame Simmons nur von geringem Nutzen: von allen weiblichen Ar= beiten war ihr nur der Feldbau geläufig...

Der Tag verlief ohne weiteres Ereigniß; der darauf folgende schien uns Allen unerträglich lang. Der Korfiote wich nicht einen Schritt von unserer Seite. Mary=Ann und ihre Mutter spähten nach den Gensdarmen am Horizonte und konnten doch nichts entdecken. Ich, der ich an Beschäftigung gewöhnt bin, rieb mich in der Unthätigkeit auf. Ich hätte im Gebirge herumklettern und unter starker Bewachung botanisiren können; aber ein unbeschreibliches Etwas fesselte mich an die Damen. Während der Nacht schlief ich schlecht: mein Befreiungsplan spukte hartnäckig in meinem Kopfe. Ich hatte mir den Platz gemerkt, wo der Korfiote seinen Dolch verbarg, ehe er sich zur Ruhe legte; doch hätte ich eine Schlechtigkeit zu begehen geglaubt, wenn ich ohne Mary=Ann geflohen wäre.

Den Sonnabend früh zwischen fünf und sechs weckte mich ein ungewöhnlicher Lärm vor dem Cabinete des Königs. Meine Toilette war bald gemacht, da ich mich stets völlig angekleidet niederlegte.

Hadschi Stavros präsidirte stehend in der Mitte seiner Truppe bei einer stürmischen Berathung. Sämmtliche Räuber waren auf Kriegsfuß und bis an die Zähne bewaffnet. Zehn oder zwölf Koffer, welche ich früher nie bemerkt hatte, standen auf Tragen. Ich errieth, daß sie Bagage enthielten, und daß unsere Herren sich vorbereiteten, das Lager abzubrechen. Der Korfiote, Wasilius und Sophokles schrieen ihre Rathschläge heraus und redeten alle zu gleicher Zeit. Man hörte in der Entfernung die Vorposten bellen. Eine zerlumpte Staffette kam gelaufen und schrie: „Die Gensdarmen!"

V.

Die Gensdarmen.

Der König schien nicht sehr in Aufregung zu sein; doch waren seine Augenbrauen finsterer zusammengezogen als gewöhnlich, und die Falten seiner Stirn bildeten zwischen den Augen einen spitzen Winkel. Er fragte den Ankömmling:

„Wo kommen sie her?"

„Von Castia."

„Wie viel Compagnien?"

„Eine."

„Welche?"

„Ich weiß nicht."

„So warten wir."

Eben eilte ein zweiter Bote in gestrecktem Galopp herbei, um Allarm zu schlagen. Hadschi Stavros schrie ihm schon von Weitem zu: „Ist es die Compagnie des Perikles?"

„Ich weiß es nicht," antwortete der Räuber, „ich kann die Nummern nicht lesen." Ein Schuß klang aus der Ferne zu uns herüber. „Still!" sagte der König, indem er seine Uhr zog; die Versammlung beobachtete ein tiefes Schweigen. Vier Schüsse fielen hintereinander in regelmäßigen Pausen von der Dauer einer Minute. Der letzte war von einem heftigen Knall begleitet, wie ein Peloton=Feuer. Hadschi Stavros steckte lächelnd seine Uhr in die Tasche:

„Es ist gut," sagte er; „tragt das Gepäck in die Magazine zurück und bringt Wein von Aegina her; es ist die Compagnie des Perikles!"

In dem Augenblicke, da er die letzten Worte aussprach, sah er mich in meinem Winkel stehen. Er rief mich mit neckischem Tone:

„Kommen Sie, Herr Deutscher, Sie sind nicht überflüssig. Es ist immer gut, zeitig aufzustehen; man kann dann merkwürdige Dinge erleben. Haben Sie Durst? Jedenfalls werden Sie nicht verschmähen, ein Glas Wein von Aegina mit unseren braven Gens=darmen zu trinken."

Zwei Minuten später wurden drei ungeheure Schläuche herbei=geschleppt, die aus einer verborgenen Schatzkammer zu kommen schienen. Ein verspäteter Kundschafter meldete dem König:

„Gute Nachrichten: Es sind die Gensdarmen des Perikles!"

Einige Räuber eilten der Truppe entgegen. Der Korfiote, ein gewandter Redner, schickte sich an, den Capitän zu empfangen. Bald konnte man das Schlagen der Trommeln vernehmen, die blaue Fahne des Regiments wurde sichtbar und sechzig Mann zogen wohlbewaffnet in zwei Reihen bis vor das Zelt des Königs. Ich erkannte Herrn Perikles, denn ich hatte ihn früher auf der Pro=menade von Patissia oft bewundert. Er war ein junger Offizier von fünfunddreißig Jahren, brünett, kokett, von den Damen ver=wöhnt, am Hofe ein gesuchter Tänzer, der besonders verstand, seine Blechepauletten mit großer Anmuth zu tragen. Er steckte seinen Säbel in die Scheide, eilte dem König entgegen, küßte ihn auf den Mund und sagte: „Guten Tag, Pathe."

„Guten Tag, Kleiner," antwortete der König und streichelte ihm die Wange. „Ist es dir immer wohl gegangen?"

„O ja! danke. Und dir?"

„Gut, wie du siehst. Was macht die Familie?"

„Mein Onkel der Bischof hat das Fieber."

„Bringe mir ihn her, ich werde ihn curiren. Geht es dem Polizei-Präsidenten besser?"

„Etwas. Er läßt dich herzlich grüßen; der Minister gleichfalls."

„Nichts Neues?"

„Hofball für den fünfzehnten. Es ist ganz gewiß, da es im Staatsanzeiger steht."

„Du tanzest also immer noch? Wie geht es an der Börse?"

„Die Course fallen noch immer bis in's Unendliche."

„Bravo! Hast du Briefe für mich?"

„Ja, hier sind sie. Photini war nicht fertig geworden, sie wird dir durch die Post schreiben."

„Ein Glas Wein! .... Auf deine Gesundheit, Kleiner!"

„Gott segne dich, Pathe! — Wer ist der Franke dort, der uns zuhört?"

„Niemand, ein unbedeutender Deutscher. — Weißt du keine Arbeit für uns?"

„Der Generalzahlmeister schickt zwanzigtausend Drachmen nach Argos. Das Geld wird morgen Abend die Scironischen Felsen passiren."

„Ich werde zur Stelle sein. Brauche ich viel Leute?"

„Ja, die Kasse wird durch zwei Compagnien escortirt."

„Gute oder schlechte?"

„Sehr schlechte: Kerle, die im Stande sind, sich todtschlagen zu lassen."

„Ich werde alle meine Leute mitnehmen. In meiner Abwesenheit wirst du meine Gefangenen bewachen."

„Mit Vergnügen. Apropos, ich habe sehr strenge Ordre. Deine Engländerinnen haben an ihren Gesandten geschrieben. Sie verlangen die ganze Armee zu ihrer Befreiung."

„Und ich habe ihnen noch das Papier dazu geliefert! Da soll Einer den Leuten wieder trauen!"

„Ich will darnach einen Rapport einsenden; ich werde von einem blutigen Treffen berichten."

„Wir wollen das zusammen verfassen."

„Ja, aber diesmal, Pathe, muß ich den Sieg davontragen."

„Nein!"

„Doch, ich will decorirt werden."

„Das wirst du ohnehin schon mit der Zeit, du bist ja unersättlich! Kaum ist ein Jahr vergangen, seitdem du durch meine Einwirkung zum Hauptmann befördert wurdest."

„Aber, lieber Pathe, du mußt doch begreifen, daß es in deinem eigenen Interesse liegt, der Besiegte zu sein. Wenn es bekannt werden wird, daß deine Bande zerstreut ist, wird das Vertrauen wiederkehren, Reisende werden wieder zahlreicher in's Gebirge kommen und du wirst glänzende Geschäfte machen!"

„Ja, aber wenn ich besiegt bin, werden die Papiere steigen, und ich speculire auf Baisse."

„Du mußt doch immer Recht behalten! Nun, so laß dir wenigstens ein Dutzend Mann massacriren."

„Meinetwegen, wenn dir damit ein Gefallen geschieht; auch wird es ja Niemandem schaden. Aber dann will auch ich mein Theil; ich muß zehn Stück von deinen Leuten getödet haben."

„Ja, aber wie denn? Bei meiner Rückkehr wird man ja gleich bemerken, daß die Compagnie complett ist."

„Keineswegs! Du wirst sie mir hier lassen, ich brauche Rekruten."

„In dem Falle empfehle ich dir besonders den kleinen Spiro, meinen Fähnrich. Er kommt aus der Evelpibäischen Schule, hat Kenntnisse und einen guten Kopf. Der arme Junge erhält nur achtundsiebzig Drachmen den Monat, und seine Eltern sind nicht wohlhabend. Wenn er bei der Armee bleibt, wird er vor fünf oder sechs Jahren nicht Seconde-Lieutenant; die Reihen sind überfüllt. Wenn er sich aber in deiner Truppe auszeichnet, so wird man ihn zu bestechen versuchen und er kann binnen sechs Monaten sein Patent erhalten."

„Meinetwegen! Her mit dem kleinen Spiro! Spricht er Französisch?"

„Ziemlich ordentlich."

„Vielleicht behalte ich ihn. Schlägt er gut ein, so betheilige ich ihn bei unserem Geschäfte. — Gut, daß mir das gerade einfällt: du kannst den Betheiligten meinen Jahresbericht überreichen; ich gebe zweiundachtzig Procent."

„Bravo! meine acht Actien werden mir mehr eingebracht haben, als meine Hauptmannsgage. Ach Pathe, was treibe ich für ein jämmerliches Handwerk!"

„Was kann ich dafür? Du wärst heute Räuber, wenn deine Mutter keine solchen Ideen gehabt hätte. Doch das ist jetzt nicht mehr zu ändern: Auf dein Wohl! Auf das Ihre, Herr Deutscher! Ich stelle Ihnen hier meinen Pathen vor, den Capitän Perikles, einen liebenswürdigen jungen Mann, welcher mehrere Sprachen spricht; er wird die Freundlichkeit haben, während meiner Abwesenheit meine Stelle bei Ihnen zu vertreten. Mein lieber Perikles, du siehst in diesem Herrn einen Gelehrten im Werth von fünfzehntausend Drachmen. Kannst du dir vorstellen, daß er, trotz seiner Doctorschaft, es noch nicht verstanden hat, sein Lösegeld durch unsere Engländerinnen bezahlen zu lassen? Die Welt artet aus, Kleiner! zu meiner Zeit war sie besser."

Damit stand er rasch auf und entfernte sich, um seine Abreise anzuordnen. War es die Freude, in's Feld zu ziehen, oder das Vergnügen, seinen Pathen wiedergesehen zu haben? kurz, er schien mir verjüngt, sah um zwanzig Jahre jünger aus; er lachte und scherzte ganz auf Kosten seiner königlichen Würde. Ich hätte mir nie träumen lassen, daß die Ankunft der Gensdarmerie in so aufheiternder Weise auf einen Räuber zu wirken vermag. Sophokles, Wasilius, der Korfiote und die übrigen Offiziere verbreiteten die Befehle des Königs im ganzen Lager. Bald war dasselbe reisefertig, Dank dem Allarm, der uns schon am frühen Morgen aus dem Schlafe geweckt. Der junge Adjutant Spiro und neun Mann von den Gensdarmen vertauschten ihre Uniformen mit dem malerischen Costüm der Räuber. Es war ein wahres Taschenspielerstückchen und der Kriegsminister würde, wenn er dagewesen wäre, wohl schwerlich etwas davon gemerkt haben. Die so schnell Umgewandelten schienen ihren früheren Stand keineswegs zurückzuwünschen. Die einzigen, welche murrten, waren die, welche unter der Fahne blieben. Zwei bis drei Graubärte beklagten sich ganz laut, daß es nach der Anciennetät gehen müßte und man dem Veteranenthum nicht genug Rechnung trüge. Einige von den Alten prahlten mit ihren geleisteten Diensten und behaupteten, daß sie eine Zeit lang im Räuberwesen gearbeitet hätten. Der Capitän beschwichtigte sie nach Kräften, indem er ihnen versprach, daß die Reihe auch an sie kommen sollte.

Hadschi Stavros übergab, ehe er abzog, seinem Stellvertreter alle Schlüssel. Er zeigte ihm die Grotte mit dem Wein, die Höhle mit Mehl, die Spalte mit Käse, den Baumstamm wo der Kaffee aufbewahrt wurde. Er unterrichtete ihn von allen möglichen Vorsichtsmaßregeln, unsere Flucht zu verhindern und ein so werthvolles Capital sich nicht entgehen zu lassen. Der schöne Perikles antwortete lächelnd: „Was fürchtest du? Bin ich nicht Actionär?"

Um sieben Uhr Morgens trat der König den Marsch an und seine Unterthanen folgten ihm einer hinter dem andern. Die ganze Bande schlug die Richtung nach Norden ein, den Scironischen Felsen den Rücken wendend. Sie kam auf einem ziemlich langen aber bequemen Umwege bis an die Schlucht zurück, welche sich unter unserem Gemach befand. Die Räuber sangen aus Leibeskräften, indem sie durch das Wasser der Cascade wateten. Ihr Feldgesang war ein Lied von vier Strophen, eine Jugendsünde des Hadschi Stavros:

> Ein brauner Klephte steigt in's Thal hernieder,
> Die Sonne blitzt . . . . . ꝛc.

Es muß Ihnen bekannt sein; die Schuljungen in Athen singen es immer, wenn sie in die Confirmationsstunde gehen.

Mistreß Simmons, welche neben ihrer Tochter schlief und wie gewöhnlich nur von Gensdarmen träumte, erwachte erschreckt und lief an das Fenster, das heißt an die Cascade. Sie ward

Die Gensdarmen.

grausam enttäuscht, als sie statt der gehofften Retter ihre alten Feinde erblickte. Sie erkannte den König, den Korfioten und viele Andere. Was sie besonders in Erstaunen setzte, war die Wichtigkeit und Anzahl dieser frühzeitigen Expedition. Sie zählte bis zu sechzig Mann im Gefolge des Hadschi Stavros. Sechzig, dachte sie; so bleiben nur zwanzig, um uns zu bewachen. Die Idee einer Flucht, welche sie früher zurückgewiesen hatte, drängte sich ihr mit einiger Gewalt auf. Mitten in diesen Betrachtungen sah sie einen Nachtrab vorüberziehen, welchen sie nicht erwartet hatte. Sechzehn, siebzehn, achtzehn, neunzehn, zwanzig Mann! .. So war Niemand im Lager zurückgeblieben; so wären wir frei? „Mary=Ann," rief sie... Der Zug defilirte immer länger. Die Bande bestand aus achtzig Räubern und neunzig zogen ab. Ein Dutzend Hunde schlossen den Zug, doch nahm sie sich nicht die Mühe diese zu zählen.

Mary=Ann stand bei dem Ruf ihrer Mutter auf und stürzte aus dem Zelte.

„Frei!" schrie Madame Simmons. „Sie sind alle fort. Es sind mehr weggegangen, als da waren. Eilen wir, mein Kind!"

Sie liefen an die Treppe und sahen das Lager des Königs von den Gensdarmen besetzt. Die griechische Fahne flatterte triumphirend auf dem Gipfel einer Tanne. Hadschi Stavros' Stelle war von Herrn Perikles eingenommen. Madame Simmons flog mit solcher Hast in seine Arme, daß er einige Mühe hatte, der Umarmung zu entgehen.

„Engel Gottes," rief sie ihm zu, „die Räuber sind fort!"

Der Hauptmann antwortete auf Englisch: „Ja wohl!"

„Sie haben sie in die Flucht geschlagen?"

„Allerdings! da sie sich noch hier befinden würden, wenn wir nicht gekommen wären."

„Vortrefflicher junger Mann! Das Treffen muß entsetzlich gewesen sein!"

„Nicht so sehr: eine Schlacht ohne Thränen. Es hat mich nur ein Wort gekostet."

„So sind wir nun frei?"

„Gewiß!"

„Wir können nach Athen zurückkehren?"

„Sobald es uns beliebt."

„So lassen Sie uns aufbrechen!"

„Das ist für den Augenblick unmöglich."

„Was haben wir hier zu thun?"

„Unsere Pflicht als Sieger zu erfüllen: wir müssen das Schlachtfeld behaupten."

„Mary-Ann, gieb dem Herrn die Hand."

Die junge Engländerin gehorchte.

„Mein Herr," fuhr Madame Simmons fort, „Sie sind ein Bote des Himmels. Wir hatten schon alle Hoffnung aufgegeben. Unser einziger Beschützer war ein junger Deutscher aus dem Mittelstande, ein Gelehrter, welcher Pflanzen sammelt, und der uns auf dem unwahrscheinlichsten Wege retten wollte. Endlich sind Sie da. Ich wußte es gewiß, daß uns die Gensdarmerie befreien würde. Nicht wahr, Mary-Ann?"

„Ja, Mama."

„Sie müssen wissen, mein Herr, daß diese Räuber der Abschaum der Menschheit sind. Sie haben damit angefangen, uns Alles zu nehmen, was wir bei uns führten."

„Alles?"

„Alles bis auf meine Uhr, welche ich sorgfältig verborgen gehalten hatte."

„Das haben Sie gut gemacht. Und haben die Räuber behalten, was sie Ihnen nahmen?"

„Nein, sie haben uns dreihundert Drachmen, ein silbernes Necessaire und die Uhr meiner Tochter wiedergegeben."

„Sind diese Sachen noch in Ihrem Besitz?"

„Gewiß."

„Hatte man Ihnen Ihre Ringe und Ohrgehänge genommen?"

„Nein, Herr Hauptmann."

„So haben Sie die Güte, mir dieselben auszuliefern."

„Ihnen auszuliefern? Was?"

„Ihre Ringe und Ohrgehänge, ein silbernes Necessaire, zwei Uhren und die Summe von dreihundert Drachmen."

Madame Simmons sträubte sich heftig: „Wie, mein Herr, Sie wollen uns nehmen, was uns die Räuber wiedergegeben haben?"

Der Hauptmann versetzte mit Würde: „Ich thue nur meine Pflicht."

„Ist es Ihre Pflicht, uns zu berauben?"

„Meine Pflicht ist, alle Beweisstücke zu sammeln, welche gegen Hadschi Stavros zeugen können."

„So wird man ihm den Proceß machen?"

„Sobald er in unsern Händen ist."

„Mir scheint, daß unser Schmuck und unser Geld nichts dabei nützen werden, und daß Sie Beweise im Ueberfluß haben, um ihn an den Galgen zu bringen. Hat er nicht abgesehen von allem Andern zwei Engländerinnen aufgefangen. Was braucht es mehr?"

„Die Formen des Gesetzes müssen beobachtet werden."

„Aber, lieber Herr, von den Gegenständen, die Sie von mir verlangen, sind mir einige ganz besonders theuer."

„Um so mehr Grund, sie mir anzuvertrauen."

„Wenn ich nun aber keine Uhr mehr habe, so werde ich niemals wissen . . . . . ."

„Ich werde mir stets ein Vergnügen daraus machen, Ihnen zu sagen, wie spät es ist."

Mary-Ann bemerkte ihrerseits, daß sie ihre Ohrringe nur sehr ungern hergäbe.

„Mein Fräulein," erwiderte der galante Hauptmann, „Sie sind schön genug um des Schmuckes nicht zu bedürfen. Ihr Geschmeide ist Ihnen weit entbehrlicher als Sie Ihrem Geschmeide."

„Sie sind sehr freundlich, mein Herr, aber mein silbernes Necessaire ist mir ein unentbehrlicher Gegenstand. In der Bezeichnung ‚Necessaire' liegt schon, daß es etwas Nothwendiges ist."

„Sie haben vollkommen Recht, mein Fräulein; deshalb bitte ich, nicht weiter auf den Gegenstand einzugehen: Sie würden nur das Bedauern vermehren, mit welchem ich mich genöthigt sehe, zwei so vornehme Personen gesetzlich zu berauben. Leider sind wir Soldaten Sclaven unserer Verhaftungsbefehle, die Werkzeuge des Gesetzes, Männer der Pflicht. Wollen Sie mir die Gnade erweisen, meinen Arm anzunehmen, so werde ich die Ehre haben Sie zu Ihrem Zelte zurückzugeleiten. Dort werden wir das Inventar aufnehmen, wenn Sie es gütigst erlauben."

Von dieser ganzen Unterhaltung hatte ich kein Wort verloren und bis zum Ende an mich gehalten; doch als ich dieses Spitzbübchen von einem Gensdarmen Mary-Ann's Arm nehmen sah, um sie so höflich wie möglich zu plündern, stieg die Galle in mir auf, ich ging gerade auf ihn zu, um ihm die Wahrheit zu sagen. Wahrscheinlich las er in meinen Augen zum Voraus den Inhalt meiner Rede, denn er warf mir einen drohenden Blick zu, verließ die Dame an der Treppe zu ihrem Zimmer, stellte eine Schildwache an den Eingang und kam zu mir zurück, indem er sagte:

„Jetzt ist die Reihe an uns Beiden."

Er schleppte mich ohne Weiteres bis in den Hintergrund des Cabinets des Königs. Dort pflanzte er sich vor mich hin, sah mir in die Augen und fragte:

„Sie verstehen Englisch?"

„Ich bin so frei."

„Sie verstehen auch Griechisch?"

„Allerdings."

„Dann sind Sie viel zu gelehrt. Ich kann meinen Pathen nicht begreifen, der ganz arglos alle unsere Geschäfte vor Ihnen verhandelt! Wenn es nur seine eigenen wären, er brauchte sich nicht zu verbergen: er ist König und hängt nur von seinem Säbel ab. Aber ich, zum Teufel, versetzen Sie sich an meine Stelle! Meine Lage ist schwierig und ich habe viele Rücksichten zu nehmen. Ich bin nicht reich; ich habe nichts als meinen Gehalt, die Achtung meiner Vorgesetzten und die Freundschaft der Räuber. Die Redseligkeit eines Reisenden kann mich um zwei Drittheil meines Vermögens bringen."

„Und Sie glauben, daß ich Ihre Schändlichkeiten verschweigen werde?"

„Wenn ich etwas glaube, mein Herr, so wird mein Vertrauen selten betrogen. Ich weiß nicht, ob Sie diese Berge lebend verlassen werden und ob Ihr Lösegeld je bezahlt werden kann. Für den Fall, daß Ihnen mein Pathe den Kopf abschneidet, bin ich ruhig genug: ich glaube mit ziemlicher Sicherheit annehmen zu können, daß Sie dann schweigen werden. Sollten Sie hingegen wieder nach Athen kommen, so rathe ich Ihnen freundschaftlich, über das, was Sie gehört, nicht zu schwatzen. Nehmen Sie sich ein Beispiel an der Verschwiegenheit der verstorbenen Herzogin von Vicenza, welche durch Bibichi angehalten wurde und zehn Jahre später starb, ohne irgend Jemandem etwas Näheres über ihr Abenteuer erzählt zu haben. Ist Ihnen das Sprüchwort bekannt: ‚Die Zunge schneidet den Kopf ab.‘ Denken Sie ernstlich darüber nach und bringen Sie sich nicht in die Lage, die Wahrheit desselben an sich selbst zu erproben."

„Das sollen also, wenn ich recht verstehe, Drohungen sein?"

„Ich drohe nicht, mein Herr. Ich bin zu wohl erzogen, um mich zu Drohungen hinreißen zu lassen. Ich warne Sie nur. Wenn Sie plaudern, so werde nicht ich Rache an Ihnen nehmen. Aber sämmtliche Leute meiner Compagnie haben eine wahre Verehrung für ihren Capitän; sie vertreten meine Interessen noch hitziger als ich selbst und sie würden zu meinem großen Bedauern ohne Gnade gegen den Waghalsigen handeln, welcher mir Ungelegenheiten bereitet hätte."

„Wenn Sie so viel Freunde haben, so begreife ich nicht, was Sie fürchten können?"

„Von den Griechen fürchte ich nichts, und im gewöhnlichen Laufe der Dinge würde ich weniger Gewicht auf meine Warnung legen. Unter unseren Vorgesetzten haben wir freilich einige Hitzköpfe, welche der Ansicht sind, man müsse die Räuber behandeln wie die Türken; doch würde ich auch Vertheidiger finden, die anderer Meinung wären, wenn die Sache unter uns verhandelt würde. Das Ueble ist aber, daß sich möglicherweise die Diplomaten hineinmengen könnten, und die Gegenwart einer fremden Armee würde mir sicherlich nicht förderlich sein. Sie sehen also, welchen Gefahren Sie sich aussetzen, wenn mir durch Ihre Schuld ein Unglück zustößt! Man kann nicht vier Schritte im Königreiche gehen, ohne einem Gensdarmen zu begegnen. Die Straße von

Athen nach dem Piräus ist von diesen Trotzköpfen bewacht und ein Unfall ist bald geschehen."

„Es ist gut, mein Herr, ich werde darüber nachdenken."

„Sie versprechen mir zu schweigen?"

„Sie haben nichts von mir zu verlangen und ich nichts zu versprechen. Sie zeigen mir die Gefahren des Redens; ich werde es mir merken und lasse es mir gesagt sein."

„Wenn Sie wieder in Deutschland sind, können Sie erzählen was Ihnen beliebt; sprechen, schreiben, drucken: das gilt mir Alles gleich. Die gegen uns gerichteten Schriften gehen auf Kosten und Gefahr des Verlegers — falls Sie, woran ich bei Ihrer Gelehrsamkeit nicht zweifeln darf, einen solchen finden werden; — es steht ihm frei, es mit Ihnen resp. dem Buch zu riskiren. Wenn Sie was Sie hier gesehen haben mit Treue schildern, so werden die guten Leute in Europa Ihnen vorwerfen, daß Sie ein berühmtes und unterdrücktes Volk verleumden. Unsere Freunde, und wir besitzen deren viele, werden Sie der Leichtfertigkeit, des Eigensinnes, ja sogar der Undankbarkeit zeihen. Man wird Ihnen in's Gedächtniß rufen, daß Sie der Gast des Hadschi Stavros und der meinige waren; man wird Ihnen vorwerfen, die heiligen Pflichten der Gastfreundschaft verletzt zu haben. Aber das Ergötzlichste von der Sache ist, daß man Ihnen gar nicht glauben wird. Das Publikum glaubt nur wahrscheinliche Lügen. Ueberzeugen Sie doch die Berliner, Londoner, Pariser und Wiener Pflastertreter, daß Sie einen Gensdarmeriehauptmann gesehen haben, welcher einen Räuberhauptmann umarmte! eine Compagnie auserlesener Mannschaft, welche die Gefangenen des Hadschi Stavros bewacht, damit er Zeit gewinnt, die Regimentskasse zu plündern! daß die höchsten Staatsbeamten eine Gesellschaft auf Actien gegründet haben, um die Reisenden zu berauben! Eben so gut können sie ihnen erzählen, daß die Mäuse Attika's mit den Katzen Freundschaft geschlossen haben, und daß hier zu Lande die Lämmer im Rachen des Wolfes ihre Nahrung suchen. — Wissen Sie, was uns vor der Unzufriedenheit Europa's schützt? Es ist die Unwahrscheinlichkeit unserer Civilisation. Alles, was man Wahres gegen uns geschrieben hat, ist glücklicherweise immer zu stark, um Glauben zu finden. Ich kann Ihnen z. B. ein kleines Buch (von einem gewissen About) nennen, welches keineswegs unser Lob singt, obgleich es von A bis Z die reine Wahrheit enthält. Man hat es allenthalben ein wenig gelesen; ja man hat es sehr interessant gefunden; doch nur in Einer Stadt hat man ihm Glauben geschenkt: in Athen! Ich untersage Ihnen durchaus nicht, einen zweiten Band hinzuzufügen, aber wenn Sie nicht wollen, daß vielleicht auf das letzte Blatt ein Blutstropfen fallen soll, so warten Sie damit, bis Sie abgereist sind."

„Wenn nun aber vor meiner Abreise über Sie gesprochen wird, wie können Sie behaupten, daß es von mir ausgeht?"

„Weil Sie mein Geheimniß allein kennen. — Die Engländerinnen leben der Ueberzeugung, daß ich sie aus Hadschi Stavros' Händen befreie; ich nehme es auf mich, sie in diesem Irrthume zu erhalten bis zur Rückkehr des Königs. Diese wird in etwa zwei, höchstens drei Tagen erfolgen. Wir sind vierzig neue Stadien von den Scironischen Felsen entfernt, unsere Freunde können noch vor Einbruch der Nacht dort sein, sie werden ihren Handstreich morgen Abend ausführen und als Sieger oder Besiegte Montag früh wiederkommen. Man wird den Damen begreiflich machen, daß uns die Räuber überfallen haben. In der Abwesenheit meines Pathen will ich Sie vor sich selbst schützen, indem ich Sie fern von den Engländerinnen halte. Ich borge Ihnen Ihr Zelt ab. Sie werden selbst sehen, mein Herr, daß meine Haut zarter ist als die des wackern Hadschi Stavros, und daß ich meinen Teint unmöglich den Einflüssen der freien Luft aussetzen kann. Was würde man am Fünfzehnten beim Hofball denken, wenn ich dort verbrannt wie ein Bauer erschiene? Ueberdies muß ich den armen Verlaßnen Gesellschaft leisten: das ist meine Pflicht als ihr Befreier. Was Sie betrifft, so werden Sie hier inmitten meiner Soldaten schlafen. Erlauben Sie, daß ich einige Sie betreffende Befehle ertheile.... Janni! Unteroffizier Janni! Ich vertraue dir die Bewachung dieses Herrn an. Umgieb ihn mit vier Schildwachen, die ihn Tag und Nacht beaufsichtigen und ihm mit dem Gewehr im Arm überallhin folgen. Du wirst sie alle zwei Stunden ablösen lassen. Marsch!"

Er grüßte mich mit etwas ironischer Höflichkeit und stieg trällernd die Treppe der Madame Simmons hinab. Die Schildwache präsentirte das Gewehr vor ihm.

Von diesem Augenblicke an begann für mich eine Zeit der Qual, von welcher sich der menschliche Geist kaum eine Vorstellung machen kann. Jeder weiß oder erräth, was ein Gefängniß heißen will; doch versuchen Sie sich ein lebendes, wandelndes Gefängniß vorzustellen, dessen vier Wände kommen und gehen, sich erweitern und verengen, sich drehen und wenden, sich die Hände reiben, sich kratzen, sich schnäuzen, sich schütteln, sich dehnen und hartnäckig acht große,

schwarze Augen auf ihren Gefangenen richten! Ich versuchte einen Spaziergang: mein achtbeiniger Kerker hielt Schritt mit mir. Ich ging bis an die Grenze des Lagers: dort blieben die zwei Mann, welche mir vorangingen, wie eingewurzelt stehen und ich rannte mit der Nase gegen ihre Uniformen. Ich kehrte um: meine vier Mauern drehten sich um sich selbst, wie die Decorationen in einem Theater, wenn bei offener Bühne die Scene gewechselt wird. Endlich ermüdete mich diese Art von Bewegung und ich setzte mich. Mein Gefängniß marschirte um mich herum: ich kam mir vor wie ein Betrunkener, vor dessen Augen die Gegenstände tanzen. Ich schloß die Lider, das tactmäßige Geräusch des militärischen Schrittes ermüdete mein Gehör. Wenn wenigstens, dachte ich, sich diese vier Krieger herabließen, mit mir zu sprechen! Ich werde sie griechisch anreden; es ist dieß ein Bestechungsmittel, das mir bisher bei Schildwachen nie fehl geschlagen hatte. Ich machte einen Versuch, aber vergebens. Die Mauern hörten wohl, — das konnten sie nicht gut ändern, — aber der Gebrauch der Stimme war ihnen untersagt: man spricht nicht, so lange man unter den Waffen steht. Ich versuchte sie mit Geld zu gewinnen: ich zog das Gold, welches mir Hadschi Stavros zurückerstattet und der Capitän mir zu nehmen vergessen hatte, aus der Tasche. Ich vertheilte es nach den vier Himmelsgegenden. Die finstern mürrischen Mauern nahmen eine heitere Miene an und mein Gefängniß erhellte sich wie durch einen Sonnenstrahl. Aber fünf Minuten später wurden die Wachen abgelöst, — es waren gerade zwei Stunden, seit ich Gefangener war.

Der Tag kam mir lang, die Nacht endlos vor. Der Capitän hatte zugleich mein Zelt und mein Lager usurpirt, und der Fels, welcher mir als Ruhebett diente, war kaum federweich zu nennen. Ein leiser, eindringlicher, eiskalter Regen ließ mich schmerzlich empfinden, daß ein Dach eine schöne Erfindung ist und daß die Dachdecker Wohlthäter der Menschheit sind. Wenn es mir zuweilen trotz der Unfreundlichkeit des Wetters gelang einzuschlafen, wurde ich alsbald durch die Posten geweckt, welche die Losung gaben und nahmen. Und was das Schlimmste war — im Wachen wie im Träumen glaubte ich Mary=Ann und ihre Mutter zu sehen, wie sie ihrem Befreier die Hände küßt. Endlich mein Herr, fing ich an, dem braven alten König des Gebirges Gerechtigkeit widerfahren zu lassen. Ich nahm die Verwünschungen tausendmal

zurück, die ich gegen ihn ausgestoßen. Wie sehnte ich mich nach seinem väterlichen Regimente! Wie seufzte ich nach seiner Rückkehr! Wie warm gedachte ich seiner in meinem Gebete! „Mein Gott," sagte ich mit Andacht, „gieb deinem Knechte Hadschi Stavros den Sieg! Laß alle Soldaten des Königreichs vor ihm fallen! Gieb die Kasse und jeden Thaler dieser verteufelten Armee in seine Hand! Und sende uns die Räuber zurück, .. damit sie uns von den Gensdarmen befreien!"

Als ich diesen Monolog geschlossen, ließ sich im Lager ein heftiges Linienfeuer vernehmen — eine Ueberraschung, die sich noch mehrere Male im Laufe dieses und des folgenden Tages wiederholte. Es war wieder ein Streich des Herrn Perikles. Um Madame Simmons besser zu hintergehen und sie glauben zu machen, daß er sie gegen eine Räuberarmee vertheidige, ließ er von Zeit zu Zeit Schießübungen vornehmen.

Dieser Einfall kam ihm übrigens beinahe theuer zu stehen. Als Montag bei Tagesanbruch die Räuber in das Lager zurückkehrten, glaubten sie es mit einem wirklichen Feinde zu thun zu haben und antworteten mit einigen Kugeln, welche leider Niemand trafen.

Noch nie hatte ich eine geschlagene Armee gesehen, als ich der Rückkehr des Königs beiwohnte. Dieser Anblick bot mir mithin den Reiz einer ersten Aufführung. Der Himmel hatte meine Gebete schlecht erhört. Die griechischen Soldaten hatten sich mit solcher Wuth vertheidigt, daß der Kampf bis in die Nacht gedauert. Ein Quarré um die Kasse bildend, hatten sie anfangs den Tirailleuren

des Hadschi Stavros mit einem regelmäßigen Feuer geantwortet. Da der alte Palikare daran verzweifelte, eine Truppe von hundertundzwanzig Mann, welche nicht wankte, zu besiegen, so schritt er zum Aeußersten: er griff sie mit der blanken Waffe an. Seine Gefährten erzählten, er habe Wunder gethan, und das Blut, welches ihn bedeckte, bezeugte hinreichend, daß er seine Person nicht geschont hatte

und der Gefahr nicht aus dem Wege gegangen war. Doch das
Bajonett trug endlich den Sieg davon. Die Truppe hatte vier=
zehn Räuber, darunter einen Hund getödtet. Eine Kugel hatte dem
Avancement des jungen Spiro ein Ziel gesetzt, des hoffnungsvollen
jungen Offiziers! Ich sah ungefähr sechzig Mann, auf's Aeußerste
erschöpft, voll Staub und Blut, mehr oder weniger verwundet
anlangen. Dem braven Sophokles war eine Kugel in die Schulter
gedrungen und er wurde getragen. Der Korfiote und einige Andere
waren unterwegs theils bei Hirten, theils in Dörfern, theils auf
dem Fels oder am Wege liegen geblieben.

Die ganze Bande verhielt sich stumm und muthlos. Sophokles
heulte vor Schmerzen. Einige Vorwürfe gegen die Unvorsichtigkeit
des Königs wurden laut, welcher das Leben seiner Gefährten wegen
einer elenden Summe auf's Spiel setzte, anstatt friedlich reiche
Reisende zu berauben.

Der kräftigste, unermüdetste, zufriedenste und heiterste der
ganzen Truppe war der König. Auf seinen Zügen konnte man
das stolze Bewußtsein erfüllter Pflicht lesen. Er erkannte mich
augenblicklich inmitten meiner vier Mann und reichte mir herzlich
die Hand: „Lieber Gefangener," sagte er, „Sie sehen einen arg

mißhandelten König vor sich. Diese Hunde von Soldaten haben die Kasse nicht hergeben wollen. Das Geld gehörte jedenfalls ihrer  Ansicht nach bereits ihnen, denn für fremdes Eigenthum hätten sie sich nicht tödten lassen. Mein Ausflug nach den Scironischen Felsen hat mir nichts eingebracht, ja ich habe sogar vierzehn Kämpfer verloren, ohne die Verwundeten, von denen einige nicht wieder aufkommen werden. Aber was thut's! ich habe mich wacker geschlagen. Jene Spitzbuben waren stärker als wir und hatten noch dazu Bajonette — sonst . . . . Nun, immerhin darf ich sagen: dieser Tag hat mich verjüngt; ich habe mir selbst bewiesen, daß noch Blut in meinen Adern fließt."

Und er trällerte den ersten Vers seines Lieblingsliedes: ‚Ein brauner Klephte . . . .‘ „Beim Zeus," fuhr er fort, „um mit Lord Byron zu sprechen, ich möchte nicht um zwanzigtausend Drachmen diesen Sonnabend zu Hause geblieben sein. Das wird auch einmal in meine Geschichte kommen. Man wird sagen, daß ich in einem Alter von über sechzig Jahren mit meinem Säbel mitten in die Bajonette gedrungen bin, daß ich ein halbes Dutzend Soldaten mit eigener Hand niedergehauen und zu Fuß zehn Meilen im Gebirge zurückgelegt habe, um heute früh wieder meinen Caffee hier zu trinken. Cafedschi, mein Junge, thue deine Pflicht: ich habe die meine auch gethan. Aber wo zum Teufel steckt Perikles?"

Der schöne Hauptmann ruhte noch unter seinem d. h. meinem Zelte. Janni ging ihn zu rufen und brachte ihn ganz verschlafen, mit unfrisirtem Bart, den Kopf in ein Tuch sorgfältig eingewickelt. Es kommt, um einen Menschen zu erwecken, einem Glase kalten Wassers oder einer schlechten Nachricht nichts gleich. Das war eine schöne Verzweiflung, als Herr Perikles erfuhr, daß der kleine Spiro und zwei andere Gensdarmen auf dem Platze geblieben seien. Er riß sein Tuch herunter, und ohne die zärtliche Sorgfalt, welche er für seine Person hatte, würde er sich die Haare ausgerauft haben.

„Es ist um mich geschehen!" schrie er. „Wie soll ich ihre Gegenwart in eurer Mitte erklären? Noch dazu in Räuberkleidung! Sicher hat man sie erkannt. Soll ich sagen, daß sie desertirt sind, um zu euch überzugehen? Daß ihr sie genommen habt? Man wird mich fragen, warum ich dies nicht erwähnte. Ich erwartete dich, um meinen großen Rapport abzufassen. Gestern Abend schrieb ich, daß ich dich auf dem Parnaß beinahe eingeschlossen und daß sich unsere Mannschaft musterhaft halte. Heilige Jungfrau! ich werde mich den Sonntag gar nicht können in Patissia sehen lassen! Was wird man am Fünfzehnten beim Hofball sagen? Das ganze diplomatische Corps wird sich mit mir beschäftigen. Man wird den Ministerrath einberufen. Wird man mich auch nur einladen?"

„Zum Ministerrath?" fragte der Räuber.

„Nein, zum Hofball!"

„Unverbesserlicher Tänzer!"

„Mein Gott, mein Gott, wer weiß, was geschehen wird! Wenn es sich nur um diese Engländerinnen handelte, so würde ich mir keine Sorgen machen. Ich würde dem Kriegsminister Alles gestehen. Engländerinnen giebt es noch genug! Aber meine Leute hergeben, um die Kasse anzufallen! Spiro gegen die Armee schicken! Man wird mit Fingern auf mich zeigen. Ich werde nicht mehr tanzen können!"

Wer, denken Sie wohl, rieb sich während dieses Monologs vor Vergnügen die Hände? Es war meines Vaters Sohn zwischen seinen vier Soldaten.

Hadschi Stavros saß ganz gemächlich da, seinen Caffee in langsamen Zügen schlürfend. „Da bist du nun in einer schönen Verlegenheit!" meinte er; „weißt du was? bleib' ganz bei uns! Ich sichere dir mindestens zehntausend Drachmen jährlich zu und nehme deine Leute auf. Wir werden uns gemeinschaftlich revanchiren."

154　　　　　　　　Fünftes Kapitel.

Das Anerbieten war lockend. Zwei Tage früher hätte es großen Beifall gefunden. Jetzt schien es den Gensdarmen nur wenig, dem Hauptmanne gar nicht zu behagen. Die Soldaten sagten nichts; sie sahen ihre früheren Kameraden an, sie beäugelten die Wunde des Sophokles, sie dachten an die Gefallenen vom vorhergehenden Abend und streckten die Nase nach der Gegend, wo Athen lag, wie um den lieblichen Duft ihrer Kaserne besser einzuschnüffeln.

Perikles antwortete mit sichtlicher Verlegenheit: „Ich danke dir, doch muß ich mir die Sache erst überlegen. Meine Gewohnheiten sind auf die Stadt berechnet, meine Gesundheit ist zart; der Winter muß im Gebirge sehr streng sein; ich habe mir so schon einen Schnupfen geholt. Man würde mich in allen Gesellschaften vermissen; ich darf sagen: ich bin dort sehr gesucht, es sind mir wiederholt brillante Partien angetragen worden. Uebrigens ist das Uebel vielleicht nicht so groß, als wir glauben. Wer weiß! vielleicht hat man die drei Ungeschickten gar nicht erkannt?.. Ob die Nachricht wohl vor uns ankommen wird? Nun — jedenfalls gehe ich zuerst und sofort auf das Ministerium und nehme dort eine höchst officielle Miene an, wenn ich meinen Bericht erstatte: sicher wird dann Niemand widersprechen, da die beiden Compagnien ihren Marsch nach Argos fortsetzen. Jedenfalls muß ich aber da sein; ich muß mit meiner Person einstehen können. Pflege deine Verwundeten — Adieu!"

Er gab seinem Tambour ein Zeichen.

Hadschi Stavros stand auf, stellte sich vor mich neben seinen Neffen, welchen er um einen ganzen Kopf überragte, und sagte zu mir: „Mein Herr, hier sehen Sie einen Griechen der neuen Zeit; ich bin ein Grieche der alten Zeit. Und da sagen die Leute — d. h. die Zeitungen — daß wir Fortschritte machen!"

Beim Wirbel der Trommeln wichen die Mauern meines Gefängnisses wie die Wälle von Jericho. Zwei Minuten später war ich vor dem Zelte Mary-Ann's. Mutter und Tochter erwachten mit einem Schreck. Madame Simmons sah mich zuerst und rief:

„Nun, gehen wir fort?"

„Leider sind wir noch nicht so weit!"

„Wie weit denn? Der Capitän hat uns sein Wort gegeben für heute früh."

„Wie fanden Sie den Capitän?"

„Ein eleganter, galanter und liebenswürdiger Cavalier! Der Disciplin ein wenig zu blind ergeben; doch ist dies sein einziger Fehler."

„Ein spitzbübischer, feiger und aufgeblasener Lügner und Dieb! das sind seine wahren Namen, und ich werde es Ihnen beweisen!"

„Sachte, mein Herr! Was hat Ihnen die Gensdarmerie denn gethan?"

„Was sie mir gethan hat? Geruhen Sie nur mit mir bis an die Treppe zu gehen."

Madame Simmons kam eben zu rechter Zeit, um die Soldaten,

den Tambour voran, defiliren und die Räuber an ihre Stelle ein=
rücken zu sehen, den Capitän und den König, die bereits wieder
versöhnt waren, Lippe an Lippe, sich den Abschiedskuß gebend.
Die Ueberraschung kam etwas zu plötzlich. Ich hatte die gute

Dame nicht genug vorbereitet
und wurde dafür bestraft, denn
sie fiel der Länge nach in
Ohnmacht und brach mir fast
die Arme entzwei. Ich trug
sie bis zur Quelle und bespritzte
sie mit Wasser; Mary=Ann
rieb ihr die Hände; doch glaube
ich, daß nicht diese Mittel,
sondern Wuth und Aerger sie
in's Leben zurückriefen.

„Der Elende!" schrie sie.

„Er hat Sie geplündert, nicht wahr? Er hat Ihr Geld und
Ihre Uhren gestohlen?"

„Ich will gar nichts über unsere Sachen sagen, mag er sie
behalten! Aber ich möchte um den Preis von zehntausend Drach=
men die Händedrücke zurücknehmen, die ich ihm gegeben habe. Ich
bin Engländerin und drücke nicht des Ersten Besten Hand." Sie
setzte von Neuem an und zwar ergoß sich diesmal die ganze Schaale
ihres Zorns über mich: „Daran sind Sie Schuld," rief sie.
„Konnten Sie mich nicht warnen? Sie hätten mir sagen sollen,
daß die Räuber wahre Heilige im Vergleich zu den Gensdarmen
sind."

„Ich habe Sie längst darauf hingewiesen, daß auf dieselben
nicht sehr zu rechnen ist."

„Sie haben mir das aber schlecht gesagt; Sie haben es plump,
gleichgültig, phlegmatisch ausgesprochen. Konnte ich eine solche
Aeußerung berücksichtigen? Konnte ich errathen, daß jener Mann
nur der Gefangenenwärter des Hadschi Stavros sei? Daß er uns
nur hier zurückhielt, um den Räubern Zeit zu lassen, wieder=
zukommen? Daß er uns eingebildete Gefahren vorspiegelte? Daß

er Belagerung spielte, um sich von uns bewundern zu lassen? Daß er nächtliche Ueberfälle erheuchelte, um sich den Anstrich zu geben, als ob er uns vertheidigte? Jetzt errathe ich Alles, aber gestehen Sie selbst, ob Sie mir das Geringste gesagt haben?"

„Mein Gott, ich habe gesagt was ich wußte, und gethan was ich konnte!"

„Aber, Sie — Sie — Sie Deutscher! — ein Engländer hätte sich an Ihrer Stelle für uns umbringen lassen, worauf ich ihn mit der Hand meiner Tochter belohnt hätte."

Die Päonien sind gewiß sehr roth, doch ward ich es noch viel mehr, als ich die Rede der Madame Simmons vernahm. Ich war so verlegen, daß ich weder die Augen aufschlagen, noch antworten, noch das liebe Weib nach dem Sinne ihrer Worte fragen konnte. Wie kam eine auf Formen so versessene Dame dazu, in meiner und ihrer Tochter Gegenwart eine solche Sprache zu führen? Auf welche Weise hatte dieser Heirathsgedanke Eingang in ihren Kopf gefunden? War Mistreß Simmons wirklich im Stande, dem ersten besten Befreier die Hand ihrer Tochter als verdiente Belohnung zuzuerkennen? Es hatte nicht den Anschein. War es nicht vielmehr beißende Ironie auf meine geheimsten Gedanken?

Als ich bei mir selbst Einkehr hielt, konnte ich mir mit gerechtem Stolze die unschuldige Lauheit aller meiner Gefühle bezeugen. Ich ließ mir die Gerechtigkeit widerfahren, daß das Feuer der Leidenschaft die Temperatur meines Herzens nicht um einen Grad gesteigert hatte. Ich suchte mich selbst zu prüfen, indem ich zu jeder Stunde des Tages an Mary-Ann dachte; ich baute Luft-

Schlösser, deren Herrin sie war; ich erfand Romane, in denen ich den Helden und sie die Heldin spielte. Ich stellte absichtlich die allersonderbarsten Hypothesen auf; ich spiegelte mir Ereignisse vor, welche noch unwahrscheinlicher waren, als die Geschichte der Fürstin Ypsoff und des Lieutenants Schmidt. Ja ich ging so weit, mir die hübsche Engländerin in einem Reisewagen zu meiner Rechten sitzend vorzustellen, wie sie ihren schönen Arm um meinen langen Hals schlang. Alle diese verführerischen Bilder, welche ein weniger philosophisches Gemüth als das meine auf's Aeußerste aufgeregt hätten, konnten meine Ruhe keinen Augenblick stören. Ich war weit entfernt, den Wechsel von Furcht und Hoffnung, welcher der sicherste Beweis der Liebe ist, zu empfinden. Nie und nimmer hatte ich jene Herzensstürme erfahren, von denen in Romanen so viel die Rede ist. Mithin liebte ich Mary-Ann nicht, ich war ein Mann ohne Tadel und konnte mit erhobenem Haupte einhergehen. Doch Madame Simmons, welche nicht in mir gelesen hatte, war wohl im Stande, sich über die Natur meiner Hingebung zu täuschen. Wer weiß, ob sie mich nicht in ihre Tochter verliebt glaubte, ob sie meine Schüchternheit und Rührung nicht in diesem Sinne gedeutet hatte, ob sie dieses Wort „Heirath" nicht gesagt hatte, damit ich mich verrathen solle. Mein Stolz empörte sich gegen einen so ungegründeten Verdacht und ich antwortete ihr mit fester Stimme, ohne sie jedoch dabei anzusehen:

„Wäre ich glücklich genug, Sie aus diesem Orte zu befreien, so schwöre ich Ihnen, daß es nicht in der Absicht geschehen würde, Ihre Tochter zu heirathen."

„Und warum denn?" sagte sie in beleidigtem Tone. „Ist meine Tochter nicht werth, daß man sie heirathet? Ich finde Sie in der That höchst komisch. Ist sie etwa nicht hübsch oder reich genug? nicht aus guter Familie? Habe ich sie schlecht erzogen oder wissen Sie etwas gegen sie zu sagen? Fräulein Simmons heirathen, mein verehrter Herr, wäre gar keine so üble Sache, und der Wählerischste würde sich das gefallen lassen dürfen."

„Leider haben Sie mich ganz falsch verstanden," sagte ich. „Ich bekenne, daß Fräulein Simmons in jeder Beziehung vollkommen ist, und müßte ich mich nicht, da sie zugegen ist, zurückhalten, so würde ich Ihnen sagen, welche leidenschaftliche Bewunderung sie von den ersten Tagen an in mir wachgerufen hat. Eben deshalb bin ich nicht aufgeblasen genug, mir einzubilden, daß mich irgend ein Zufall bis zu ihr erheben könnte."

Ich hoffte durch meine Demuth die erboste Mutter zu versöhnen. Doch ihr Zorn sank nicht um einen Grad.

„Warum?" erwiderte sie. „Warum sind Sie meiner Tochter nicht würdig? So antworten Sie doch!"

„Mein Gott, ich habe weder Rang noch Vermögen!"

„Unsinn! Keinen Rang! Den würden Sie haben, wenn Sie meine Tochter heiratheten. Mein Schwiegersohn sein, ist das keine Stellung? .. Sie haben kein Vermögen! Haben wir jemals nach Ihrem Gelde gefragt? Haben wir nicht genug für uns, für Sie und viele Andere? Uebrigens macht uns der Mann, welcher uns von hier befreit, ein Geschenk von hunderttausend Drachmen. Das ist zwar nicht sehr viel, wie ich zugebe, indessen immerhin Etwas. Wollen Sie etwa behaupten, daß hunderttausend Drachmen eine geringe Summe sind? Und wenn nicht, warum sind Sie denn unwürdig, meine Tochter zu heirathen?"

„Ich bin nicht ....."

„Lassen Sie hören; was sind Sie wieder nicht? Sie sind kein Engländer?"

„Allerdings!"

„So halten Sie uns für lächerlich genug, um Ihnen ein Verbrechen aus Ihrer Geburt zu machen? Aber, mein Herr, weiß ich denn nicht, daß es nicht Jedem gegeben ist, Engländer zu sein! Die ganze Welt kann nicht der englischen Nation angehören, wenigstens nicht, bevor noch einige Jahre verflossen sind. Doch kann man ein ehrlicher, ja ein verständiger Mann sein, ohne gerade das Licht der Welt in England erblickt zu haben."

„Was die Ehrlichkeit betrifft, so ist dies allerdings eine Eigenschaft, welche in unserer Familie von dem Vater auf den Sohn forterbt. Verstand habe ich gerade genug für einen .... nun sagen wir Privatdocent in spe. Doch unglücklicherweise mache ich mir über meinen äußeren Menschen keine Illusionen, und ..."

„Sie wollen sagen, daß Sie häßlich sind, — nicht wahr? Nein, mein Herr, Sie sind nicht häßlich! Sie haben ein intelligentes Gesicht. Mary=Ann, hat der Herr ein intelligentes Gesicht?"

„Ja, Mama," antwortete Mary=Ann. Wenn sie dabei er= röthete, so hat es ihre Mutter besser gesehen als ich, denn meine Blicke hafteten hartnäckig am Boden.

„Uebrigens," fügte Madame Simmons hinzu, „wären Sie auch zehnmal häßlicher, Sie wären es immer noch nicht so sehr, wie mein guter seliger Mann. Und ich muß Sie bitten mir zu glau= ben, daß ich eben so hübsch wie meine Toch= ter war, als ich ihm meine Hand reichte. Was haben Sie darauf zu antworten?"

„Nichts, als daß Sie mich beschämen und daß es meine Schuld nicht sein soll, wenn Sie morgen nicht auf dem Wege nach Athen sind."

„Was wollen Sie thun? Dieses Mal bitte ich ein etwas weniger verrücktes Mit= tel zu ersinnen, als das erste Mal."

„Ich hoffe, daß Sie mit mir zufrieden sein werden, wenn Sie mich bis an's Ende anhören wollen."

„Gewiß."

„Ohne mich zu unterbrechen?"

„Ich werde Sie nicht unterbrechen. Habe ich Sie jemals unterbrochen?"

„Ja."

„Nein."

„Doch!"

„Wann?"

„N — nie... So erfahren Sie denn, daß Hadschi Stavros alle seine Capitalien bei dem Hause Barley und Co. deponirt hat."

„Bei uns?"

„Cavendish=Square 31 in London. Den vergangenen Mitt= woch hat er in unserer Gegenwart einen Geschäftsbrief an das Haus Barley dictirt."

„Und das haben Sie mir nicht eher gesagt?"

„Sie haben mir ja keine Zeit dazu gelassen."

„Aber das ist unerhört! Ihr Benehmen ist unerklärlich! Wir wären seit sechs Tagen in Freiheit! Ich wäre gerade auf ihn zugegangen und hätte ihm unsere Verbindungen genannt....."

„Und er hätte Ihnen in Folge dessen zwei= oder dreihundert= tausend Drachmen abverlangt! Glauben Sie mir, das Beste ist zu schweigen. Zahlen Sie Ihr Lösegeld, lassen Sie sich eine Quittung geben, und in vierzehn Tagen schicken Sie ihm einen Rechnungsabschluß mit folgendem Zusatz: „Soll: hunderttausend Drach= men, durch unsere Theilhaberin, Madame Simmons, gegen Quittung persönlich ausgehändigt." Auf diese Weise kommen Sie wieder in den Besitz Ihres Geldes ohne die Hülfe der Gensdarmerie. Ist das klar?"

Ich erhob die Augen und erblickte das liebliche Lächeln Mary= Ann's, strahlend vor Dankbarkeit. Madame Simmons zuckte ganz wüthend die Achseln und schien außer sich vor Zorn.

„Sie sind in der That ein seltsamer Mann! Sie schlagen uns eine halsbrechende Flucht vor und es giebt ein so einfaches Mittel, uns zu retten! Und das wissen Sie seit Mittwoch früh? Ich werde Ihnen nie verzeihen, daß Sie uns das nicht gleich am ersten Tag gesagt haben."

„Aber wollen Sie sich gefälligst erinnern, daß ich Sie gebeten habe, Ihrem Bruder zu schreiben und hundertundfünfzehntausend Drachmen von ihm zu verlangen."

„Wozu die fünfzehn?"

„Ach — ich wollte sagen hunderttausend."

„Nein, hundertfünfzehn — das ist nicht mehr als billig. Sind Sie übrigens ganz sicher, daß uns dieser Stavros nach dem Em= pfang des Geldes nicht länger hier zurückhalten wird?"

„Ich stehe Ihnen dafür. Die Räuber sind die einzigen Griechen, welche stets ihr Wort halten, denn sie begreifen, daß sich

Niemand mehr loskaufen würde, wenn es ihnen einmal vorkäme, daß die Gefangenen nach erhaltenem Lösegeld noch festgehalten würden."

„Das ist allerdings richtig. Aber was Sie doch für ein sonderbarer Mensch sind, daß Sie nicht eher gesprochen haben!"

„Sie sind mir ja stets in's Wort gefallen!"

„So mußten Sie trotzdem reden!"

„Aber...."

„Schweigen Sie und führen Sie uns zu diesem verwünschten Stavros!"

Der König frühstückte einen Turteltaubenbraten unter seinem Justizbaume mit den noch brauchbaren Offizieren, welche ihm geblieben waren. Seine Toilette war beendet: er hatte das Blut von seinen Händen gewaschen und sein Kleid gewechselt. Er berieth sich mit seinen Gästen über die besten Mittel, um die durch den Tod unter seinen Leuten entstandenen Lücken wieder auszufüllen. Wasilius, welcher von Janina gebürtig war, erbot sich, einige dreißig Mann in Epirus auszuheben, wo die Aufsicht der türkischen Behörden mehr als tausend Räuber in Ruhestand versetzt hatte. Ein Lakonier schlug vor mit guter klingender Münze die kleine Bande des Spartaners Pavlos, welcher die Provinz Magna in der Nähe von Kalamata ausbeutete, an sich zu bringen. Der König, der ein Freund energischer Maßregeln war, dachte seine Rekrutirung mit Gewalt zu bewerkstelligen, indem er alle Hirten Attika's entführen ließe. Dieser Plan erschien um so vortheilhafter, als er keinerlei Geldkosten herbeiführte und man die Heerden noch mit in den Kauf bekam.

Mitten in der Berathung unterbrochen, nahm Hadschi Stavros seine Gefangenen mit eisiger Kälte auf. Er bot Madame Simmons nicht einmal ein Glas Wasser an, und da sie noch nicht gefrühstückt hatte, war ihr diese Rücksichtslosigkeit ziemlich empfindlich. Ich ergriff nunmehr für die Damen das Wort; in Abwesenheit des Korfioten war der König wohl oder übel genöthigt, mich als Dolmetscher anzunehmen. Ich sagte ihm, daß er nach dem eben erlebten Unfalle gewiß erfreut sein würde, den Entschluß der Ma-

dame Simmons zu vernehmen; daß sie gesonnen sei, ihm — und zwar in der kürzesten Frist — ihr und mein Lösegeld auszuzahlen, und daß die Gelder entweder bei der Bank von Athen oder an jedem andern von ihm bezeichneten Orte gegen Quittung ausbezahlt werden sollten.

„Es freut mich zu hören," sagte er, „daß es diese Weiber endlich aufgegeben haben, die griechische Armee zu ihrem Beistande herbeizurufen. Sagen Sie ihnen, daß sie nochmals alles zum Schreiben Nöthige erhalten sollen; aber ich empfehle Ihnen, mein Vertrauen nicht zu täuschen und mir nicht wieder die Soldaten auf den Hals rücken zu lassen. Sobald sich die erste Cocarde in den Bergen blicken läßt, wird Ihnen der Kopf abgeschnitten, das schwöre ich bei der Jungfrau von Megaspileon, welche der heilige Lucknetz mit eigener Hand geschnitzt hat."

„Hegen Sie keine Zweifel! Ich gebe Ihnen mein und dieser Damen Wort. Wo sollen die Gelder deponirt werden?"

„Bei der Griechischen Vereinsbank. Es ist die einzige, welche noch nie Bankerott gemacht hat."

„Haben Sie einen sicheren Boten, um den Brief zu besorgen?"

„Ich habe den guten Alten. Man soll ihn sogleich rufen. Wie spät ist es? Neun Uhr? Der Ehrwürdige wird dem Glase so frühe noch nicht derartig zugesprochen haben, daß er ganz betrunken ist."

„Wohl, nehmen wir den Mönch. Sobald der Bruder der Madame Simmons die Summe ausgezahlt und Ihre Quittung erhalten haben wird, mag uns der Mönch davon benachrichtigen."

„Welche Quittung? Warum eine Quittung? Ich habe nie eine ausgestellt. Wenn Sie frei sind, wird man ja sehen daß Sie mir bezahlt haben was Sie mir schuldeten."

„Ich habe geglaubt, daß ein Mann wie Sie Geschäfte in kaufmännischer Weise betreiben würde. Bei jeder guten Verwaltung . . . ."

„Ich betreibe Geschäfte nach meiner Weise und bin zu alt eine neue Methode anzunehmen."

„Nun, wie Sie wollen. Ich verlangte es nur im Interesse

der Madame Simmons. Sie ist Vormünderin ihrer unmündigen Tochter und muß ihr über die Gesammtsumme ihres Vermögens Rechenschaft ablegen."

„Das mag sie halten wie sie will. Ihre Interessen kümmern mich nicht mehr als die meinigen. Und wenn sie nun auch wirklich für ihre Tochter bezahlen müßte — das wäre allerdings ein furchtbares Unglück! Ich habe nie bereut, was ich für Photini ausgegeben. Hier ist Papier, Tinte und Rohr. Haben Sie die Güte, die Abfassung des Briefes zu überwachen. Es handelt sich auch um Ihren Kopf."

Ich stand ziemlich trübselig auf und folgte den Damen, welche meine Verlegenheit erriethen, ohne die Ursache derselben begreifen zu können. Doch eine plötzliche Eingebung hieß mich noch einmal umkehren:

„Sie haben entschieden sehr wohl gethan, daß Sie die Quittung verweigern und ich hatte Unrecht, dieselbe zu verlangen," sagte ich zu dem König, „Sie sind klüger als ich, die Jugend ist immer unvorsichtig."

„Was soll das heißen?"

„Sie haben Recht, sage ich. Man muß auf Alles gefaßt sein. Wer kann wissen, ob Sie nicht eine zweite, noch gründlichere Niederlage erleben? Da Sie nicht immer zwanzigjährige Beine behalten werden, so könnten Sie lebend in die Hände der Soldaten fallen."

„Sie sind in der That nicht übel!"

„Man würde Ihnen den Proceß machen wie einem gemeinen Verbrecher; die Beamten würden Sie nicht mehr fürchten. In einem solchen Falle könnte eine Quittung über hundertundfünfzehntausend Drachmen ein persönlicher Beweis sein. Geben Sie ja der Justiz keine Waffen gegen Sie in die Hände. Vielleicht würden Madame Simmons oder ihre Erben als Kläger auftreten, um zurückzuverlangen, was man ihnen genommen. Sie haben Recht, unterschreiben Sie nie eine Quittung!"

Er antwortete mit Donnerstimme: „Und nun werde ich gerade Quittungen unterschreiben, lieber zwei als eine! Ich werde unterzeichnen, so viel man verlangt! Ich werde allen Leuten Quittungen geben! So! die Soldaten bilden sich ein, daß ich ein leichter Fang bin, weil einmal die Zahl und der Zufall ihnen günstig gewesen! Ich lebend in ihre Hände fallen? Ich, dessen Armee keine Ermüdung kennt und dessen Kopf kugelfest ist? Ich mich vor einem Richter auf die Bank setzen wie ein Bauer, der Kohl gestohlen hat? Junger Mann, Sie kennen den Hadschi Stavros schlecht. Es würde leichter sein, den Parnaß zu entwurzeln und auf die Gipfel des Taygetos zu pflanzen, als mich meinen Bergen zu entreißen, um mich auf die Armensünderbank zu werfen... Schreiben Sie mir den Namen der Madame Simmons auf griechisch!.. So! Den Ihren auch!"

„Der ist nicht nöthig, und..."

„Schreiben Sie nur. Mein Name ist Ihnen bekannt und ich bin gewiß, daß Sie ihn nicht so bald vergessen werden. Ich will mich des Ihren gleichfalls erinnern."

Ich kritzelte meinen Namen so gut ich konnte in Plato's harmonischer Sprache. Die Offiziere des Königs zollten der Festigkeit desselben ihren Beifall, ohne zu ahnen, daß ihm dieselbe hundertundfünfzehntausend Drachmen koste. Ich eilte zufrieden mit mir und leichten Herzens nach dem Zelte der Madame Simmons. Ich erzählte ihr, daß ihr Geld in großer Gefahr gewesen, und sie geruhte zu lächeln, als sie erfuhr, auf welche Weise ich die Diebe bestohlen hatte. Eine halbe Stunde später legte sie mir folgenden Brief zur Begutachtung vor:

Vom Parnaß, inmitten der Teufel des Hadschi Stavros.

Mein lieber Bruder!

Die Gensdarmen, welche du zu unserer Hülfe gesandt, haben uns schändlich belogen und bestohlen. Ich empfehle dir bringend, sie hängen zu lassen. Ihr Hauptmann Perikles hat einen Galgen von hundert Fuß Höhe verdient. Ich werde mich in der Beschwerdeschrift, die ich an Lord Beaconsfield zu schicken gedenke, speciell über ihn beklagen und ihm einen ganzen Satz des Briefes widmen, welchen ich an den Kassier unserer Firma richten will, sobald du uns unsere Freiheit wiedergegeben hast. Von den Ortsbehörden irgend eine Unterstützung zu hoffen ist vergebens. Alle Eingebornen sind unter sich einig gegen uns, und den Tag nach unserer Abreise wird sich das griechische Volk in irgend einem Winkel versammeln, um sich in unser Eigenthum zu theilen. Glücklicherweise werden sie wenig genug erhalten. Ich habe durch einen jungen Deutschen, den ich anfangs für einen Spion hielt und der ein sehr achtungswerther Gentleman ist, erfahren, daß dieser Stavros, genannt Hadschi Stavros, seine Capitalien bei unserem Hause stehen hat. Ich bitte dich, dies zu ergründen; verhält es sich so, so verhindert uns nichts, das von uns verlangte Lösegeld zu zahlen. Laß bei der Griechischen Vereinsbank 115,000 Drachmen = 4600 Pfund Sterling gegen eine ordnungsmäßige, mit dem Siegel des Stavros versehene Quittung auszahlen. Man wird ihm diese Summe in Rechnung bringen und damit genug. Unsere Gesundheit ist gut, trotzdem das Leben im Gebirge keineswegs bequem ist. Es ist empörend, daß zwei Engländerinnen, Unterthanen des größten Reichs der Welt, genöthigt sind, ihren Braten ohne Senf und Pickles zu genießen und klares Wasser zu trinken, wie der gemeinste Fisch.

In der Erwartung, daß du nicht säumen wirst, uns unserer gewohnten Lebensweise wiederzugeben, bin ich, lieber Bruder, aufrichtig die Deine

Eleonore Simmons.

Montag den 5. Mai 1879.

Ich brachte das Schreiben der guten Dame selbst zum Könige. Er nahm es mit Mißtrauen auf und betrachtete es mit so stechenden Blicken, daß ich zitterte, er werde den Inhalt desselben enträthseln. Ich wußte zwar gewiß, daß er kein Wort Englisch konnte. Doch dieser Teufelskerl flößte mir eine abergläubische Furcht ein und ich hielt ihn für fähig, Wunder zu thun. Er schien nicht eher beruhigt, als bis er die Zahl 4600 Pfund Sterling erblickte, woraus er wohl sehen konnte, daß es sich nicht um Gensdarmen handele. Der Brief wurde mit anderen Papieren in einen Blechcylinder gesteckt. Man brachte uns den ‚guten Alten,' welcher gerade Wein genug getrunken hatte, um sich die Beine geschmeidig zu machen, und der König gab ihm das Behältniß mit den Briefen, nebst genauen Verhaltungsbefehlen. Er ging fort und mein Herz folgte ihm bis zum Ziele seiner Reise. Horaz hat das Schiff, welches den Virgil trug, nicht mit zärtlicheren Blicken betrachtet.

Der König besänftigte sich zusehends, nun er dieses wichtige Geschäft als abgeschlossen betrachten konnte. Er ordnete ein reichliches Mahl für uns an, er ließ seinen Leuten eine doppelte Ration Wein reichen, er besuchte die Verwundeten und zog die Kugel des Sophokles mit eignen Händen heraus. Alle Banditen erhielten den Befehl, uns mit der ganzen unserm Gelde gebührenden Achtung zu begegnen.

Die Mahlzeit, welche ich ohne Zeugen mit den Damen genoß, war eine der heitersten, deren ich mich entsinne. Alle meine Leiden waren ja zu Ende! Noch zwei Tage süßer Gefangenschaft und ich war frei! Vielleicht wurde, nachdem ich den Händen des Habschi Stavros entkommen, eine liebenswürdige Fessel....! Ich aß mit eben so gutem Appetit als Madame Simmons, und trank sicherlich

mit noch größerem Behagen. Der weiße Wein von Aegina schmeckte mir nicht minder wie früher der von Santorin. Ich trank auf das Wohl Mary-Ann's und auf das ihrer Mutter, ich ließ meine guten Eltern und die Fürstin Ypsoff leben. Madame Simmons verlangte die Geschichte dieser hohen Fremden zu hören und in meinem Interesse lag es ja gewiß, ihr kein Geheimniß daraus zu machen. Gute Beispiele können nicht genug verbreitet werden! Mary-Ann schenkte meiner Erzählung die freundlichste Aufmerksamkeit. Sie sprach ihre Meinung dahin aus, daß die Fürstin wohl gethan habe und daß eine Frau ihr Glück ergreifen muß, wo sie es findet. Welch' liebenswürdiges Wort! Die Sprichwörter sind die Weisheit der Nationen und zuweilen dienen sie zum Heil. Ich fühlte mich allen Glückseligkeiten entgegenfliegen und rollte unaufhaltsam irgend einem irdischen Paradiese zu. O Mary-Ann! Die Matrosen auf der See haben nie zwei solche Sterne zu Führern gehabt, wie deine Augen.

Ich saß neben ihr; als ich ihr einen Hühnerflügel reichte, rückte ich so nah zu ihr, daß ich mein Bild zweimal en miniature zwischen ihren schwarzen Wimpern leuchten sah. Ja mein Herr, zum ersten Mal in meinem Leben fand ich mich schön. Der Rahmen machte das Bild so herrlich geltend! Ein sonderbarer Gedanke durchkreuzte mein Gehirn. Ich glaubte in diesem Vorfall einen Wink des Schicksals zu sehen. Es kam mir vor, als müsse die schöne Mary-Ann das Bild, welches ich in ihren Augen schaute, auf dem Grunde ihres Herzens tragen.

Alles das war zwar keineswegs Liebe, ich weiß es wohl, und ich will mich eines Gefühls, welches ich nie gekannt habe, weder rühmen, noch mich dessen schuldig bekennen; aber es war eine ruhige Freundschaft, die, so viel ich glaube, dem Manne, welcher einen eignen Herd gründen will, vollkommen genügt. Keine stürmische Regung bewegte die Fibern meines Herzens, aber ich fühlte es langsam in mir schmelzen, wie ein Stück Wachs an der Sonne.

Unter dem Einflusse dieser vernünftigen Begeisterung (dieser „intellectuellen Liebe," wie es Spinoza genannt hat) erzählte ich Mary-Ann und ihrer Mutter meinen ganzen Lebenslauf von seinem Beginn an. Ich schilderte ihnen mein väterliches Haus, die geräumige Küche, wo wir gemeinschaftlich aßen, die der Größe nach an den Wänden aufgehängten kupfernen Kessel, die Kränze von Schinken und Würsten, welche sich in der Esse entfalteten, unsere bescheidene, oft kümmerliche Existenz, die Zukunft meiner Brüder: Heinrich soll dem Vater folgen; Friedrich erlernt das Schneiderhandwerk, Franz und Emil sind mit achtzehn Jahren unter die Soldaten gegangen: einer ist Wachtmeister bei den Zietenhusaren, der andere ist Regimentsschreiber irgendwo in Westphalen. Ich erzählte ihnen meine Studien, meine Examina, die kleinen Erfolge, die mir an der Universität zu Theil geworden, die schöne Zukunft, als Professor mit mindestens breitausend Mark Gehalt, auf die ich Anspruch machen konnte. Ich weiß nicht, in wie weit ihnen meine Erzählung interessant erschien, doch fand ich selbst großes Vergnügen daran und schenkte mir von Zeit zu Zeit wieder ein.

Madame Simmons erwähnte unserer Heirathspläne nicht wieder, was mir sehr richtig schien. Es war besser, gar nicht davon zu sprechen, als in's Blaue hinein, da wir uns doch noch so wenig kannten. Wie eine Stunde, wie eine Stunde des Vergnügens verstrich mir jener Tag. Der folgende erschien Madame Simmons ein wenig lang; was mich betrifft, so hätte ich den Lauf der Zeit aufhalten mögen. Ich lehrte Mary=Ann die Anfangsgründe der Botanik. Ach! mein Herr, die Welt weiß nicht, welche zärtlichen Gefühle man in einer botanischen Stunde entwickeln kann!

Endlich, Mittwoch früh, erschien der Mönch am Horizonte. Es war im Grunde doch ein braver Mann, dieser kleine Mönch. Er war vor Tagesanbruch aufgestanden, um uns die Freiheit in seiner Tasche zu überbringen. Er übergab dem Könige einen Brief seines Procuristen und der Madame Simmons ein Billet von ihrem Bruder. Hadschi Stavros sagte der Madame Simmons: „Sie sind frei und können Ihr Fräulein Tochter mit sich nehmen. Ich wünsche, daß Sie keine gar zu üble Erinnerung an unsere Berge behalten möchten. Wir haben Ihnen geboten, was wir hatten; wenn das Lager und die Tafel Ihrer nicht würdig waren, so ist das die Schuld der Umstände. Diesen Morgen hatte ich eine Anwandlung von Heftigkeit: üben Sie Nachsicht mit einem geschlagenen Feldherrn. Wenn ich es wagen dürfte, dem Fräulein ein kleines Geschenk anzubieten, so würde ich sie bitten, diesen antiken Ring, dessen Größe ihrem Finger angepaßt werden könnte, anzunehmen. Er ist nicht durch Räuberei gewonnen: ich habe ihn einem Kaufmanne aus Nauplia abgekauft. Das Fräulein kann diesen Ring in England zeigen und dabei von ihrem Besuch am Hofe des Königs des Gebirges erzählen."

Ich theilte ihnen den Inhalt dieser kleinen Rede getreulich mit und schob eigenhändig den Ring des Königs an Mary-Ann's Finger.

„Und ich?" fragte ich den wackeren Hadschi Stavros, „soll ich kein Andenken von Ihnen bekommen?"

„Sie, lieber Herr? Sie werden uns noch bleiben: Ihr Lösegeld ist nicht bezahlt."

Ich wandte mich zu Madame Simmons und sie reichte mir folgenden Brief:

Liebe Schwester!

Nach erfolgter Bestätigung habe ich die viertausend Pfund Sterling gegen Quittung ausgezahlt. Die noch fehlenden sechshundert habe ich nicht beilegen können, weil die Quittung nicht auf deinen Namen lautete und man das Geld unmöglich wieder erlangen würde. In Erwartung deiner lieben Nähe bin ich
dein treuer Bruder
Edward Sharper.

Ich hatte Hadschi Stavros zu gut zu bekehren gewußt: als gewissenhafter Geschäftsmann hatte er zwei Quittungen schicken zu müssen geglaubt!

Madame Simmons sagte mir in's Ohr: „Sie scheinen mir ja sehr bekümmert zu sein! Ist denn Grund vorhanden, ein solches Gesicht zu schneiden? Zeigen Sie doch, daß Sie ein Mann sind! Sie sehen ja aus wie ein begossener Pudel! Die Hauptsache gelang ja, da wir frei sind, meine Tochter und ich, und zwar umsonst. Was Sie betrifft, so bin ich ganz ruhig: Sie werden sich schon zu flüchten wissen. Ihr erster Plan, welcher für zwei Frauen unausführbar, ist für Sie allein ganz vortrefflich. Also, wann können wir Ihren Besuch erwarten?"

Ich dankte ihr herzlich. Sie bot mir eine so schöne Gelegenheit, meinen persönlichen Werth zu zeigen, und mir mit Gewalt die Achtung Mary=Ann's zu erwerben! „Ja," sagte ich, „rechnen Sie auf mich! Ich werde als Mann von Entschlossenheit handeln; desto besser, wenn ich einige Gefahr laufe. Es ist mir sehr lieb, daß mein Lösegeld nicht bezahlt ist, und ich bin Ihrem Herrn Bruder sehr dankbar für das, was er für mich gethan hat. Sie sollen sehen, ob ich mir nicht werde zu helfen wissen. Ja, Sie sollen bald von mir hören!"

„Sobald Sie wieder frei sind, versäumen Sie ja nicht, sich bei uns vorzustellen."

„Wie Sie befehlen."

„Und nun bitten Sie den Stavros, uns eine Bedeckung von fünf bis sechs Räubern mitzugeben."

„Ja warum denn?"

„Ganz einfach: um uns gegen die Gensdarmen zu schützen."

VI.

Die Flucht.

Während wir noch Abschied nahmen, verbreitete sich ein Knoblauchduft in unserer Nähe, welcher mir den Athem versetzte. Es war das Kammermädchen der Damen, die sich ihrer Großmuth zu empfehlen kam; dieses Geschöpf war mehr lästig als nützlich gewesen, und seit zwei Tagen hatte man sie jeder Dienstleistung enthoben. Dennoch bedauerte Madame Simmons, ihr gar nichts geben zu können, und bat mich, dem Könige mitzutheilen, auf welche Weise sie ihres Geldes beraubt worden sei. Hadschi Stavros schien weder überrascht noch entrüstet. Er zuckte ganz einfach die Achseln und murmelte zwischen den Zähnen: „Dieser Perikles! . . . . schlechte Erziehung . . . . die Stadt und der Hof . . . . Ich hätte darauf gefaßt sein sollen." Er fügte laut hinzu: „Bitten Sie die Damen, sich darüber keine Sorge zu machen. Ich habe ihnen ein Dienstmädchen verschafft, ich werde es auch bezahlen. Sagen Sie ihnen, daß, wenn sie einiges Geld bedürfen sollten um in die Stadt zurückzukehren, ihnen meine Börse zu Diensten steht. Ich lasse sie bis an den Fuß des Berges geleiten, obgleich sie keinerlei Gefahr laufen. Die Gensdarmen sind weniger gefährlich als man im Allgemeinen glaubt. Die Damen werden in Castia ein Frühstück, Pferde und einen Führer finden; es ist Alles besorgt und Alles bezahlt. Glauben Sie, daß die Damen mir das Vergnügen machen werden, mir zum Zeichen der Versöhnung die Hand zu reichen?"

Madame Simmons ließ sich ein wenig bitten, aber ihre Tochter reichte dem alten Palikaren entschlossen die Hand. Sie sagte mit komischen Muthwillen: „Sie erweisen uns eine große Ehre, sehr geschätzter Herr, denn augenblicklich sind wir die Klephten und Sie der Beraubte."

Der König antwortete in aller Arglosigkeit: „Ich danke Ihnen, mein Fräulein; Sie sind zu gütig!"

Mary-Ann's hübsche Hand war gebräunt wie ein Stück rosenfarbener Atlas, welches während drei Sommermonaten der Sonne ausgesetzt geblieben ist. Doch dürfen Sie mir glauben, daß ich mich nicht lange besann, ehe ich meine Lippen auf sie drückte. Ich küßte dann Madame Simmons' gestrenge Klaue. „Guten Muth!"

schrie mir die alte Dame beim Fortgehen nach. Mary=Ann sagte nichts, doch warf sie mir einen Blick zu, der eine ganze Armee hätte elektrisiren können. Solche Blicke wiegen alle Worte auf.

Als der letzte Mann der Bedeckung verschwunden war, nahm mich Hadschi Stavros bei Seite und sagte: „Nun wie steht es? haben wir irgend einen Fehler begangen?"

„Ach ja wohl! Wir sind nicht geschickt gewesen."

„Ihr Lösegeld ist also nicht eingetroffen... Wird es überhaupt bezahlt werden? Ich glaube es doch. Die Engländerinnen schienen ja ganz gut mit Ihnen zu stehen."

„Seien Sie ganz ruhig. In drei Tagen werde ich weit entfernt vom Parnaß sein."

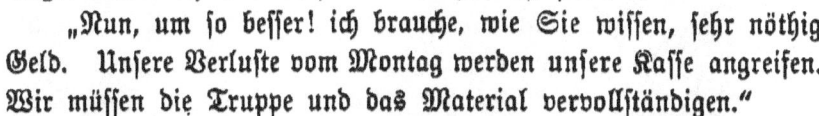

„Nun, um so besser! ich brauche, wie Sie wissen, sehr nöthig Geld. Unsere Verluste vom Montag werden unsere Kasse angreifen. Wir müssen die Truppe und das Material vervollständigen."

„Sie haben auch nöthig, sich zu beklagen! Eben haben Sie auf einen Schlag hunderttausend Drachmen eingestrichen."

„Bitte, nur neunzig: der Mönch hat seinen Zehnten schon erhoben. Von dieser Summe, welche Ihnen so groß erscheint, werden kaum zwanzigtausend Drachmen auf mich kommen. Unsere Kosten sind bedeutend; wir haben schwere Lasten. Was wäre erst geworden, wenn die Actiengesellschaft ein Invalidenhaus eingerichtet hätte, wie sie es wollte? Es fehlt nur noch, daß man den Wittwen und Waisen der Räuber Pensionen aussetzt! Das Fieber und die Kugeln kosten uns ungefähr dreißig Mann jährlich; urtheilen Sie selbst, wohin das führen könnte. Wir würden kaum unsere Kosten decken, ja ich müßte zuletzt von meinem Eigenthume zusetzen, mein lieber Freund."

„Haben Sie schon jemals etwas verloren?"

„Ein einziges Mal. Ich hatte auf Rechnung der Gesellschaft fünfzigtausend Drachmen eincassirt. Einer meiner Secretäre, welchen ich seitdem gehängt habe, entfloh mit der Kasse nach Thessalien. Ich habe das Deficit ersetzen müssen, denn ich bin verantwortlich. Mein Antheil betrug siebentausend Drachmen, ich büßte mithin dreiundvierzigtausend ein. Doch der Schurke, welcher mich bestohlen, hat es hart gebüßt; ich strafte ihn auf persische Weise. Ehe er gehenkt wurde, hat man ihm die Zähne einzeln ausgerissen und sie mit einem Hammer in seinen Schädel geschlagen.... Es geschah des Beispiels wegen, Sie dürfen mich nicht mißverstehen; ich bin nicht grausam, aber ich dulde es nicht, daß man mich um mein sauer erworbenes Geld bringt."

Ich freute mich bei dem Gedanken, daß der Palikare, welcher nicht grausam war, am Lösegelde der Madame Simmons achtzigtausend Drachmen verlieren würde, und daß er es erst erfahren sollte, wenn mein Schädel und meine Zähne nicht mehr in seinem Bereiche wären. Er legte vertraulich seinen Arm in den meinen und sagte:

„Wie werden Sie nun die Zeit todtschlagen bis zu Ihrer Abreise? Die Damen werden Ihnen fehlen und das Haus wird Ihnen leer erscheinen. Wollen Sie einen Blick in die athenienfischen Zeitungen werfen? Der Mönch hat sie mitgebracht. Ich lese sie beinahe nie. Ich weiß genau, was Journalartikel werth sind, da ich sie bezahle. Ich halte übrigens, wie Sie sehen, die wichtigsten darum doch; hier haben Sie den Staatsanzeiger, die Hoffnung, die Wahrheit und den Thersites. Ueberall muß von uns die Rede sein. Arme Abonnenten!.. Ich verlasse Sie. Wenn Sie etwas Bemerkenswerthes darin finden, so erzählen Sie es mir."

„Die Hoffnung," ein in französischer Sprache abgefaßtes Blatt und darauf berechnet, Sand in die Augen Europa's zu streuen, hatte einen langen Artikel dazu verwendet, die letzten Nachrichten über Räubereien zu widerlegen. Sie machte sich in geistreicher Weise über die naiven Reisenden lustig, welche in jedem zerlumpten Bauer einen Dieb, in jeder Staubwolke eine bewaffnete Bande er=

Die Flucht. 179

blicken und jeden Busch, der ihr Kleid festhält, um Gnade anflehen. Dieses wohlinformirte Blatt pries die Sicherheit der Straßen, rühmte die Uneigennützigkeit der Eingebornen und feierte in begeisterten Worten den Frieden und die Ruhe, welche ihren Sitz auf allen Bergen des Königreichs aufgeschlagen hatten.

„Die Wahrheit," unter dem Einfluß einiger Freunde des Hadschi Stavros redigirt, enthielt eine beredte Lebensbeschreibung dieses Helden. Sie erzählte, daß dieser moderne Theseus, der einzige Mann des Jahrhunderts, welcher noch nie besiegt worden, eine starke Recognoscirung nach den Scironischen Felsen unternommen habe. Durch die Muthlosigkeit seiner Gefährten verrathen, habe er mit unbedeutenden Verlusten seinen Rückzug angetreten. Aber von einer gründlichen Abneigung gegen ein so entartetes Gewerbe erfüllt, habe er von jetzt an das Räuberwesen ganz aufgegeben; er wolle Griechenland verlassen, sich nach Europa zurückziehen, wo ihm sein rühmlich erworbenes Vermögen erlauben würde, wie ein Fürst zu leben. „Und nun," fügt die Wahrheit hinzu, „gehet, eilet, durchstreifet Berg und Ebene! Bankiers, Kaufleute, Griechen, Fremde, Reisende, ihr habt nichts mehr zu fürchten: der König des Gebirges hat gleich Karl dem Fünften auf der Höhe seines Ruhmes und seiner Macht abgedankt!"

Im „Staatsanzeiger" las man Folgendes:

** Sonntag den dritten dieses Monats um fünf Uhr Abends wurde die militärische Kasse, welche auf dem Wege nach Argos war, durch die Bande des Hadschi Stavros, der unter dem Namen ‚der König des Gebirges' bekannt ist, angefallen. Die Räuber, drei- oder vierhundert an der Zahl, haben die begleitende Escorte mit unglaublicher Wuth angegriffen, aber die beiden ersten Compagnien des zweiten Bataillons des zweiten Linienregiments, unter dem Befehle des wackern Majors Nicolaides, haben den Angreifern heldenmüthigen Widerstand geleistet. Die wilden Feinde sind mit dem Bajonett zurückgeschlagen worden und haben den Kampfplatz mit Leichen bedeckt verlassen. Hadschi Stavros ist, wie man sagt, schwer verwundet. Unser Verlust ist unbedeutend.

Denselben Tag zu derselben Stunde haben die königlichen Truppen zehn Meilen weiter einen neuen Sieg davongetragen. Mehr am Gipfel des Parnaß, vier Stadien von Castia ist die Bande des Hadschi Stavros durch die zweite Compagnie des ersten Bataillons von der Gensdarmerie überfallen und zerstreut worden. Auch da soll, nach dem Rapport des tapferen Hauptmanns Perikles, Hadschi Stavros durch eine Kugel getroffen worden sein. Unglücklicherweise ist dieser Sieg theuer bezahlt worden. Die Räuber haben, von den Felsen geschützt, zehn Gensdarmen theils getödtet, theils schwer verwundet. Ein junger, sehr hoffnungsvoller Offizier, Hephästion Spiro, Schüler der Evelpidäischen Schule, hat auf dem Schlachtfelde ein rühmliches Ende gefunden. So schweren Verlusten gegenüber ist es kein geringer Trost, zu wissen, daß in diesem wie in jedem Falle das Gesetz die Oberhand behalten hat."

Das Journal „Thersites" enthielt eine schlecht gezeichnete Illustration, in welcher ich aber dennoch meine Freunde, den Hauptmann Perikles und den König des Gebirges erkannte. Die Pathen hielten sich eng umarmt. Unter das Bild hatte der Künstler folgendes Motto geschrieben:

„Wie sie sich schlagen!"

Es scheint, sagte ich mir, daß ich nicht allein von der Sache unterrichtet bin, und daß das Geheimniß des Perikles sehr bald dem des Policinell gleichen wird.

Ich legte die Zeitungen wieder zusammen und dachte bis zur Rückkehr des Königs des Gebirges über die Lage nach, in welcher mich Madame Simmons gelassen. Es war gewiß glorreich, daß ich meine Freiheit nur mir allein verdanken sollte, und es war besser, durch eine tapfere That aus dem Gefängnisse erlöst zu werden, als durch eine Schülerlist. Vielleicht verwandelte ich mich innerhalb vierundzwanzig Stunden in einen vollkommenen Romanhelden, um ein Gegenstand der Bewunderung für die Damenwelt von ganz Europa zu werden. Es unterlag keinem Zweifel, daß mich Mary-Ann anbeten würde, wenn sie mich nach einer so gefährlichen Flucht munter und wohlbehalten wieder sähe. Indessen — ich konnte bei dem gewaltigen Rutsch ausgleiten. Wenn ich mir einen Arm oder ein Bein bräche, würde Mary-Ann dann wohl einen lahmen oder einarmigen Helden eben so gut aufnehmen? Ueberdies mußte ich darauf gefaßt sein, Tag und Nacht bewacht zu werden. So schlau mein Plan auch angelegt war, ausführbar wurde er doch erst nach dem Tode meines Wächters. Einen Menschen umbringen ist keine Kleinigkeit, selbst für einen Doctor der Philosophie. In Worten erscheint es freilich sehr leicht, besonders wenn man mit der Geliebten davon spricht. Aber seit Mary-Ann's Abreise hatte sich mein Verstand wieder eingefunden. Es erschien mir weniger leicht, in den Besitz einer Waffe zu kommen und weniger bequem, dieselbe zu gebrauchen. Ein Dolchstich ist eine chirurgische Operation, bei welcher jeden Biedermann eine Gänsehaut überlaufen darf. Mir schien, als hätte meine Schwiegermama in spe doch vielleicht etwas rücksichtslos gegen den eventuellen Schwiegersohn gehandelt. Es wäre ihr ein Leichtes gewesen, mir fünfzehntausend Drachmen Lösegeld zu schicken, welche sie ja von Mary-Ann's Mitgift hätte abrechnen können. Fünfzehntausend Drachmen mußten an meinem Hochzeitstage eine Kleinigkeit für mich sein — in der Lage, in welcher ich mich befand, war es dagegen sehr viel: die Summe konnte einen Mord und eine gefährliche Flucht auf einer Leiter ohne Sprossen in eine Tiefe von mehreren hundert Klaftern ersparen. Schließlich fing ich an, Madame Simmons zu verwünschen, was die meisten Schwiegersöhne in allen civilisirten Ländern unserer Erde zu thun pflegen. Da ich noch Verwünschungen genug übrig hatte, so fielen auch einige für meinen Freund John Harris ab, welcher mich so gänzlich meinem Schicksale überließ. Ich sagte mir, daß, wenn er an meiner Stelle und ich an der seinen gewesen

wäre, ich ihn nicht acht endlose Tage ohne Nachricht gelassen haben
würde. Das war dem jungen Lobster, welcher zu jung war,
Giacomo, der nur eine rohe Kraft besaß, und Merinay, von dessen
grenzenlosem Egoismus ich wußte, eher zu verzeihen. Den Egoisten
sieht man einen Verrath leichter nach, weil man sich nie daran
gewöhnt hat, auf sie zu rechnen. Aber Harris, welcher schon sein
Leben daran gesetzt hatte, einer alten Negerin in Boston beizu-
stehen! War ich nicht so viel werth als eine Negerin? Ich glaubte
in aller Gerechtigkeit und ohne aristokratisches Vorurtheil behaupten
zu können, daß ich wenigstens zwei oder drei aufwog.

Hadschi Stavros gab meinen Gedanken eine andere Richtung,
indem er mir Gelegenheit zu einer einfacheren und weniger gefähr-
licheren Flucht bot. Es bedurfte dazu nur guter Beine, und das

ist Gott sei Dank eine Gabe,
welche mir der Himmel in
ziemlicher Vollkommenheit
verliehen hat. Der König
überraschte mich, wie ich
eben nach Herzenslust
gähnte.

„Langweilen Sie sich?"
sagte er mir. „Das kommt
vom Lesen. Ich habe nie
ohne Gefahr für meine Kinn-
laden Gedrucktes ansehen
können. Es freut mich zu
sehen, daß es einem Gelehrten nicht besser ergeht. Aber
warum nutzen Sie auch die
Ihnen noch übrige Zeit
nicht besser aus? Sie sind
hierhergekommen, um die Pflanzen des Gebirges zu sammeln; doch
scheint mir nicht, als ob Ihre Botanisirtrommel sich in diesen acht
Tagen sehr gefüllt hätte. Wollen Sie unter der Aufsicht von zwei
Mann einen kleinen Spaziergang unternehmen? Ich bin zu mild

gesinnt, um Ihnen nicht diese kleine Gunst zu gewähren. Es muß Jeder in diesem irdischen Jammerthale seinem Gewerbe nachgehen — Sie den Pflanzen, ich dem Gelde. Sagen Sie denen, welche Sie hierhergeschickt haben: ‚Dies sind Pflanzen aus dem Königreiche des Habschi Stavros!' Sollten Sie eine schöne und seltene finden, von welcher man in Ihrem Lande noch nie gehört hat, so geben Sie ihr meinen Namen und nennen sie die Königin des Gebirges."

Na, dachte ich, wenn ich mich eine Meile von hier zwischen zwei Räubern befinde, so kann es nicht so gar schwer sein, ihnen an Schnelligkeit zuvorzukommen. Die Gefahr würde ohne Zweifel meine Kräfte verdoppeln. Derjenige läuft wohl immer am schnellsten, der am meisten dabei zu gewinnen hat. Warum ist der Hase das schnellste aller Thiere? Weil er auch das am meisten verfolgte ist.

Ich nahm des Königs Anerbieten an, und sofort wurden meiner Person zwei Leibgardisten beigegeben. Er ertheilte ihnen keine umständlichen Verhaltsbefehle, er sagte nur:

„Dieser Herr ist fünfzehntausend Drachmen werth; wenn ihr ihn schlecht bewacht, so müßt ihr ihn ersetzen oder bezahlen."

Meine Begleiter sahen keineswegs wie Invaliden aus: sie hatten weder Wunden noch Quetschungen, noch sonstige Gebrechen irgend einer Art; ihre Sehnen schienen wie von Eisen, auch war nicht zu hoffen, daß sich ihre Füße in den Schuhen beengt fühlen würden, denn sie trugen sehr geräumige Mocassins, aus welchen die Fersen herausschauten. Indem ich sie musterte, bemerkte ich mit einigem Unbehagen, daß sie mit zwei Pistolen, so lang wie eine Kinderflinte, versehen waren. Doch verlor ich den Muth nicht. Durch meinen langen Aufenthalt in schlechter Gesellschaft war mir das Pfeifen der Kugeln ganz gleichgültig geworden. Ich band meine Pflanzentrommel über die Schultern und machte mich auf den Weg.

„Viel Vergnügen!" rief mir der König nach.

„Leben Sie wohl, Majestät!"

„Nicht doch, mit Verlaub: Auf Wiedersehen!"

184 Sechstes Kapitel.

Ich zog meine Gefährten nach der Richtung von Athen: das war schon etwas über den Feind gewonnen. Sie leisteten keinerlei Widerstand und ließen mich gehen, wohin ich wollte. Diese Räuber zeigten weit mehr Bildung als die Gensdarmen des Perikles und ließen mir volle Freiheit mich zu bewegen. Ich fühlte wenigstens nicht bei jedem Schritte ihre Ellenbogen in meinen Seiten. Sie botanisirten auf eigne Rechnung im Interesse ihrer Abendmahlzeit. Was mich betraf, so gab ich mir das Ansehen eines unbegrenzten Eifers: ich riß rechts und links Grasbüschel aus, suchte mit großer Sorgfalt hie und da einen Halm heraus und legte ihn bedächtig in meine Trommel, wobei es meine Hauptsorge blieb, mich nicht zu überladen: ich hatte an meiner eigenen Last schon genug zu tragen; bei einem Wettrennen bemerkte ich einmal, daß ein vorzüglicher Jockey überholt wurde, weil er eine Ueberfracht von zehn Pfund trug. Meine Aufmerksamkeit schien ausschließlich dem Erdboden anzugehören, doch können Sie sich wohl denken, daß dem nicht so war. In ähnlicher Lage hört man auf, Botaniker zu sein, man ist nur noch Gefangener. Pellisson würde sich sicherlich nicht mit Spinnen befaßt haben, hätte er nur einen Nagel besessen, um seine Eisenstäbe damit durchzusägen. Vielleicht erblickte ich an diesem Tage die seltensten Pflanzen, welche das Glück eines Naturforschers begründet hätten; ich kümmerte mich um sie nicht mehr, als um das gemeinste Gras. Ich entsinne mich, daß ich an einem herrlichen Stock der Boryana variabilis vorbeigegangen bin — er mochte wohl mit den Wurzeln ein halbes Pfund wiegen. Ich schenkte ihm kaum einen Blick; ich sah nur zwei Dinge: Athen am Horizont, und die Räuber zu meinen Seiten. Ich beobachtete die Blicke meiner Spitzbuben, in der Hoffnung, daß eine kleine Ab=

wesenheit mich ihrer Aufsicht entziehen sollte; aber mochten sie dicht neben mir oder zehn Schritte entfernt sein, Salat pflücken oder mit ihren scharfen Blicken einen Geier verfolgen, so hatten sie doch wenigstens immer Ein Auge auf mich geheftet.

Da kam mir der Gedanke, ihnen eine ernste Beschäftigung zu geben. Wir befanden uns auf einem ziemlich graben Pfade, der ohne Zweifel nach Athen führen mußte. Zu meiner Linken bemerkte ich einen herrlichen Ginsterbusch, welchen das Walten der Vorsehung auf

dem Gipfel eines Felsen hatte wachsen lassen. Ich stellte mich, als trüge ich Verlangen danach, wie nach einem Schatze; fünf oder sechs Mal versuchte ich den steilen Abhang zu erklimmen. Das trieb ich so lange, bis einer meiner Wächter sich meiner Verlegenheit erbarmte und sich erbot, mir als Leiter zu dienen. Dies war nun freilich nicht so ganz meine Absicht; doch sah ich mich wohl genöthigt, seine Hülfe anzunehmen. Aber indem ich auf seine Schultern kletterte, verletzte ich ihn mit meinen Nägel beschlagenen Schuhen so jämmerlich, daß er vor Schmerz heulend mich auf den Boden fallen ließ. Sein Gefährte, welcher an dem Unternehmen den größten Antheil nahm, sagte zu ihm: „Warte, ich werde an der Stelle des Mylord hinaufsteigen: ich habe keine beschlagenen Schuhe." Wie gesagt, so gethan; er schwingt sich hinauf, erfaßt den Busch beim Stiel, schüttelt ihn, macht ihn locker, zieht ihn heraus und .. stößt einen Schrei aus: ich lief schon, ohne mich umzusehen. Ihre Ueberraschung gab mir zehn gute Secunden

Vorsprung. Doch verloren sie die Zeit nicht in unnützen Worten: gar bald hörte ich aus der Ferne ihre verfolgenden Schritte. Ich verdoppelte meine Eile. Der Weg war eben, glatt, wie für mich gemacht; er führte eine steile Anhöhe hinunter. Ich rannte verzweifelt, die Arme dicht an den Leib gedrückt, ohne die Steine zu fühlen, die unter meinen Sohlen wegrollten, ohne zu sehen, wohin ich den Fuß setzte. Der Weg floh unter mir; Felsen und Büsche schienen in entgegengesetzter Richtung zu beiden Seiten der Straße vorbeizurennen; ich fühlte mich leicht, behend, mein Körper hatte kein Gewicht: ich hatte Flügel. Plötzlich halten sie an, ich höre nichts mehr. Sollten sie meine Verfolgung schon aufgegeben haben?  Ein kleine Staubwolke erhebt sich zehn Schritt vor mir. Etwas weiter heftet sich ein heller Fleck an den Felsen an. Zwei Knalle ertönen zu gleicher Zeit. Die Räuber hatten ihre Pistolen abgeschossen, ich war dem feindlichen Feuer entgangen und rannte immer weiter. Die Verfolgung begann von Neuem: ich höre zwei athemlose Stimmen, welche mir zuschreien: „Halt! halt!" Ich halte natürlich nicht an. Ich verliere den Weg und laufe immer, ohne zu wissen, wohin. Ein Graben breitet sich vor mir aus, so weit wie ein Fluß; doch war ich zu gut im Zuge, um die Entfernungen zu messen. Ich springe — ich bin gerettet; meine Hosenträger reißen — ich bin verloren!

Sie lachen! Ich möchte Sie einmal laufen sehen, wenn Sie mit beiden Händen Ihren Gürtel halten müssen! ... Fünf Minuten später war ich von den Räubern eingeholt. Sie legten mir vereint Hand- und Fußschellen an und trieben mich so mittels derber Kolbenschläge nach dem Lager des Hadschi Stavros.

Der König empfing mich, nachdem er Meldung über das Vorgefallene erhalten, wie einen Bankerottirer, welcher ihm fünftausend

Drachmen gestohlen. „Mein Herr," sagte er mir, „ich hatte eine andere Meinung von Ihnen. Ich glaubte ein Menschenkenner zu sein. Ihr Ansehen hat mich sehr getäuscht. Ich hätte nie gedacht, daß Sie fähig wären, mir Schaden zuzufügen, besonders nach dem Benehmen, welches ich Ihnen gegenüber gezeigt habe.  Wundern Sie sich nicht, wenn ich von nun an strenge Maßregeln ergreife, Sie nöthigen mich selbst dazu. Sie werden bis auf neuen Befehl Ihr Zimmer nicht verlassen. Einer meiner Offiziere wird Ihnen unter Ihrem Zelte Gesellschaft leisten. Dies ist nur eine Vorsichtsmaßregel, für den Fall einer Wiederholung würde ich eine Strafe anwenden müssen. Wasilius, ich übergebe dir die Aufsicht über den Herrn!"

Wasilius grüßte mich mit seiner gewohnten Höflichkeit.

„Elender," dachte ich, „du bist es, der kleine Kinder in das Feuer wirft? Du bist es, der Mary-Ann umarmen wollte! Du bist es auch, der mich am Himmelfahrtstage hat erdolchen wollen? Nun gut! ich will lieber mit dir zu thun haben, als mit einem andern."

Ich werde Ihnen von den drei Tagen, welche ich in Wasilius' Gesellschaft in meinem Zimmer zubrachte, nicht erzählen. Der Kerl hat mir dort eine Dosis Langeweile bereitet, die ich mit Niemandem auch nur nachträglich durch Schilderung theilen will. Er war mir nicht eben gram, ja er hatte sogar eine Art Sympathie für mich. Ich glaube, wenn er mich auf eigene Rechnung gefangen genommen hätte, würde er mich ohne Lösegeld freigegeben haben. Mein Gesicht gefiel ihm vom ersten Augenblicke an; ich erinnerte ihn an einen jüngern Bruder, welchen er durch des Henkers rauhe Hand verloren hatte. Aber die Zeichen seines Wohlwollens waren mir hundert Mal lästiger, als die schlechteste Behandlung. Er erwartete kaum den Anbruch des Tages, um mir guten Morgen zuzurufen; des Abends, vor dem Schlafengehen ermangelte er nie, mir eine unabsehbare Reihe von Glückseligkeiten zu wünschen; er unterbrach meinen tiefsten Schlummer, um sich zu erkundigen, ob ich auch gut zugedeckt sei; bei Tische bediente er mich, wie der beste Kellner; zum Dessert erzählte er mir Geschichten oder bat mich, ihm etwas zu erzählen, und das Alles mit ausgestreckter Klaue, um mir die Hand zu drücken. Ich setzte seinen Liebesbezeugungen einen hartnäckigen Widerstand entgegen. Abgesehen davon, daß mir es überflüssig erschien, einen Kleinkinder-Brater unter die Zahl meiner Freunde aufzunehmen, so trug ich auch durchaus kein Verlangen, einem Manne die Hand zu reichen, welchen ich entschlossen war umzubringen. Mein Gewissen erlaubte mir zwar, ihn zu tödten — war ich nicht in dem Falle gebotener Selbstvertheidigung? — doch hätte ich mir nie gestattet, ihn mit Hinterlist zu fangen, und meine drohende Haltung sollte ihn wenigstens vor mir warnen. Indem ich seine Zuvorkommenheiten abwehrte, seine Höflichkeit ignorirte und seine Aufmerksamkeiten zurückwies, suchte ich immer eifrig nach einer Gelegenheit zu entkommen; doch bewachte mich seine Liebe weit sorgfältiger als es sein Haß hätte thun können und er verlor mich keinen Moment aus den Augen. Lehnte ich mich über die Cascade, um mir die Unebenheiten des Felsens einzuprägen, so zog mich Wasilius mit wahrhaft

mütterlicher Sorgfalt aus meinen Träumereien: „Nimm dich in Acht," sagte er, mich am Rock zurückziehend, „wenn du unglücklicherweise hier hinabstielst, so würde ich mir das nie verzeihen." Versuchte ich es, des Nachts verstohlen aufzustehen, so sprang er aus dem Bette und fragte mich, ob ich etwas bedürfe. Nie hat es einen aufgeweckteren Spitzbuben gegeben. Er umkreiste mich, wie eine Katze die Maus.

Was mich besonders zur Verzweiflung brachte, war sein Vertrauen zu mir. Eines Tages äußerte ich den Wunsch, seine Waffen zu sehen. Er gab seinen Dolch in meine Hand. Es war ein russischer von damascirtem Stahl, aus der Fabrik von Tula. Ich zog die Klinge aus der Scheide, probirte die Spitze auf dem Finger, richtete sie auf seine Brust, den Raum zwischen der vierten und fünften Rippe wählend, worauf er lächelnd zu mir sagte: „Drücke nicht auf, du würdest mich tödten." Allerdings hätte ich mit einem leisen Druck sein Urtheil fällen und erfüllen können, doch hielt mich ein Etwas zurück. Es ist wirklich bedauerlich, daß es ehrlichen Leuten so schwer wird, Schufte umzubringen, indeß es diesen nicht viel Sorge macht, einen ehrlichen Mann zu tödten. Ich steckte den Dolch wieder in die Scheide.  Wasilius reichte mir seine Pistole, doch weigerte ich mich, sie anzunehmen, und sagte ihm, meine Neugierde sei befriedigt. Er spannte den Hahn, ließ mich das Pulver sehen, setzte die Mündung an seinen Kopf: „Sieh! so hättest du keinen Wächter mehr," meinte er.

Keinen Wächter! beim Himmel, was wünschte ich sehnlicher! Doch war die Gelegenheit zu lockend — der Schurke lähmte mich. Hätte ich ihn in einem solchen Augenblick getödtet, so würde ich seinen letzten Blick nicht haben ertragen können. Weit besser war es, meine That während der Nacht zu vollbringen. Unglücklicherweise legte er, statt seine Waffen zu verbergen, dieselben geradezu zwischen mein Bett und das seine.

Endlich gelang es mir, ein Mittel zu entdecken, wie ich ohne ihn zu wecken oder zu erdrosseln, flüchten könnte. Dieser Plan

192   Sechstes Kapitel.

reiste Sonntag den elften Mai um sechs Uhr in meinem Kopfe.
Am Himmelfahrtstag hatte ich bemerkt, daß Wasilius gern trank,
und den Wein schlecht vertrug. Ich bat ihn, mit mir zu speisen.
Diese Freundlichkeit stieg ihm zu Kopf, der Wein von Aegina that
das Uebrige. Hadschi Stavros, welcher mich, seitdem ich seine Achtung
verloren, nie wieder mit einem Besuche beehrt hatte, benahm sich
doch noch als großmüthiger Wirth. Meine Tafel war besser besetzt
als die seinige. Ich hätte einen Schlauch voll Wein und eine
Tonne voll Rhaki leeren können. Wasilius benutzte die Erlaubniß,
an allen diesen Herrlichkeiten Theil zu nehmen, mit rührender Demuth.
Er hielt sich drei Fuß vom Tische entfernt, wie ein Bauer, den
sein Herr eingeladen. Nach und nach glich der Wein die Unter=
schiede aus. Um acht Uhr Abends gab mir mein Wächter ein
Bild seines Charakters. Um neun Uhr erzählte er mir stammelnd
die Abenteuer seiner Jugend und eine Anzahl Heldenthaten, bei

welchen sich einem Criminalrichter das Haar auf dem Kopfe empor=
gesträubt hätte. Um zehn Uhr verfiel er in Sentimentalität: dies
Herz von gehärtetem Stahle schmolz im Rhaki, wie Kleopatra's
Perle im Essig. Er schwor mir, daß er nur aus Menschenliebe
Räuber geworden; daß er sich in zehn Jahren ein Vermögen zu

sammeln hoffe, mit seinen Ersparnissen ein Hospital gründen und sich dann in ein Kloster auf dem Berge Athos zurückziehen wolle. Er versprach auch meiner in seinen Gebeten zu gedenken. Ich benutzte diese günstige Stimmung, um ihm eine ungeheure Schale voll Rhaki einzuflößen. Ich hätte ihm brennendes Pech anbieten können: er war zu sehr mein Freund, um mir etwas abzuschlagen. Bald versagte ihm die Stimme; sein Kopf wiegte sich von der Rechten zur Linken und von der Linken zur Rechten mit der Regelmäßigkeit eines Pendels; er streckte nur die Hand nach mir aus, ergriff ein übrig gebliebenes Stück Braten, drückte es voll Inbrunst, sank rücklings um und schlummerte den sog. Schlaf des Gerechten.

Ich hatte keinen Augenblick zu verlieren, die Minuten waren Goldes werth. Seine Pistole ergreifen und in den Abgrund schleudern war das Werk eines Augenblicks. Seinen Dolch war ich im Begriff ebenfalls folgen zu lassen, als mir einfiel, daß er mir dazu dienen könne, Büschel Gras loszustechen. Meine dicke Uhr zeigte die elfte Stunde an. Ich verlöschte die beiden Kienfeuer, welche unsere Tafel beleuchteten; Licht hätte die Aufmerksamkeit des Königs erregen können. Das Wetter war schön; nicht eine Spur von Mondlicht, aber Sterne in Unzahl; es war ganz eine Nacht, wie

ich sie brauchte. Der in langen Streifen zerschnittene Rasen ließ sich wie ein Stück Tuch ablösen. Mein Material war nach Verlauf einer Stunde bereit. Als ich es nach der Quelle trug, stieß ich unglücklicherweise Wasilius mit dem Fuß; er erhob sich mühselig und fragte mich aus alter Gewohnheit, ob ich etwas bedürfe. Ich ließ meine Last fallen, setzte mich neben den Betrunkenen und bat ihn, noch einen Schluck auf meine Gesundheit zu trinken: „Ja," sagte er, „mich dürstet!" Ich füllte ihm zum letzten Male die kupferne Schale. Er trank sie halb aus, vergoß den Rest auf Kinn und Hals, versuchte aufzustehen, fiel auf das Gesicht, streckte die Arme aus und rührte sich nicht mehr. Ich eilte nach meinem Damme, und trotzdem ich nur ein Anfänger war, gelang es mir doch, den Bach binnen fünfundvierzig Minuten zu dämmen: es war dreiviertel auf ein Uhr. Dem Rauschen des Wasserfalles folgte eine tiefe Stille.

Die Furcht überkam mich. Ich dachte daran, daß der König, wie alle Greise, einen leisen Schlummer haben müsse, und daß ihn diese ungewohnte Stille erwecken würde. In dem Drange der Gedanken, die sich in meinem Kopfe tummelten, fiel mir die Scene aus dem Barbier von Sevilla ein, wo Bartolo erwacht, sobald die Musik aufhört. Ich schlich mich den Bäumen entlang bis an die Treppe und musterte Hadschi Stavros' Cabinet mit Sorgfalt: der König schlummerte friedlich an der Seite seines Tschibukdschi. Ich drang vor bis an die königliche Tanne und lauschte: Alles schlief. Beruhigt kehrte ich durch eine Pfütze eisigen Wassers, welches mir bereits bis an den Knöchel reichte, zu meinem Damm zurück. Ich bog mich über den Abgrund.

Die Felswand spiegelte noch unmerklich. Hier und da hatte sich das Wasser in kleinen Höhlungen gesammelt; diese Stellen prägte ich mir möglichst ein, es waren eben so viel Stützpunkte für meine Füße. In mein Zelt zurückgekehrt, nahm ich die über meinem Bett hängende Pflanzentrommel herab und band sie über meine Schultern.

Als ich bei dem Platze, wo wir eben noch getafelt, vorüberkam, hob ich ein Stück Fleisch und Brot auf, welches das Wasser noch nicht benetzt hatte; diese Vorräthe legte ich in meine Botanisirtrommel als mein morgendes Frühstück. Der Damm hielt ausgezeichnet, der Wind mußte den Weg getrocknet haben; es war beinahe zwei Uhr. Ich hätte auf alle Fälle den Dolch des Wasilius mitnehmen mögen, doch war er unter Wasser und ich wollte keine Zeit mit Suchen verlieren. Ich zog meine Schuhe aus, knüpfte sie mit den Bändern zusammen und befestigte sie an den Riemen meiner Trommel. Endlich, als ich Alles bedacht, einen letzten Blick auf meine Arbeit geworfen, die Erinnerungen an das väterliche Haus heraufbeschworen und einen Kuß nach der Richtung von Athen und Mary-Ann gesandt, hob ich ein Bein über den Rand, erfaßte mit beiden Händen ein Bäumchen, welches über dem Abgrunde schwebte, und trat in Gottes Namen meine Reise an.

Es war eine schwere Aufgabe, viel schwerer als ich es mir von oben vorgestellt hatte. Der noch feuchte Felsen fühlte sich naß und kalt an, wie eine Schlange. Ich hatte die Entfernungen schlecht berechnet und die Stützpunkte waren viel seltener, als ich es gehofft. Zwei Mal verfehlte ich den Weg, indem ich zu weit nach links gerieth. Ich mußte unter unglaublichen Mühen umkehren. Die Hoffnung verließ mich oft, aber nicht der Wille. Mein Fuß glitt aus; ich hatte einen Schatten für eine Spalte angesehen und stürzte fünfzehn bis zwanzig Fuß hinab, meine Glieder vergeblich gegen den Felsen schmiegend, in der Hoffnung, einen Haltpunkt zu finden. Die Wurzel eines Feigenbaumes hielt mich beim Aermel meines Paletots fest: Sie können hier noch die Stelle sehen. Etwas weiter fuhr ein Vogel mit solcher Heftigkeit aus einem Loch unter meinen Füßen auf, daß ich vor Schreck beinahe rücklings hinunterfiel. Ich ging auf Händen und Füßen, mehr noch auf ersteren; meine Arme waren wie zerschlagen, ich hörte meine Sehnen zittern, wie die Saiten einer Harfe; meine Nägel waren so jämmerlich abgestorben, daß ich sie nicht mehr fühlte. Vielleicht hätte ich mehr Muth gehabt, wenn ich meinen Weg hätte bemessen können; aber wenn ich versuchte, den Kopf zu drehen, so erfaßte mich ein grenzenloser

Sechstes Kapitel.

Schwindel und ich verlor die Kraft, mich zu halten. Um mich aufzurichten sprach ich mir selber Muth zu; ich redete zwischen meinen fest aufeinander geschlossenen Zähnen hervor mit mir selber. „Noch einen Schritt für meinen Vater! noch einen Schritt für Mary-Ann! noch einen Schritt, um die Räuber zu beschämen und Hadschi Stavros zu erbosen!"

Endlich kamen meine Füße auf größern Raum. Der Boden schien mir eine andere Farbe angenommen zu haben. Ich bog die Kniee, setzte mich und wandte scheu den Kopf; vom Bache war ich kaum noch zehn Fuß entfernt, ich hatte die rothen Felsen erreicht. Eine ziemlich glatte geschützte Fläche mit kleinen Löchern, in denen noch das Wasser stand, erlaubte mir, Athem zu schöpfen und mich ein wenig zu erholen. Ich zog meine Uhr: es war erst halb drei. Es schien mir, als sei ich mindestens schon drei Nächte unterwegs. Ich befühlte meine Arme und Beine, um mich zu überzeugen, daß ich mich noch des Besitzes aller meiner Glieder erfreute, denn bei solchen Unternehmungen weiß man wohl was man mitnimmt, aber nicht was ankommt. Ich hatte Glück gehabt und war mit einigen Quetschungen und leichten Verletzungen der Haut davongekommen; am schlimmsten war es meinem Paletot ergangen. Ich hob die Augen in die Höhe und zwar noch nicht in der Absicht, dem Himmel ein Dankgebet darzubringen, sondern nur um zu sehen, ob in meinem eben verlassenen Wohnorte noch Alles ruhig sei. Nur einige Wassertropfen hörte ich durch meinen Damm sickern. Alles ging gut: im Rücken gedeckt, vor mir Athen, also — ein letztes Lebewohl dem König des Gebirgs!

Eben wollte ich in die Schlucht hinabspringen, als sich eine weißliche Gestalt vor mir erhob und ich das gewaltigste Bellen vernahm, welches jemals ein Echo wachgerufen. Ach! mein lieber Freund, ich hatte die Rechnung ohne die Hunde meines Wirths gemacht. Diese Feinde der Menschheit umkreisten das Lager zu jeder Stunde, und einer hatte mich gewittert! Was ich bei seinem Anblick für Zorn und Haß empfand, läßt sich nicht aussprechen; man sollte kaum glauben, daß man gegen ein unvernünftiges Vieh so aufgebracht werden kann. Ich hätte mich lieber einem Wolfe, einem Tiger oder einem Eisbären gegenüber befunden — edle

Thiere, welche mich stillschweigend verzehrt, aber nicht verrathen hätten. Die wilden Bestien jagen auf eigene Rechnung; was aber sollte ich von diesem gemeinen Hunde denken, der im Begriffe stand, mich lärmend zu verschlingen, um sich bei Habschi Stavros angenehm zu machen? Ich überschüttete ihn mit Schimpfreden; ich ließ die gräßlichsten Namen auf ihn herabregnen; trotz alledem war seine Sprache vernehmlicher als die meine. Ich änderte den Ton, um es mit Schmeichelreden zu versuchen; ich sprach auf das Sanfteste in griechischer Sprache zu ihm, in der Sprache seiner Väter; er hatte auf alle meine Worte nur Eine Antwort, und vor dieser Antwort erzitterte der Fels. Ich schwieg — ein guter Einfall, denn er schwieg gleichfalls. Ich streckte mich in die Wasserpfützen: er legte sich knurrend zu meinen Füßen. Ich stellte mich schlafend,

er schlief ein. Ich ließ mich unmerklich nach dem Bache hinabgleiten, er sprang mit einem Satze auf und ich hatte gerade noch Zeit, auf meine Höhe zurückzukehren. Mein Hut blieb in den Händen, oder vielmehr in den Zähnen des Feindes. Einen Augenblick darauf war der Schutz meines edlen Hauptes nur noch ein Teig, ein Brei, ein Mus. Armer Hut! Ich beklagte ihn, ich versetzte mich an seine Stelle. Wenn ich mit einigen Bißwunden hätte davon kommen können, so würde ich es nicht so genau genommen und dem Hunde seinen Theil gegönnt haben. Aber diese Ungethüme begnügen sich nicht damit, die Leute zu beißen — sie fressen sie auf!

Da fiel mir ein, daß er gewiß hungrig sei; daß, wenn es mir gelingen könnte, ihn zu sättigen, er mich wohl noch beißen, aber nicht mehr verschlingen würde. Ich hatte Mundvorrath und beschloß ihn zu opfern; nur bedauerte ich, nicht hundertmal mehr bei mir zu haben. Die Hälfte meines Brotes warf ich ihm auf ein Mal zu, es verschwand wie in einem Abgrunde, ungefähr wie ein Kiesel der in einen Brunnen rollt. Schmerzlich betrachtete ich, wie wenig ich ihm noch zu bieten hatte, als ich auf dem Grunde meiner Trommel ein weißes Päckchen entdeckte, das mich auf andere Gedanken brachte. Es war eine kleine Dosis Arsenik, welche ich zu meinen zoologischen Nebenstudien brauchte; ich bediente mich desselben um Vögel auszustopfen, und so gut wie dies schien es mir auch erlaubt, einige Gramm davon einem Hunde zukommen zu lassen. Mein Gefährte, dessen Appetit angeregt war, trug nach einer Fortsetzung seiner Mahlzeit Verlangen: „Warte!" dachte ich, „du sollst ein Gericht meiner Erfindung kosten!".... Das Päckchen enthielt ungefähr fünfunddreißig Gramm des verehrungswürdigen Pulvers. Fünf oder sechs davon schüttete ich in ein kleines, mit hellem Wasser gefüllten Becken; den Rest steckte ich wieder in die Tasche. Die Portion des Hundes löste ich sorgfältig auf und wartete, bis der Arsenik im Wasser ganz zergangen war. In diese Auflösung tauchte ich ein Stück Brot, welches die Feuchtigkeit vollständig wie ein Schwamm in sich aufnahm. Das Thier stürzte gierig darüber her und verschluckte seinen Tod in einem Bissen.

Warum hatte ich mich nicht mit Strychnin oder einem anderen noch gewaltsamern Gift versehen? Es war drei Uhr vorüber und die Wirkung meiner Erfindung ließ grausam lang auf sich warten. Gegen halb vier Uhr begann der Hund aus Leibeskräften zu heulen. Dabei hatte ich nicht viel gewonnen: Gebell oder Geheul, Wuth- oder Angstgeschrei ging Alles nach demselben Ziele, nach den Ohren des Hadschi Stavros. Bald aber wand sich das Thier in gräßlichen Krämpfen; es schäumte, würgte und machte gewaltige Anstrengungen, das Gift wieder heraus zu werfen. Es war ein süßes Schauspiel für mich, es bereitete mir ein wahres Göttervergnügen; doch nur der Tod des Feindes konnte mich retten, und der Tod ließ auf

200 Sechstes Kapitel.

sich warten. Ich hoffte, daß der Hund vom Schmerze überwältigt, mich vorbeilassen würde, doch hatte er es auf mich abgesehen: er zeigte mir den mit blutigem Schaum angefüllten Rachen, wie um mir meine Gabe vorzuwerfen und mir zu sagen, daß er nicht ungerächt sterben würde. Mein Taschentuch, das ich ihm zuwarf, zersetzte er eben so gründlich wie meinen Hut. Schon fing der Himmel

an, sich aufzuhellen, und ich ahnte, daß ich einen überflüssigen Mord begangen hatte. Noch eine Stunde und die Räuber mußten auf meiner Spur sein. Ich schaute nach jenem verwünschten Zimmer, welches ich auf immer glaubte verlassen zu haben und wohin mich die Macht eines Hundes zurückführen würde. Da plötzlich warf mich ein gewaltiger Wassersturz mit dem Gesicht zu Boden.

Stücke Rasens, Steine, Felsblöcke rollten mit einem Strom eisigen Wassers um mich her. Der Damm war gebrochen und der ganze Teich ergoß sich über meinen Kopf. Fieberfrost schüttelte mich, jede Welle nahm einen Theil meiner Körperwärme mit fort, mein Blut wurde so kalt wie dasjenige eines Fisches. Ich suchte mit meinen Blicken den Hund: er lag noch an der alten Stelle, mit dem Tode und den Elementen kämpfend, den Rachen weit geöffnet, die Augen unverwandt auf mich geheftet. Das mußte enden. Ich löste meine Pflanzentrommel von den Schultern und führte so gewaltige Hiebe damit nach jenem scheußlichen Kopfe, daß mir der Feind das Feld räumen mußte. Der Strom erfaßte ihn, drehte ihn zwei, drei Mal um sich selbst, und führte ihn fort, Gott weiß wohin.

Ich springe in's Wasser, es reicht mir bis an den halben Leib; ich klammere mich an die Felsen des Ufers; ich steige aus der Strömung, erreiche das Ufer, schüttele mich und rufe: „Hurrah! Mary-Ann soll leben!"

Plötzlich steigen vier Räuber aus dem Boden, fassen mich beim

Kragen mit den schrecklichen Worten: „Da bist du ja, Mörder! Kommt Alle her! wir haben ihn! Der König wird zufrieden sein! Wasilius soll gerächt werden!"

Es schien, als hätte ich, ohne es zu wollen, meinen Freund Wasilius ertränkt.

Zu jener Zeit hatte ich noch keinen Menschen umgebracht: Wasi‑

lius war der Erste. Seitdem habe ich manchen Anderen in's Jenseits befördert, aus reiner Nothwehr, um mein Leben zu retten; Wasilius ist der Einzige, dessen Tod mir Gewissensbisse verursacht

hat, obgleich die Ursache desselben eine sehr unschuldige Unvorsichtigkeit gewesen. Sie wissen was ein erster Schritt bedeutet! Kein von der Polizei entdeckter Mörder, welcher von Station zu Station auf den Schauplatz seines Verbrechens zurückgeführt wird, betrat denselben mit demüthiger gesenktem Haupte als ich. Ich wagte es nicht, die Augen zu

den ehrlichen Leuten, welche mich gefangen genommen hatten, zu erheben; ich fühlte nicht die Kraft in mir, ihre vorwurfsvollen Blicke zu ertragen; ich ahnte zitternd eine schreckliche Prüfung: ich war sicher, daß man mich vor meinen Richter und in die Gegenwart meines Opfers bringen würde. Wie sollte ich, nach dem was ich gethan hatte, die gerunzelte Stirn des Königs ertragen? wie den ent‑

seelten Leichnam des unglücklichen Wasilius wiedersehen, ohne vor Scham zu sterben? Mehr als ein Mal brachen meine Kniee unter mir zusammen, und ohne die Fußtritte, die von hinten auf mich einregneten, wäre ich unterwegs liegen geblieben.

Man führte mich durch das verödete Lager und das Cabinet des Königs, welcher mit einigen Verwundeten beschäftigt war, dann stieg oder vielmehr fiel ich die Treppe herab, die in mein Zimmer mündete. Das Wasser hatte sich verlaufen und Wände und Bäume waren mit Schlamm bedeckt. Eine letzte Pfütze stand noch an der Stelle, wo ich den Rasen weggenommen hatte. Die Räuber, der König und der Mönch umstanden im Kreise einen grauen, schlammigen Gegenstand, dessen Anblick mein Haar zu Berge sträubte:

es war Wasilius — bewahre Sie der Himmel davor, je die Leiche eines von Ihnen Getödteten sehen zu müssen! Wasser und Schlamm hatten bei ihrem Abfluß eine gräßliche Decke über ihm gebildet. Haben Sie je eine große Fliege gesehen, welche mehrere Tage in einer Spinnwebe gefangen war? Die Fabrikantin des Gewebes, die nicht weiß, wie sie sich eines solchen Gastes entledigen soll, umgiebt ihn mit einem graulichen Faden und verwandelt ihn in eine formlose, unkenntliche Masse; so sah Wasilius aus, wenige Stunden nachdem er mit mir getafelt. Ich fand ihn zehn Schritt von der Stelle entfernt, wo ich Abschied von ihm genommen. Ich weiß nicht, ob er von den Räubern dahin geschleppt worden war oder ob er sich im Todeskampfe selbst fortgewälzt hatte; doch bin ich geneigt zu glauben, daß sein Tod ein sanfter gewesen. Voll vom Weine, wie ich ihn verlassen, hatte er wahrscheinlich ohne Kampf irgend einem tüchtigen Gehirnschlage erliegen müssen.

Ein unheildrohendes Gemurmel begrüßte meine Ankunft. Hadschi Stavros, blaß und die Stirn in Falten, ging gerade auf mich zu, faßte mich beim linken Handgelenk und zog mich so heftig, daß ich glaubte, er würde mir den Arm ausrenken. Er warf mich mit solcher Hast in den Kreis, daß ich beinahe den Fuß auf den Leib meines Opfers setzte: schaudernd prallte ich zurück.

„Sehen Sie!" schrie er mir mit Donnerstimme zu; „sehen Sie, was Sie gethan haben! freuen Sie sich Ihres Werkes! sättigen Sie Ihre Augen an dem Anblicke Ihres Verbrechens! Unglücklicher! Werden Ihre Schändlichkeiten denn gar kein Ende finden? Wer hätte mir den Tag als ich Ihnen meine Thür öffnete, gesagt, daß ich einen Mörder einließe?"

Ich stotterte einige Entschuldigungen; ich versuchte meinem Richter klar zu machen, daß ich nur aus Unvorsichtigkeit gesündigt hätte ... ich klagte mich offen an, meinen Wächter betrunken gemacht zu haben, um mich seiner Aufsicht zu entziehen und ohne Hinderniß mein Gefängniß verlassen zu können, doch wehrte ich mich gegen die Anklage des Mordes. War es meine Schuld, wenn das steigende Wasser ihn eine Stunde nach meinem Abgange ertränkt hatte? Bewies der Umstand, daß ich ihm keinen einzigen Dolchstich versetzt, trotzdem er gänzlich betrunken war und ich Waffen in den Händen hatte, nicht zur Genüge, wie wenig ich ihm übel wollte? Man durfte ja seinen Körper nur waschen, um sich zu überzeugen, daß er unverletzt war.

„Jedenfalls," sagte der König, „müssen Sie gestehen, daß Ihre Unvorsichtigkeit eben so egoistisch als tadelnswerth ist! Da man Ihr Leben nicht bedrohte und man Sie nur wegen einer Summe Geldes hier zurückhielt, kann das Motiv Ihrer Flucht nur Geiz gewesen sein. Sie hofften nur die Ersparniß einiger Thaler zu machen; das Loos des armen Unglücklichen, den Sie sterbend hinter sich ließen, kümmerte Sie wenig. Sie haben auch nicht an mich gedacht, dem Sie einen unentbehrlichen Gehülfen nahmen. Und welchen Augenblick haben Sie gewählt, um uns zu verrathen?

Einen Tag, an welchem alles Unglück über uns hereinbricht; wo ich eben eine Niederlage erfahren, wo ich meine besten Soldaten verloren, wo Sophokles verwundet, der Korfiote sterbend und der junge Spiro, auf welchen ich rechnete, getödtet, wo meine Mannschaft müde und entmuthigt ist! In einem solchen Momente haben Sie den Muth gehabt, mich meines Wasilius zu berauben! Haben Sie denn gar kein menschliches Gefühl? War es nicht bei Weitem besser, als ehrlicher Gefangener Ihr Lösegeld zu zahlen, als sich nachsagen zu lassen, daß Sie um fünfzehntausend Drachmen ein Menschenleben geopfert haben?"

„Aber zum Teufel!" rief ich meinerseits, „Sie haben mehr getödtet und um einen geringeren Preis!"

Mit vernichtender Hoheit erwiderte er: „Das ist mein Beruf, Herr Doctor, nicht aber der Ihre. Ich bin Räuber, Sie sind Naturforscher, ich bin ein Grieche, Sie sind ein Deutscher!"

Darauf wußte ich freilich nichts zu antworten. Ich fühlte wohl an dem Zittern aller Fibern meines Herzens, daß ich nicht für den Beruf eines Henkers geboren worden. Der König, durch mein Schweigen ermuthigt, erhob die Stimme um einen Ton und fuhr in seiner niederschmetternden Rede fort:

„Wissen Sie, unglücklicher junger Mann, welch einem vortrefflichen Wesen Sie den Tod gegeben? Er war ein Abkömmling jener heldenmüthigen Räuber von Suli, welche so harte Kämpfe um die Religion und das Vaterland gegen Ali von Tebelen, Pascha von Janina, bestanden haben. Seit vier Generationen sind alle seine Vorfahren geköpft oder gehängt worden; nicht einer ist in seinem Bette gestorben. Es sind noch nicht sechs Jahre her, seitdem sein leiblicher Bruder an den Folgen eines Todesurtheils in Epirus umgekommen ist:

er hatte einen Muselmann ermordet. Muth und Frömmigkeit sind erblich in dieser Familie. Nie hat Wasilius seine religiösen

Pflichten versäumt. Er beschenkte die Kirche und die Armen. Zu Ostern brannte er eine dickere Kerze an, als die Anderen. Er wäre lieber gestorben, als daß er die Fasten übertreten oder nur an einem solchen Tage Fleisch gegessen hätte. Er sparte, um sich später in ein Kloster auf dem Berge Athos zurückziehen zu können. Wußten Sie das Alles?"

Ich bekannte demüthig, daß er mir davon gesagt.

„Wußten Sie auch, daß er der entschlossenste meiner Gefährten war? Ich will die persönlichen Verdienste derer, welche mir zuhören, keineswegs schmälern, aber Wasilius besaß eine blinde Hingebung, einen muthigen Gehorsam und einen ausdauernden Eifer, auf den man unter allen Umständen rechnen konnte. Keine Aufgabe war seinem Muthe zu schwer; seine Treue widerstand keiner Execution. Er hätte das ganze Königreich erwürgt, wenn ich es ihm befohlen hätte. Auf einen Wink meines kleinen Fingers hätte er seinem besten Freunde ein Auge ausgerissen. Und Sie haben mir ihn getödtet! Armer Wasilius! Wenn ich nun ein Dorf abzubrennen, einen Geizigen auf den Rost zu bringen, eine Frau in Stücke zu schneiden, ein Kind lebendig zu schinden haben werde, wer wird dich ersetzen?"

Sämmtliche Räuber, von dieser Leichenrede hingerissen, riefen einmüthig: „Wir! wir!" Einige streckten die Arme nach dem König aus, Andere zogen ihre Dolche aus der Scheide; die Eifrigsten zielten mit ihren Pistolen nach mir. Hadschi Stavros legte ihrer Begeisterung Zügel an: er deckte mich mit seinem Leibe und setzte seine Rede folgendermaßen fort:

„Tröste dich, Wasilius, du wirst nicht ungerächt bleiben. Wenn ich nur meinem Schmerze gehorchte, so würde ich deinem Andenken den Kopf deines Mörders opfern; doch ist derselbe fünfzehntausend Drachmen werth und dieser Gedanke hält mich zurück. Du selbst würdest mich, wenn du wie sonst deine Stimme im Rathe erheben könntest, bitten, sein Leben zu schonen; du würdest eine so kostspielige Rache zurückweisen. Wir sind augenblicklich nicht in der Lage, Thorheiten begehen und das Geld zum Fenster hinauswerfen zu dürfen."

Er schwieg einen Augenblick, ich schöpfte Athem.

„Aber," fuhr der König fort, „ich werde unsern Vortheil mit der Gerechtigkeit zu vereinen wissen. Der Schuldige soll gezüchtigt werden, ohne daß unser Vermögen dadurch gefährdet wird. Seine Strafe wird die schönste Feier deines Todes sein, und aus der Höhe der Wohnung der Palikaren, wohin deine Seele entflohen, wirst du mit Vergnügen der sühnenden Marter beiwohnen, welche uns nicht einen Heller kosten soll."

Diese Worte begeisterten die Zuhörer. Jedermann, ich selbstverständlich ausgenommen, war entzückt. Ich grübelte vergeblich darüber nach, was mir der König wohl könne vorbehalten haben, und war so wenig beruhigt, daß mir die Zähne zusammenschlugen. Gewiß konnte ich mich glücklich schätzen, mit dem Leben davonzukommen, und die Erhaltung meines Kopfes erschien mir kein ganz geringer Vorzug; doch wußte ich nur zu gut, wie erfinderisch diese hellenischen Ritter von der Landstraße sind. Hadschi Stavros konnte mir, ohne mich zu tödten, eine Strafe dictiren, welche mir das Leben verhaßt genug machen würde. Doch weigerte sich der alte Schurke, mir zu sagen, welche Marter er mir zugedacht habe. Er hatte so wenig Erbarmen mit meiner Angst, daß er mich zwang, vor Allem dem Begräbniß seines Lieutenants beizuwohnen.

Die Leiche wurde ihrer Kleider entledigt, an die Quelle getragen und dort gründlich gewaschen. Wasilius' Züge waren kaum verändert; sein halb offener Mund zeigte noch das schwerfällige Lächeln des Trunkenen, seine starren Augen blickten noch ebenso blöde. Die Glieder hatten an Biegsamkeit nichts verloren; die Steifigkeit des Todes tritt bei Personen, welche durch einen Unfall umgekommen, erst spät ein.

208 Sechstes Kapitel.

Der Cafedschi des Königs und seine Tschibukträger begannen die Toilette des Verschiedenen. Hadschi Stavros trug in seiner  Eigenschaft als Erbe die Kosten derselben. Wasilius hatte keine Angehörigen mehr und all' seine Habe fiel an den König. Man bekleidete die Leiche mit einem feinen Hemde, einem Rock von schönem Kattun und einer mit Silber gestickten Weste. Ueber sein feuchtes Haar wurde eine beinahe noch neue Mütze gezogen; die Beine, welche nicht mehr wandeln sollten, steckte man in Gamaschen; seine Füße versah man mit Pantoffeln von russischem Leder: der arme Wasilius war in seinem Leben sicher nie so reinlich und schön gewesen. Man färbte seine Lippen mit Carmin und sein Gesicht mit Weiß und Roth, wie einen ersten Liebhaber, welcher die Bühne betreten soll. Während der ganzen Operation spielte das Orchester der Räuber eine düstere Melodie, welche man öfters in den Straßen Athen's zu hören bekömmt. Ich wünsche mir Glück dazu, nicht in Griechenland gestorben zu sein, denn die Musik ist abscheulich und ich würde mich nie darüber trösten, nach den Tönen dieser Melodie beerdigt worden zu sein.

Vier Räuber begannen in der Mitte des Zimmers eine Grube zu graben, und zwar an der Stelle wo das Zelt der Madame Simmons gestanden und Mary-Ann geschlafen hatte. Zwei andere eilten in's Magazin, um Kerzen zu holen, welche sie an die Versammlung vertheilten. Ich erhielt eine, wie jeder Andere. Der Mönch stimmte die Liturgie für die Verstorbenen an. Hadschi Stavros psalmodirte mit fester Stimme die Responsorien, welche mich bis auf den Grund der Seele erschütterten. Durch einen schwachen aber beständigen Luftzug tropfte fortwährend das Wachs meiner Kerze wie glühender Regen auf meine Hand; doch war das leider eine Kleinigkeit gegen das, was meiner wartete. Ich hätte

gern diesen Schmerz für immer ausgehalten, wenn die Ceremonie
dadurch in's Unendliche verlängert worden wäre.

Indessen sie endete. Nachdem das letzte Gebet gesprochen war,
näherte sich der König feierlich der Trage, auf welcher die Leiche
ruhte und küßte sie auf den Mund. Die Räuber folgten einer
nach dem andern seinem Beispiel. Ich schauderte bei dem Gedanken,
daß die Reihe auch an mich kommen sollte und verbarg mich hinter
denen, welche ihre Rolle bereits gespielt hatten; doch sah mich der
König und mahnte mich: „Jetzt ist es an Ihnen. So gehen Sie
doch, Sie sind ihm das wohl schuldig!"

War das die mir angedrohte Buße? Ein gerechter Mann
hätte sich mit weniger begnügt. Ich kann Sie versichern, mein
Herr, daß es kein Kinderspiel ist, die Lippen einer Leiche zu küssen,
besonders wenn man sich ihren Tod vorzuwerfen hat. Indem ich
mich der Trage näherte, betrachtete ich dieses Antlitz, dessen offene
Augen meiner Verlegenheit zu spotten schienen; ich neigte den
Kopf und berührte die Lippen. Ein wie es schien zum Spaß auf-
gelegter Räuber legte seine Hand in meinen Nacken. Mein Mund

drückte sich platt auf die kalten Lippen; ich fühlte die Berührung der eisigen Zähne und richtete mich schaudernd wieder auf, einen

Leichengeruch mit mir nehmend, der mir noch jetzt, wenn ich daran denke, die Kehle zuschnürt. Die Frauen sind glücklich daran — ihnen steht in solchen Fällen eine Ohnmacht zu Gebote.

Nun endlich wurde der Körper in die Gruft gesenkt. Man warf ihm eine Handvoll Blumen, ein Brot, einen Apfel und einige Tropfen Aegina-Wein nach; des letzteren hätte er wohl am wenigsten bedurft. Das Grab schloß sich sehr schnell, viel schneller, als ich es wünschte. Ein Räuber bemerkte, daß man mit

zwei Stöcken ein Kreuz machen könne. Hadschi Stavros sagte ihm: „Warte nur ein wenig, wir werden die Stöcke des Mylord dazu nehmen." Sie können wohl glauben, daß das Herz in meiner Brust hämmerte. „Welche Stöcke? Was hatte ich mit Stöcken zu thun?"

Der König gab seinem Tschibukdschi ein Zeichen, worauf dieser nach dem Büreau lief und mit zwei langen Ruthen von Apollolorbeer wiederkehrte. Hadschi Stavros ergriff die Todtenbahre und trug sie auf das Grab. Er stützte sie auf den frisch aufgewühlten Boden, ließ sie an der einen Seite in die Höhe heben, während die andere die Erde berührte, und sagte lächelnd zu mir: „Ich bemühe mich für Sie. Legen Sie gefälligst Schuhe und Strümpfe ab."

Die Flucht.

Er mußte eine angstvolle und entsetzte Frage in meinen Augen lesen, denn er antwortete auf die Worte, welche ich nicht auszusprechen wagte:

„Ich bin nicht grausam und habe immer unnöthige Härte verabscheut. Deshalb will ich Ihnen eine Strafe zuerkennen, welche uns zu Statten kommt, indem sie uns der Nothwendigkeit überhebt, Sie künftig zu bewachen. Seit einigen Tagen sind Sie von einer Manie, davon zu laufen, befallen. Ich hoffe, daß, wenn Sie zwanzig Stockhiebe auf die Fußsohlen erhalten haben, Sie keines Wächters mehr bedürfen werden und Ihre Leidenschaft für das Reisen sich etwas legen wird. Es ist eine Strafe, die ich kenne; die Türken haben sie noch in meiner Jugend angewendet und ich weiß aus Erfahrung, daß man nicht daran stirbt. Es thut übrigens tüchtig weh; Sie werden schreien, das sage ich Ihnen vorher. Wasilius wird Sie in der Tiefe seines Grabes hören und zufrieden sein."

Bei dieser Eröffnung war mein erster Gedanke, die Beine zu gebrauchen, so lange ich noch frei über dieselben verfügen konnte. Doch ist es wahrscheinlich, daß meine Willenskraft sehr schwach war, denn es schien mir unmöglich, einen Fuß vor den andern zu setzen. Hadschi Stavros hob mich mit derselben Leichtigkeit in die Höhe, wie wir ein Insect vom Wege auflesen. Ich fühlte, daß ich gebunden und meine Füße entblößt wurden, ehe ein Gedanke aus meinem Gehirn bis in meine Glieder gelangen konnte. Ich weiß nicht, auf was man meine Füße legte, noch wie man es verhinderte, daß sie beim ersten Schlag bis auf meinen Kopf hinauffuhren. Die beiden Ruthen umkreisten mich, die eine zur Rechten, die andere zur Linken: ich schloß die Augen und wartete.

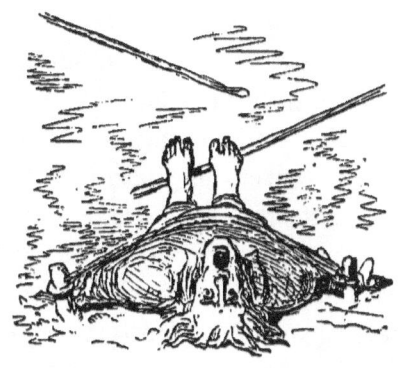

Dies brauchte ich gewiß nicht so lange, als den zehnten Theil einer Secunde zu thun, und doch fand ich während dieser Zeit Muße, meinem Vater einen Segenswunsch, Mary-Ann einen Kuß und der Madame Simmons und John Harris in Gemeinschaft mehr als hunderttausend Verwünschungen zuzusenden.

Die Besinnung verließ mich keinen Augenblick; es ist dies ein Glück, das mir versagt ist, wie ich Ihnen schon bemerkt habe. Auch ging mir nichts verloren. Ich fühlte alle Stockhiebe, einen nach dem anderen. Der erste war so heftig, daß ich glaubte, es würde für die folgenden nichts übrig bleiben. Er traf mich in die Mitte der Sohle in der kleinen Höhlung, welche der Ferse vorangeht und den Körper des Menschen trägt. Es war nicht der Fuß, der mich diesmal schmerzte. Ich meinte, die Knochen meines armen Beines müßten in Stücke springen. Der zweite traf tiefer, gerade auf die Ferse; er verursachte mir eine heftige, anhaltende Erschütterung, welche sich die Wirbelsäule entlang bis in mein Gehirn erstreckte und meinen Kopf, welcher zerspringen zu wollen schien, mit einem entsetzlichen Lärm erfüllte. Der dritte berührte die Zehen und verursachte mir einen stechenden, schneidenden Schmerz, welcher sich der ganzen Vorderseite meines Körpers mittheilte und mich einen Augenblick glauben ließ, daß das Ende des Stockes mir die Nase aufgestülpt habe. In diesem Augenblicke erinnere ich mich, daß Blut zu fließen begann. Die Schläge folgten sich in derselben Ordnung und an denselben Stellen in gleichmäßigen Pausen. Ich hatte Muth genug, bei den zwei ersten zu schweigen; beim dritten schrie, beim vierten heulte ich und wimmerte beim fünften und den folgenden. Beim zehnten hatte der Körper nicht mehr Kraft genug, Klagelaute auszustoßen — ich schwieg. Doch verminderte die Lähmung meiner physischen Kräfte keineswegs die Klarheit meines Wahrnehmungsvermögens. Ich wäre unfähig gewesen, auch nur die Augenlider emporzuheben, und doch traf das geringste Geräusch mein Ohr. Kein Wort, welches in meiner Nähe gesprochen wurde, entging mir. Ich hörte einen jungen Räuber zum Könige sagen: „Er ist todt. Warum zwei Menschen ohne Nutzen ferner anstrengen?" Hadschi Stavros erwiderte: „Fürchte nichts. Ich habe sechzig auf einer Stelle erhalten und zwei Tage später tanzte ich die Romaika."

„Wie war das möglich?"

„Ich habe die Salbe eines italienischen Renegaten Namens Luigi=Bey gebraucht . . . . . Wie weit sind wir? Wie viel Stockschläge?"

„Siebzehn."

„Noch drei, Kinder; und führt die drei letzten mit Bedacht."

Der Stock mühte sich vergebens. Die letzten Schläge fielen auf eine blutende, aber unempfindliche Masse. Der Schmerz hatte mich beinahe gelähmt.

Man hob mich von der Bahre auf, löste die Stricke und wickelte meine Füße in Umschläge von frischem Wasser, auch ein großes Glas Wein wurde mir gereicht, da ich wie ein Verwundeter dürstete. Mit den Kräften kam mir der Zorn wieder. Ich weiß nicht, ob es vielen wie mir geht: ich kenne nichts Demüthigenderes, als eine körperliche Züchtigung. Der Gedanke, daß der Herr der Schöpfung auch nur für eine Minute Sclave eines elenden Stocks

sein soll, ist mir unerträglich. Im neunzehnten Jahrhundert geboren sein, den Dampf und die Electricität beherrschen, einen guten Theil der Geheimnisse der Natur besitzen, Alles, was die Wissenschaft für das Wohl und die Sicherheit des Menschen erfunden, gründlich kennen — und sich nicht gegen Stockschläge wehren können, das ist wahrlich ein wenig stark! Wäre ich Soldat gewesen und körperlichen Züchtigungen unterworfen worden, ich hätte meine Vorgesetzten unfehlbar umgebracht.

Als ich mich auf der schlüpfrigen Erde sitzen sah, die Füße von Schmerz gelähmt, die Hände abgestorben, — als ich die Männer, welche mich geschlagen, und diejenigen, die mich hatten schlagen sehen, um mich erblickte, regte Zorn, Scham, das Gefühl der

beleidigten Würde, der mißachteten Gerechtigkeit, der durch Rohheit
verletzten geistigen Ueberlegenheit in meinem hinfälligen Körper
eine Wallung von Haß, Empörung und Rache an. Ich vergaß
Alles, Berechnung, Interesse, Klugheit, Zukunft, ich ließ aller Er-
bitterung, die auf mir lastete, freien Lauf; ein Strom wüthender
Verwünschungen entschlüpfte meinen Lippen und die überschäumende
Galle ergoß ihre gelben Wellen bis in das Weiße meiner Augen.
Ich bin sicherlich kein guter Redner, da die vielen einsamen Stun-
den, die ich mit meinem Studium zugebracht, mich zur gewandten
Anwendung der Worte wenig geschickt gemacht haben; doch die
Entrüstung, die schon Dichter geschaffen, gab mir auf eine
Viertelstunde die Beredtsamkeit jener cantabrischen Gefangenen,
welche die Seele unter Verwünschungen aushauchten und ihren
letzten Seufzer den sieghaften Römern ins Gesicht spieen. Alles

was einen Menschen in seinen heiligsten Gefühlen, seiner eigen-
sten Individualität verletzen kann, sagte ich Hadschi Stavros.
Ich reihte ihn den niedrigsten Thieren an und versagte ihm Alles
bis auf den Namen eines Menschen; ich beschimpfte ihn in seiner
Mutter, seiner Tochter und allen seinen Nachkommen. Ich möchte

Ihnen wirklich wiederholen können, was ich ihm Alles zu hören gab, doch heute bei kaltem Blute die Worte wiederzufinden ist mir unmöglich. Damals habe ich welche von jeder Art erfunden, Worte, die in keinem Wörterbuche stehen und doch verstanden wurden, denn eine Zuhörerschaft von Sträflingen heulte unter meinen Reden, wie eine Meute Hunde unter der Peitsche des Jägers. Doch im Gesicht des alten Palikaren, so sehr ich es auch beobachtete, alle Muskeln seines Antlitzes und alle Runzeln seiner Stirn mit Eifer studirte, konnte ich keine Spur von Rührung entdecken. Hadschi Stavros blieb so unbeweglich und kalt wie eine Statue. Meinen Beleidigungen setzte er die frechste Verachtung entgegen. Sein Benehmen reizte mich zum Wahnsinne, versetzte mich in Raserei. Eine blutigrothe Wolke umflorte meine Augen. Ich erhebe mich plötzlich auf meine zerfleischten Füße, sehe eine Pistole in dem Gürtel eines Räubers, entreiße sie ihm, ziehe den Hahn auf, ziele auf Armeslänge nach dem König, der Schuß fällt — ich sinke zurück mit den Worten: „Ich bin gerächt."

Er selbst richtete mich in die Höhe. Ich betrachtete ihn mit demselben Entsetzen, mit dem ich ihn aus der Hölle hätte aufsteigen sehen. Er schien nicht erschüttert, er lächelte mit der Ruhe eines Unsterblichen. Und doch hatte ich ihn nicht verfehlt. Meine Kugel hatte seine Stirn gestreift, kaum einen halben Zoll über der linken Augenbraue: eine blutige Spur zeigte die Stelle. Sei es, daß die Waffe schlecht geladen, oder das Pulver unbrauchbar gewesen, sei es vielmehr, daß der Schuß am Schädelknochen abgeprallt, genug, meine Pistole hatte ihn nur geritzt.

Das unverwundbare Monstrum setzte mich sanft auf den Boden, neigte sich zu mir und zog mich beim Ohr, indem es fragte: „Warum versuchen Sie Unmögliches, junger Mann? Ich habe Ihnen gesagt, daß mein Kopf kugelfest ist, und ich lüge nie. Hat man Ihnen noch nicht erzählt, daß mich Ibrahim durch sieben Egyptier erschießen ließ, und meine Haut doch nicht erhielt? Hoffentlich bilden Sie sich nicht ein, mehr ausrichten zu können, als sieben Egyptier! Doch darf ich Ihnen das Compliment nicht vorenthalten, daß Sie für einen Nordländer eine leichte Hand haben. Sie machen einem zu

schaffen; zum Teufel! wenn mich meine Mutter, von welcher Sie eben noch so leichtfertig sprachen, nicht dauerhaft construirt hätte, es war nahe daran, so hätte man mich in die Erde scharren dürfen. Jeder Andere an meiner Stelle wäre ohne Weiteres abgefahren. Was mich betrifft, so verjüngen mich solche Dinge; sie bringen mir die gute alte Zeit wieder so recht lebhaft vor Augen. In Ihrem Alter wagte ich mein Leben wenigstens vier Mal des Tages und verdaute nur desto besser. Nun, ich bin Ihnen nicht böse und verzeihe Ihnen Ihre Heftigkeit. Da aber nicht alle meine Unterthanen kugelfest sind und Sie sich zu einer neuen Unvorsichtigkeit könnten hinreißen lassen, so werden wir Ihren Händen dieselbe Behandlung wie Ihren Füßen angedeihen lassen. Nichts hindert mich dies auf der Stelle zu thun, doch werde ich im Interesse Ihrer Gesundheit bis morgen warten. Sie sehen, der Stock ist eine gutmüthige Waffe, er bringt die Menschen nicht um; Sie haben eben selbst bewiesen, daß ein geschlagener Mann zwei andere werth ist. Die morgende Ceremonie wird Sie beschäftigen. Gefangene wissen ohnehin nicht, was sie mit ihrer Zeit anfangen sollen. Der Müßiggang hat Sie auf schlechte Gedanken gebracht. Uebrigens seien Sie ganz ruhig: sobald Ihr Lösegeld angelangt sein wird, sollen Ihre Beschädigungen geheilt werden. Ich habe noch von dem Balsam des Luigi=Bey. Nach zwei Tagen wird nichts mehr zu sehen sein und Sie werden beim Hofball herrlich walzen können, ohne Ihre Tänzerinnen merken lassen zu müssen, daß sie sich am Arme eines zerprügelten Ritters befinden."

Ich bin kein Grieche und Beschimpfungen verletzen mich ebenso empfindlich, als Schläge. Ich wies dem alten Schurken die Fäuste und schrie aus Leibeskräften:

„Nein, Elender, mein Lösegeld wird nie bezahlt werden! ich habe von Niemandem Geld verlangt! Von mir sollst du wenigstens nur den Kopf erhalten, welcher dir nichts nützen wird. Du kannst ihn gleich haben, wenn du willst. Du erweisest mir und dir einen Gefallen damit. Mir ersparst du zwei Marterwochen und vor Allem den Abscheu, dich sehen zu müssen, was schlimmer ist als alles Andere; dir ersparst du die Ausgaben zu meiner Verköstigung für vierzehn Tage. Versäume nicht, meinem Rath zu folgen, es ist die einzige Wohlthat, welche du mir erweisen kannst."

Er lächelte und meinte achselzuckend: „Ta! ta! ta! ta! So sind die jungen Leute. Uebertrieben in allen Dingen! . . . schütten das Kind mit dem Bade aus! Wenn ich Ihnen folgte, würde ich es schon in acht Tagen wie auch Sie bereuen. Die Engländerinnen werden zahlen, ich glaube es gewiß annehmen zu dürfen, da ich mir noch einige Kenntniß der Frauen zutraue, obgleich ich seit langer Zeit in der Einsamkeit lebe. Was würde man sagen, wenn ich Sie heute umbrächte und das Lösegeld morgen käme? Man würde das Gerücht verbreiten, daß ich mein Wort gebrochen habe, und meine künftigen Gefangenen ließen sich wie die Lämmer abschlachten, ohne auch nur einen Heller von ihren Verwandten zu verlangen. Ich darf mir mein Gewerbe nicht verderben."

„So glaubst du kluger Mann, daß dich die Engländerinnen bezahlt haben? Ja, sie haben dich nach Verdienst belohnt, das muß man ihnen lassen."

„Sie sind zu gütig."

„Ihr Lösegeld wird dich achtzigtausend Drachmen kosten, hörst du? Achtzigtausend Drachmen aus deiner Tasche!"

„Sprechen Sie doch nicht solch verwirrtes Zeug; man könnte fürchten, die Stockschläge hätten anstatt der Füße Ihr Gehirn getroffen."

„Ich spreche nur die Wahrheit. Entsinnst du dich des Namens deiner Gefangenen?"

„Nein, doch habe ich ihn schriftlich."

„Ich will deinem Gedächtnisse nachhelfen. Die Dame hieß Madame Simmons."

„Nun — und —?

„Theilhaberin des Hauses Barley in London."

„Meines Bankiers?"

„Desselben."

„Woher weißt du den Namen meines Bankiers?"

„Warum dictirst du deine Correspondenz in meiner Gegenwart?"

„Was thut das übrigens? Sie können mich nicht betrügen; sie sind keine Griechen, sie sind Engländer; die Gerichte .... ich werde klagen!"

„Und du wirst verlieren. Sie haben eine Quittung."

„Das ist wahr. Aber durch welchen Zufall gab ich ihnen auch eine Quittung?"

„Weil ich dir es gerathen habe, armer Mann!"

„Elender! falsch getaufter Hund! Schismatiker der Hölle! Du hast mich zu Grunde gerichtet! Du hast mich verrathen! Du hast mich bestohlen! Achtzigtausend Drachmen! ich bin betrogen! Und wären die Barleys wenigstens Bankiers unserer Gesellschaft! Ich verlöre dann nur meinen Antheil! Doch sie haben meine Privat-Capitalien, und ich werde Alles verlieren. Bist du wenigstens gewiß, daß sie Theilhaberin des Hauses Barley ist?"

„So gewiß, als daß ich heute sterben werde."

„Nein, du sollst erst morgen sterben. Du hast nicht genug gelitten. Man wird dich für achtzigtausend Drachmen quälen. Was soll ich dir für eine Marter auferlegen? .. Achtzigtausend Drachmen! — achtzigtausend Mal den Tod erleiden würde zu wenig sein! Was habe ich jenem Schurken gethan, der mir vierzig-

tausend gestohlen? Pah! Ein Kinderspiel, ein Scherz! Er hat
kaum zwei Stunden geheult! Ich muß etwas Besseres finden. Aber
wenn es zwei Häuser desselben Namens gäbe?"

„Cavendish Square 31."

„Ja, ja, so ist's! Elender Mensch, warum hast du mich nicht
gewarnt, statt mich zu verrathen? Ich hätte ihnen das Doppelte
abverlangt. Sie hätten es bezahlt; sie können es. Ich hätte keine
Quittung gegeben; ich werde keine mehr geben.... Nein! nein!
es ist das letzte Mal!.... ‚Hunderttausend Drachmen von
Madame Simmons erhalten!' Welch' abgeschmackte Redensart!
Ich, ich habe so etwas dictirt!?.... Doch da fällt mir ein: ich
unterschrieb den Wisch ja nicht. Ja, aber mein Siegel ist so gut
wie meine Unterschrift: sie haben zwanzig Briefe von mir. Warum
hast du diese Quittung von mir verlangt? Was erwartetest du
von den beiden Frauen? Fünfzehntausend Drachmen als dein
Lösegeld?.... Egoismus überall!.... Du hättest dich mir ent=
decken sollen, ich hätte dich umsonst freigegeben; ich hätte dich sogar
bezahlt. Wenn du arm bist, wie du behauptest, so mußt du wissen,
wie viel das Geld werth ist. Kannst du dir auch nur die Summe
von achtzigtausend Drachmen vorstellen? Weißt du, wie viel sie
in einem Zimmer Raum einnimmt? wie viel Goldstücke dazu
gehören? und wie viel
man durch Umtreiben mit
achtzigtausend Drachmen
gewinnen kann? Es ist
ein Vermögen, Unglück=
licher! Du hast mir ein
Vermögen gestohlen! Du
hast meine Tochter, das
einzige Wesen auf der
Welt, welches ich liebe,
beraubt. Für sie nur ar=
beite ich ja. Doch wozu
sage ich dir alles dies; da du meine Verhältnisse kennst, so wirst
du ja wissen, daß ich das Gebirge ein Jahr lang durchstreifen

muß, ehe ich vierzigtausend Drachmen verdiene. Du hast mir zwei Jahre meines Lebens entrissen, es ist gerade als hätte ich zwei Jahre lang geschlafen."

Endlich, endlich hatte ich also die verwundbare Stelle gefunden! Der alte Palikare war in's Herz getroffen. Ich wußte, daß mein Maß voll war, ich hoffte keine Gnade, und doch empfand ich noch etwas wie Vergnügen dabei, auf dieses eherne Antlitz, diese steinerne Maske Zeichen der Wuth zu locken. Es war mir eine wahre Wonne, das krampfhafte Zucken der Leidenschaft in den Runzeln seiner Stirn zu verfolgen, gleich einem Schiffbrüchigen, der auf wilder See von Weitem die Welle anstaunt, die ihn verschlingen wird. Ich sagte mir mit Stolz: „In Qualen werde ich hinsterben, doch als Meister meines Meisters und als Henker meines Henkers."

VII.

John Harris.

Der König stellte sich der mir aufzuerlegenden Strafe wie ein seit Tagen Hungernder einer guten Mahlzeit gegenüber. Er musterte jedes Gericht, d. h. jede Tortur einzeln, in düsterm Brüten wohl hundert Mal seine vertrockneten Lippen mit der Zunge netzend. Die Wahl wurde ihm schwer; er schlug mit den Fäusten gegen seine Stirn, wie um mit Gewalt etwas herauszutreiben; doch schien es, als jagten sich in seinem Gehirn die Ideen so schnell und zahlreich, daß es ihm schwer wurde, eine im Fluge festzuhalten. „Redet doch!" rief er seinen Unterthanen zu. „Rathet mir! Zu was seid ihr denn überhaupt da, wenn ihr mir nicht einmal einen Rath geben könnt? Soll ich warten, bis der Korfiote zurückkehrt, oder Wasilius aus der Tiefe seiner Gruft die Stimme erhebt? Könnt ihr Bestien nicht eine Marter ausdenken, welche achtzigtausend Drachmen werth ist?"

Da meinte der junge Tschibukbschi, ihm käme ein guter Gedanke. „Ein Offizier," begann er, „ist dir gestorben, ein anderer ist abwesend und ein dritter verwundet. Setze ihre Stellen als

Preis aus; versprich uns, daß wer dich am besten zu rächen versteht, in die Stellen des Sophokles, des Korfioten und des Wasilius nachfolgen soll."

Hadschi Stavros lächelte dieser Erfindung Beifall zu. Er streichelte das Kinn des jungen Burschen, indem er in wohlwollendem Tone zu ihm sagte:

„Du bist ehrgeizig, kleiner Mann. Desto besser! Der Ehrgeiz ist der Sporn des Muthes. — Sei es um die Preisbewerbung; es ist eine moderne, eine europäische Idee und das gefällt mir. Zur Belohnung sollst du auch deine Ansicht zuerst aussprechen dürfen, und wenn dir etwas Gutes einfällt, so soll Wasilius keinen andern Erben bekommen als dich."

„Ich möchte," grinste der junge Bursche, „dem Mylord einige Zähne ausreißen, ihm einen Zaum in den Mund legen und ihn so aufgezäumt laufen lassen, bis er vor Erschöpfung zusammenbräche."

„Seine Füße sind zu krank; er würde beim zweiten Schritt hinstürzen. — Etwas Besseres, ihr andern! Die Reihe ist an euch: Tamburis, Mustakas, Coltziba, Milotis! Redet, ich höre!"

„Ich," rieth Coltziba, „ich würde ihm kochende Eier in den Achselgruben zerbrechen. Ich versuchte das einmal an einer Frau aus Magira und hatte viel Vergnügen dabei."

„Und ich," versicherte Tamburis, „würde ihn mit einem Felsen von fünfhundert Pfund auf der Brust auf die Erde legen. Man speit Blut und streckt die Zunge heraus; das ist ganz nett."

„Und du, Milotis," wandte sich Hadschi Stavros an den Betreffenden, „was meinst du?"

„Ich würde ihm Essig in die Nasenlöcher reiben und Dornen unter alle Nägel stechen. Man niest ganz entzückend und weiß nicht, was man mit seinen Händen anfangen soll."

Mustakas war einer der Köche der Bande. Er schlug vor,

mich bei langsamem Feuer zu braten. Das Gesicht des Königs heiterte sich auf.

Der Mönch wohnte der Berathung bei und ließ die andern reden, ohne bis jetzt eine Meinung kund gegeben zu haben; doch schien er sich meiner nach dem Maaße seiner Fähigkeit erbarmen und mir nach dem Grade seiner Einsicht beistehen zu wollen, denn nun meinte er: „Mustakas ist zu grausam. Man kann den Mylord schon quälen, ohne ihn lebendig zu verbrennen. Wenn ihr ihn mit gesalzenem Fleisch nähret und ihm zu trinken versaget, so würde er lange aushalten, viel leiden und der König hätte seiner Rache genug gethan, ohne den Zorn des Himmels auf sich zu ziehen. Es ist ein sehr uneigennütziger Rath, den ich euch ertheile; ich gewinne nichts dabei; doch möchte ich alle Theile zufrieden gestellt wissen, da das Kloster seine Zehnten erhalten hat."

„Halt!" unterbrach ihn der Cafedschi. „Guter Alter, mir kommt ein Gedanke, der besser ist, als der deine. Ich verurtheile den Mylord zum Hungertode. Die andern mögen ihn quälen nach Belieben — ich werde Niemandem hinderlich sein — doch werde ich vor seinem Munde Wache stehen und will Sorge tragen, daß weder ein Tropfen Wasser noch ein Krümchen Brod in denselben kommt. Die Anstrengungen werden seinen Hunger verdoppeln, die Wunden seinen Durst erregen und alle Mühe der Andern wird schließlich zu meinem Nutzen dienen. Was sagst du dazu, gnädigster König und Herr? Ist das gut erdacht und wirst du mich zum Nachfolger des Wasilius ernennen?"

„Geht alle zum Teufel!" rief der König. „Ihr würdet weniger gemüthlich Rath pflegen, wenn der Elende euch achtzigtausend Drachmen gestohlen hätte. Nehmt ihn mit in das Lager und amüsirt euch mit ihm. Doch wehe dem Ungeschickten, der mir ihn aus Versehen tödtet! Dieser Mensch soll nur von meiner Hand sterben. Ich erwarte, daß er mir an Vergnügen zurückerstattet, was er mir an Geld gestohlen hat. Er wird das Blut seiner

15

Adern tropfenweise vergießen, wie ein schlechter Zahler, der Münze für Münze abträgt."

Sie können kaum glauben, mit welchen Banden auch der unglücklichste Mensch noch am Leben hängt. Gewiß sehnte ich mich unendlich nach dem Tode; und, was mir Bestes begegnen konnte, war ohne Zweifel mit einem Schlag zu enden. Und doch regte sich eine geheime Freude in mir bei dieser Drohung des Hadschi Stavros. Ich segnete die Dauer meiner Qual. Ein Strahl von Hoffnung stahl sich in den Grund meines Herzens. Hätte mir eine mitleidige Seele angeboten, mir eine Kugel vor den Kopf zu schießen, so würde ich mir das Ding doch erst bedacht haben.

Vier Räuber faßten mich bei Kopf und Füßen und schleppten mich einem heulenden Ballen gleich durch das Cabinet des Königs. Meine Stimme erweckte Sophokles auf seinem Lager. Er rief seine Gefährten, ließ sich die Neuigkeiten erzählen und verlangte mich in der Nähe sehen zu dürfen. Es war die Grille eines Kranken. Man warf mich ihm zur Seite auf die Erde.

„Mylord," sagte er zu mir, „wir sind beide sehr heruntergekommen; doch könnte man zehn gegen eins wetten, daß ich mich eher erholen werde als Sie. Mir scheint, man will mir bereits einen Nachfolger geben. Wie ungerecht die Menschen sind! Meine Stelle zum Preis auszusetzen! — nun wohl, ich will mich auch noch darum bewerben. Sie werden zu meinen Gunsten sprechen und durch Ihre Klagen bezeugen, daß Sophokles noch nicht gestorben ist. Man wird Ihnen Arme und Beine binden und ich übernehme es, Sie mit einer Hand eben so wacker zu quälen, als der gesündeste jener Herren!"

Dem Elenden zu Gefallen band man mir die Arme. Er ließ sich nach mir wenden und fing an, mir die Haare einzeln auszuraufen mit einer Sorgfalt und Geduld, als ob er in seinem Leben nichts anderes gethan hätte. Als ich sah, worauf sich diese neue Marter beschränkte, glaubte ich, der Verwundete, von meinem Elende gerührt und durch seine eigenen Schmerzen milder gestimmt, habe mich seinen Kameraden entziehen und mir eine Stunde der Rast gönnen wollen. Das Ausziehen eines Haares ist bei Weitem nicht so schmerzhaft als der Stich einer Nadel. Die zwanzig ersten ließ ich ohne Bedauern fahren und wünschte ihnen von Herzen glückliche Reise. Doch bald sollte ich anders denken lernen. Die Kopfhaut, von tausend unsichtbaren Verletzungen gereizt, entzündete sich; ein dumpfes, dann deutlicheres und endlich ganz unerträgliches

Jucken verbreitete sich über meinen Kopf. Ich wollte mit den Händen danach fassen; ich begriff nun, warum der Schurke sie hatte binden lassen. Die Ungeduld erhöhte meine Qual; alles Blut drängte sich mir nach dem Hirne. Jedes Mal, wenn die Hand des Sophokles sich meinem Haar näherte, durchlief ein schmerzhaftes Zittern meinen ganzen Körper. Tausend unbegreifliche Stiche wurden in meinen Armen und Beinen fühlbar. Das auf's Aeußerste gereizte Nervensystem umgab mich gleich einem qualvollen Gewebe schlimmer als das Gewand der Dejanira. Ich wälzte mich an der Erde, schrie, bat um Gnade und wünschte mir Stockschläge auf die Fußsohlen zurück. Der Henker erbarmte sich meiner nicht eher, bis die Erschöpfung ihn selbst übermannte. Als er fühlte, daß sich sein Blick trübte, Kopf und Arm schwer wurden, machte er eine letzte Anstrengung, wühlte mit seinen Fingern in meinem Haar, faßte eine Hand voll und sank auf sein Lager zurück, indem er mir einen Schrei der Verzweiflung auspreßte.

„Nun komm' mit mir," sagte Mustafa. „Du sollst beim Feuer

entscheiden, ob ich so viel werth bin als Sophokles und wer den Offizierspoften verdient."

Er hob mich wie eine Feder auf und trug mich in's Lager vor einen Haufen Kienholz und aufgethürmten Reißigs; dann befreite er mich von meinen Stricken und entblößte mich, die Hosen ausgenommen, von meinen sämmtlichen Kleidungsstücken. „Du sollst," sagte er mir, „mein Küchenjunge sein. Wir werden Feuer anmachen und zusammen des Königs Mahlzeit bereiten."

Er zündete an und legte mich zwei Fuß von dem flammenden Haufen entfernt auf den Rücken. Das Holz knisterte; die glühenden Funken flogen wie Hagel um mich her; die Hitze ward unerträglich. Ich schleppte mich mit den Händen etwas weiter, doch kam er mit einer Schmorpfanne wieder und schob mich mit dem Fuß auf die frühere Stelle zurück.

„Gieb wohl Acht," sagte er, „und laß dich von mir belehren. Hier ist Fleisch von drei Lämmern; es ist die Ration für zwanzig Mann. Der König wird die besten Stücke für sich auswählen; das Uebrige vertheilt er an seine Freunde. Du gehörst gegenwärtig nicht zu den letzteren, und wenn du von meiner Küche zu kosten bekömmst, so wird es wohl nur mit den Augen sein."

Bald machte mir das Zischen des Bratens doppelt fühlbar, daß ich seit gestern fastete. Mein Magen ward meinen Henkern ein tapferer Helfershelfer — ich hatte einen Feind mehr. Muſtafa brachte die Pfanne dicht vor meine Augen, so daß das gefärbte Fleisch vor meinen Blicken glänzte; er ließ mich den lieblichen Duft des gebratenen Lammes einziehen. Plötzlich bemerkte er, daß er vergessen hatte, es zu würzen und er lief Salz und Pfeffer zu holen, die Pfanne meiner Obhut überlassend. Mein erster Gedanke war, ein Stück Fleisch daraus zu nehmen; doch standen die Räuber nur zehn Schritte entfernt, sie hätten mich bei Zeiten daran gehindert: „Wenn ich wenigstens noch," dachte ich, „mein Päckchen

Arsenik bei mir hätte." Was konnte ich damit gemacht haben? In die Pflanzentrommel hatte ich es nicht wieder gesteckt... Ich griff mit den Händen in meine Taschen — und zog ein beschmutztes Papier und eine Handvoll des wohlthätigen Pulvers heraus, welches mich vielleicht retten, oder wenigstens rächen sollte.

Mustakas kam in dem Augenblick zurück, als ich meine geöffnete rechte Hand noch über der Pfanne hielt. Er packte meinen Arm, durchbohrte mich mit den Augen und sagte mit drohender Stimme: „Ich weiß, was du gethan hast!"

Muthlos ließ ich meinen Arm sinken. Der Koch wiederholte:

„Du hast etwas an die Speise des Königs gethan?"

„Ich? Was denn wohl?"

„Gewiß einen Zauber. Doch was thut's! Glaube mir, mein armer Freund, Hadschi Stavros ist ein größerer Zauberer als du. Ich werde ihm seine Mahlzeit auftragen und meinen Theil davon erhalten; du aber sollst leer ausgehen."

„Wohl bekomme es dir."

Er ließ mich vor dem Feuer, mich einem Dutzend Räubern zur Obhut anempfehlend, welche schwarzes Brod mit bitteren Oliven verzehrten. Diese Spartaner leisteten mir für ein paar Stunden Gesellschaft. Sie unterhielten das Feuer mit der Sorgfalt eines Krankenwärters. Versuchte ich es zuweilen mich von dem Orte meiner Qual etwas zu entfernen, so schrieen sie: „Nimm dich in Acht, du wirst dich erkälten!" Und sie schoben mich mit großen brennenden Stöcken bis an die Flammen zurück. Mein Rücken war mit rothen Flecken bedeckt, meine Haut schwoll in brennenden Blasen auf, meine Wimpern krümmten sich an der Hitze des Feuers, meine Haare strömten einen Geruch wie verbranntes Horn aus, von dem ich ganz betäubt war; und doch rieb ich mir (allerdings nur innerlich) die Hände bei dem Gedanken, daß der König von meiner Küche kosten und der Parnaß noch heute etwas ganz Neues erleben würde.

Bald erschienen die Gäste des Hadschi Stavros wieder im Lager mit gefülltem Magen, glänzenden Augen und strahlendem Gesicht: „Wartet!" dachte ich bei mir, „eure Freude und Gesund=

heit wird wie eine Maske sinken und ihr werdet jeden Bissen der Mahlzeit, welche ich euch gewürzt habe, von Herzen verwünschen!" Die berühmte Lokusta muß köstliche Augenblicke in ihrem Leben gehabt haben: Wenn man gegründete Ursache hat, die Menschen zu hassen, so ist es eine Wonne für die erbitterte Seele, ein kräftiges Wesen vor sich zu sehen, welches geht, steht, lacht und singt, während es den Keim des Todes, der es bald ganz vernichten soll, in seinen Eingeweiden trägt. Man mag dabei ungefähr dasselbe Vergnügen haben, welches ein geschickter Arzt beim Anblick eines Sterbenden empfindet, den er die Macht hat in's Leben zurück= zurufen. Lokusta trieb die Arzneikunde in umgekehrter Ordnung und ich auch.

Meine gehässigen Betrachtungen wurden durch einen ungewöhn= lichen Lärm unterbrochen. Die Hunde bellten im Chor und ein athemloser Bote erschien auf der Plattform, die ganze Meute hinter sich. Es war Dimitri, der Sohn des Christobulos. Einige von den Räubern geworfene Steine befreiten ihn von seinem Gefolge. Er schrie schon von Weitem: „Der König! wo' ist der König, ich muß mit dem Könige sprechen!" Als er zwanzig Schritt von uns ent= fernt war, rief ich ihn mit kläglicher Stimme. Er war über den Zustand, in welchem er mich sah, entsetzt und schrie auf: „Die Unvorsichtigen! Das arme Mädchen!"

„Mein guter Dimitri," fragte ich ihn, „wo kommst du her? Sollte mein Lösegeld bezahlt sein?"

„Es handelt sich jetzt nicht um das Lösegeld! Doch fürchten Sie nichts, ich bringe gute Nachrichten. Gute für Sie, unglückliche für mich, für ihn, für sie, für Alle. Ich muß Hadschi Stavros selbst sehn, ich habe keine Minute zu verlieren. Leiden Sie bis zu meiner Rückkunft nicht, daß man Ihnen ein Leids anthut: sie würde daran sterben. Hört ihr, ihr Anderen! Rührt den Mylord nicht an. Es gilt euer Leben! Der König ließe euch in Stücken hacken. Führt mich zum König!"

Die Welt ist so organisirt, daß Jeder, der als Herr redet, beinahe gewiß sein kann Gehorsam zu finden. Es lag so viel Befehlendes in der Stimme dieses Dieners und seine Leidenschaft äußerte sich in so energischer Weise, daß meine verblüfften dummen Wächter vergaßen, mich beim Feuer festzuhalten. Ich kroch in einige Entfernung und streckte meinen Körper mit Behagen auf den kalten Stein bis zur Ankunft des Hadschi Stavros.

Er schien, als er endlich kam, weder minder bewegt, noch minder aufgeregt, als Dimitri. Er nahm mich in seine Arme wie ein krankes Kind und trug mich ohne zu rasten bis in jenes unselige Gemach, wo Wasilius beerdigt worden war. Mit mütterlicher Sorgfalt legte er mich auf seinen eigenen Teppich, trat zwei Schritte zurück und betrachtete mich mit einer seltsamen Mischung von Haß und Mitleiden. Er sagte zu Dimitri: „Wisse, es ist das erste Mal, daß ich ein solches Vergehen ungestraft lasse. Er hat Wasilius umgebracht; das ist noch nichts. Er hat mich selbst morden wollen; auch das verzeihe ich ihm. Aber er hat mich bestohlen, der Bösewicht! Achtzigtausend Drachmen weniger zu Photini's Aussteuer! Ich suchte nach einer Strafe, welche seinem Verbrechen gleich käme. Glaube mir, ich hätte eine solche gefunden! ... Unglücklicher, der ich bin! warum habe ich meinen Zorn nicht gemäßigt? Ich habe ihn sehr hart behandelt — sie wird dafür büßen müssen. Wenn sie zwanzig Stockschläge auf ihre kleinen Füße bekäme, so würde ich sie nicht wiedersehen. Männer sterben nicht daran, aber ein Weib! Ein Kind von fünfzehn Jahren!"

Sämmtlichen Räubern, welche sich um uns drängten, befahl er den Saal zu räumen. Er wand vorsichtig die blutigen Verbände los, welche meine Wunden bedeckten und schickte seinen Tschibukdschi fort, den Balsam des Luigi-Bey zu holen. Er setzte sich vor mich auf den feuchten Rasen, nahm meine Füße zwischen seine Hände und betrachtete meine Wunden! So unglaublich es auch klingen mag, er hatte Thränen in den Augen.

„Armes Kind!" sagte er mir, „Sie müssen entsetzlich leiden. Verzeihen Sie mir. Ich bin ein alter Bär, ein Gebirgswolf, ein Palikare! Man hat mich von meinem zwanzigsten Jahre an in der Grausamkeit unterwiesen. Doch sehen Sie, daß mein Herz gut ist, da ich bereue, was ich gethan habe. Ich bin unglücklicher

als Sie, denn Ihr Auge ist trocken und ich weine. Unverzüglich
werde ich Ihnen Ihre Freiheit wiedergeben; oder vielmehr, nein;

Sie können so nicht fortgehen; Sie sollen zuerst geheilt werden.
Der Balsam thut Wunder, ich werde Sie pflegen wie einen Sohn,
Ihre Gesundheit wird bald wiederkehren. Morgen sollen Sie gehen
können — sie darf keinen Tag länger in den Händen Ihres
Freundes bleiben.... Ich beschwöre Sie um des Himmels Willen,
Niemandem unseren heutigen Streit zu erzählen! Sie wissen, daß
ich Sie nicht gehaßt habe; ich habe es Ihnen oft gesagt, ich
empfand Sympathie für Sie und hatte Vertrauen zu Ihnen; ich
theilte Ihnen meine wichtigsten Geheimnisse mit. Erinnern Sie
sich, daß wir bis zu Wasilius' Tod Freunde waren! Ein Augenblick des Zornes darf die Erinnerung an zwölf Tage freundlicher
Behandlung nicht in Ihnen auslöschen. Sie werden mein Vaterherz nicht zerreißen wollen. Sie sind ein wackerer junger Mann;
Ihr Freund muß gut sein, wie Sie!"

„Aber wer denn?" rief ich aus.

„Wer? Jener verwünschte Harris! jener höllische Amerikaner!
jener abscheuliche Pirat! jener Kinderdieb! jener Mädchenmörder!
jener Schurke, welchen ich sammt dir in meinen Händen halten möchte,
um euch beide zu zerdrücken, Einen gegen den Andern zu schlagen
und eure Asche den Winden meiner Berge Preis zu geben! Ihr
seid Alle gleich, ihr Europäer, ein Volk von Verräthern, das sich

nicht an Männer wagt und nur Kindern gegenüber Muth hat. Lies, was er mir schreibt, und sage mir, ob es eine Marter giebt, welche grausam genug wäre, ein Verbrechen, wie das seine zu strafen!"

Er warf mir mit Heftigkeit einen zerknitterten Brief zu. Ich erkannte die Handschrift auf den ersten Blick und las:

Sonntag den 11. Mai, an Bord von Fun and Fancy,
auf der Rhede von Salamis.

Hadschi Stavros!

Photini befindet sich bei mir an Bord, unter dem Schutze von vier amerikanischen Kanonen. Ich werde sie, so lange Herr Dr. Rudolph Tietze gefangen bleibt, als Geisel behalten. Wie du meinen Freund behandelst, werde ich deine Tochter behandeln. Sie wird Haar um Haar, Zahn um Zahn, Kopf um Kopf bezahlen. Antworte ohne Verzug, sonst werde ich dich aufsuchen.

John Harris.

Beim Lesen dieser Zeilen konnte ich meine Freude nicht verbergen: „Der vortreffliche Harris!" rief ich ganz laut. „Und ich klagte ihn an! Aber erkläre mir, Dimitri, warum er mir nicht eher geholfen hat?"

„Er war abwesend, Herr Doctor; er war auf einer Piratenverfolgung. Gestern früh ist er wiedergekommen, was für mich ein großes Unglück ist! O wäre er doch fortgeblieben!"

„Wackerer Harris! er hat nicht einen Tag verloren! Aber wo hat er die Tochter des alten Bösewichts aufgegabelt?"

„Bei uns, Herr Doctor. Sie kennen sie recht gut, es ist Photini. Sie haben mehr als ein Mal mit ihr gespeist."

„So war jene Pensionärin mit der platten Nase, die für John Harris seufzte, die Tochter des Königs des Gebirges?"

„Ja. — Von der Pension zurückgekehrt, lebte sie als die Tochter jenes Kuchenbäckers in Athen, um ungekannt zuweilen mit ihrem Vater zusammentreffen zu können."

Ich war aufs höchste erstaunt und folgerte im Stillen, daß, nach dem Interesse zu urtheilen, welches ich hatte Photini an John

Harris nehmen sehen, letzterer wohl die Entführung ohne Gewaltthätigkeiten bewerkstelligte.

Der Tschibukdschi kehrte mit einem Packet Leinwand und einer Flasche voll einer gelblichen Masse zurück. Hadschi Stavros verband meine beiden Füße wie ein erfahrener Praktikus; ich empfand augenblicklich einige Erleichterung. In diesem Moment bot der König des Gebirges einen interessanten Gegenstand für eine psychologische Studie. In seinen Augen lag eben so viel Rohheit, als Zartheit in seinen Händen. Er legte den Verband so sanft um meinen Fuß, daß ich es kaum fühlte, doch sprach sein Blick ganz deutlich: „Könnte ich dir nur einen Strick um den Hals schnüren!" Die Nadeln befestigte er mit der Geschicklichkeit einer Frau; doch mit welcher Wonne hätte er mir seinen Dolch in den Leib gestoßen!

Als der Verband angelegt war, streckte er die geballte Faust gegen das Meer aus und rief mit wildem Geheul:

„So bin ich also nicht mehr König, da ich meinem Zorn nicht genugthun darf! Ich, der ich stets befohlen habe, gehorche nun einer Drohung! Der, vor dem Millionen zitterten, fürchtet sich! Sie werden sich dessen rühmen, Sie werden es Allen erzählen. Man wird es in Zeitungen, vielleicht selbst in Bücher setzen. — Doch es geschieht mir recht; warum habe ich geheirathet! Darf ein Mann wie ich sich Familienbande auferlegen?! ein Mann, der geschaffen ist, Soldaten zusammenzuhauen, und nicht, kleine Mädchen auf seinen Armen zu schaukeln. Der Donner hat keine Kinder, die Kanone hat keine Kinder. Wenn sie welche hätten, würde man das Wetter nicht mehr fürchten und die Kugeln würden unterwegs bleiben. Dieser John Harris wird schön über mich lachen! Wenn ich ihm den Krieg erklärte! Wenn ich sein Schiff überfiele! Ich habe ganz andere angefallen zur Zeit da ich Pirat war, und zwanzig Kanonen kümmerten mich wenig! Allerdings war da meine Tochter nicht an Bord. Die liebe Kleine! Sie kannten sie also, mein Herr? Warum haben Sie mir nicht erzählt, daß Sie bei Christobulos wohnten? Ich hätte nichts von Ihnen verlangt; ich hätte Sie um Photini's willen sogleich wieder freigegeben. Es ist mein Wunsch, daß sie Ihre Sprache lernt und sie hätte durch Sie so schön

Gelegenheit dazu gehabt. Sie wird früher oder später eine deutsche Fürstin werden. Nicht wahr, sie wird eine hübsche Fürstin sein? Aber da fällt mir ja ein, da Sie sie kennen, so werden Sie Ihrem Freunde verbieten, ihr ein Leid zu thun — wie? Hätten Sie wirklich das Herz, diesen lieben Augen eine Thräne zu entlocken? Die unschuldige Taube! sie hat Ihnen ja nichts gethan. Wenn irgend Jemand Ihre Schmerzen büßen muß, so bin ich es, ich allein … Sagen Sie Herrn John Harris, daß Sie sich die Füße unterwegs verletzt haben; später können Sie mir ja so viel Uebles nachreden als Sie wollen."

Dimitri unterbrach diesen Redestrom: „Es ist sehr bedauerlich, daß Herr Dr. Tietze verwundet ist. Photini befindet sich unter diesen Ungläubigen nicht in Sicherheit und ich kenne Herrn Harris, er ist zu Allem fähig."

Der König runzelte die Stirne. Die Befürchtungen des Liebhabers fanden vollen Eingang in das Herz des Vaters. „Gehen Sie," sagte er zu mir; „ich werde Sie, wenn es sein muß, bis an den Fuß des Berges tragen; Sie werden in irgend einem Dorfe ein Pferd, einen Wagen oder eine Trage finden; ich werde für das Nöthige sorgen, doch lassen Sie ihn noch heute wissen, daß Sie frei sind, und schwören Sie mir bei dem Haupte Ihrer Mutter, daß Sie gegen Niemanden von 'den Ihnen zugefügten Qualen etwas erwähnen wollen!"

Zwar wußte ich noch nicht recht, wie ich die Anstrengung der Reise ertragen würde, doch schien mir alles Andere der Gesellschaft meiner Henker vorzuziehen zu sein. Ich fürchtete, daß ein neues Hinderniß sich zwischen mich und die Freiheit drängen könnte, und sagte zum Könige: „Wohl, ich werde gehen. Ich schwöre bei Allem, was mir heilig ist, daß deiner Tochter kein Haar gekrümmt werden soll."

Er nahm mich in seine Arme, warf mich über seine Schulter und stieg die Treppe zu seinem Cabinet hinan. Die ganze Bande lief ihm entgegen und versperrte ihm den Weg. Mustakas, welcher die Farbe eines Cholera-Kranken hatte, fragte ihn: „Wo willst du hin? Der Deutsche hat einen Zauber an den Braten geworfen.

Wir leiden Alle wie die Verdammten. Wir werden durch seine
Schuld crepiren, und wir wollen ihn vor unserem Ende sterben
sehen."

Ich fiel von der ganzen Höhe meiner Hoffnungen herab. Die
Ankunft Dimitri's, die beinahe wunderbare Einmischung des John
Harris, die Umwandlung des Hadschi Stavros, die Demüthigung
dieses stolzen Hauptes zu den Füßen seines Gefangnen, so viele in
den kurzen Zeitraum einer Viertelstunde zusammengedrängte Be-

gebenheiten — das Alles hatte mein Gehirn verstört; ich hatte die
Vergangenheit vergessen und mich kopfüber in die Zukunft gestürzt.

Bei dem Anblicke von Mustakas fiel mir das Gift wieder ein.
Ich fühlte, daß jeden Augenblick eine schreckliche Wirklichkeit näher

rückte. Ich klammerte mich an den König des Gebirges, schlang meine Arme um seinen Hals und beschwor ihn, mich unverzüglich fortzutragen: „Es gilt deine Ehre," sagte ich ihm. „Beweise diesen Rasenden, daß du der König bist! Antworte nicht, Worte sind unnütz. Laß uns mit Gewalt durchdringen. Du weißt selbst nicht, wie viel für dich darauf ankommt, mich zu retten. Deine Tochter liebt John Harris, ich weiß es gewiß, sie hat es mir gestanden!"

„Warte," antwortete er. „Erst müssen wir fort sein, schwatzen können wir später."

Er legte mich sanft auf die Erde und rannte mit geballten Fäusten mitten unter die Räuber. „Ihr seid verrückt," schrie er. „Der Erste, der den Mylord anrührt, hat es mit mir zu thun. Was soll er denn für einen Zauber geübt haben? Laßt ihn fort von hier: er ist ein ehrlicher Mann, er ist mein und unser Freund."

Plötzlich änderte sich sein Gesicht; seine Beine brachen unter der Last seines Körpers zusammen. Er setzte sich neben mich, neigte sich zu meinem Ohr und sagte mit mehr Schmerz als Zorn:

„Unvorsichtiger! Warum theilten Sie mir nicht mit, daß Sie uns vergiftet haben?"

Ich faßte die Hand des Königs, sie war kalt. Seine Züge waren entstellt, sein Marmorantlitz hatte eine erdfahle Farbe angenommen. Bei diesem Anblicke verließ mich der Muth gänzlich und ich meinte zu sterben. Ich hatte auf der Welt nichts mehr zu hoffen: hatte ich mich nicht selbst verurtheilt, indem ich den einzigen Menschen, welcher ein Interesse dabei hatte, mich zu retten, tödtete? Ich ließ den Kopf auf die Brust sinken und blieb vernichtet neben dem bleichen, kalten Körper des Greises liegen.

Schon streckten Mustakas und einige andere die Hände nach mir aus, um mich zu fassen und mich zu zwingen, die Qualen ihres Todeskampfes mit ihnen zu theilen. Hadschi Stavros hatte nicht mehr die Kraft, mich zu vertheidigen. Von Zeit zu Zeit schüttelte ein gewaltiges Schlucken diesen mächtigen Körper, wie das Beil des Holzhauers eine hundertjährige Eiche erschüttert. Die Räuber waren überzeugt, daß er sterbe und daß der alte Unbesiegte endlich dem Tode erliegen müsse. Alle Bande, welche sie an ihren Anführer fesselten: Interesse, Furcht, Hoffnung und Dankbarkeit rissen wie die Fäden eines Spinnengewebes. Die Griechen sind das widerspenstigste Volk der Erde. Zuweilen nur beugt sich ihre erregbare und unersättliche Eitelkeit wie eine Feder, jeden Augenblick bereit, wieder emporzuspringen. Im Fall der Noth verstehen sie es, sich auf einen Stärkeren zu stützen, oder sich bescheiden hinter einen Geschickteren zu stellen, doch nie verzeihen sie dem Herrn, welcher sie beschützt und bereichert hat auf Kosten ihres freien Willens. Seit dreißig Jahrhunderten und länger besteht dieses Volk aus eifersüchtigen und egoistischen Einzelwesen, welche die Noth vereinigt, die Neigung trennt und keine Macht der Welt in ein Ganzes umschmelzen kann.

Hadschi Stavros hätte jetzt sehen können, daß man nicht ungestraft sechzig Griechen befehligt. Sein Ansehen überdauerte seine physische und moralische Kraft nicht einen Augenblick. Abgesehen von den Kranken, welche die Fäuste gegen uns ballten und uns ihre Schmerzen vorwarfen, versammelten sich die noch tüchtigen Männer angesichts ihres rechtmäßigen Königs um einen dicken rohen Bauer, Namens Coltziba. Es war der Beredteste und Frechste der ganzen Bande, ein unverschämter Plumpsack, welcher sich während des Kampfes verbarg und nach errungenem Siege die Fahne vorantrug; ist doch immer bei solchen Gelegenheiten das Glück auf Seiten der Schwätzer und Unverschämten. Coltziba, stolz auf die Stärke seiner Lungen, schleuderte haufenweise Schmähungen über den noch lebenden Hadschi Stavros, wie ein Todtengräber die Erde auf den Sarg eines Gestorbenen wirft: „Da liegst du nun," schrie er, „weiser Mann, unbesiegbarer Feldherr, allmächtiger König, unverwundbarer Kämpfer! Du hattest deinen Ruhm nicht gestohlen und wir hatten eine feine Nase, da wir uns dir anvertrauten! Was haben wir in deiner Gesellschaft gewonnen? Was hast du uns geholfen? Du hast uns monatlich vierundfünfzig elende Drachmen gegeben, ein wahres Lumpengeld! Du hast uns mit schwarzem Brot und verschimmeltem Käse, welchen selbst die Hunde verschmäht hätten, ernährt, während du selbst Reichthümer sammeltest und den auswärtigen Bankiers gelbbeladene Schiffe sandtest. Was haben wir für unsere Siege und all das tapfere Blut, welches wir im Gebirge vergossen haben, erworben? Nichts! Du hast Alles für dich behalten: Beute, Ertrag der Plünderung und Lösegeld der Gefangenen! Du ließest uns die Bajonettstiche, das ist wahr; das ist das Einzige, was du niemals mit uns getheilt hast. Seit den zwei Jahren, die ich bei dir bin, bekam ich vierzehn Wunden in den Rücken und du hast kaum eine Narbe dagegen aufzuweisen! Wenn du wenigstens verstanden hättest, uns zu führen! Wenn du die guten Gelegenheiten, wo wenig zu wagen und viel zu gewinnen ist, benutzt hättest! Aber du hast uns von den Linientruppen schlagen lassen, du bist der Henker unserer Kameraden gewesen, du hast uns in den Rachen des Wolfs getrieben! Hast wohl große Eile zu enden und deinen Abschied zu nehmen? Kannst es kaum erwarten, uns Alle neben Wasilius begraben zu sehen, da du uns dem verwünschten deutschen Blumensammler überlieferst, der einen Zauber auf unsere braven Soldaten geworfen hat! Doch schmeichle dir nicht, dich unserer Rache entziehen zu können. Ich weiß, warum du ihn durchaus fortschicken willst: er hat sein Lösegeld bezahlt. Nun, was willst du jetzt mit dem Gelde machen? Wirst du es in jene Welt mitnehmen? Du bist sehr krank, mein armer Hadschi Stavros. Der Mylord hat auch dich nicht verschont, du wirst sterben und dir geschieht dein Recht! Meine Freunde, wir sind jetzt unsere eignen Herren! Wir werden Niemandem mehr gehorchen, wir wollen thun, was uns beliebt, essen, was es Bestes giebt, allen Wein von Aegina austrinken, ganze Wälder anzünden, um Heerden daran zu braten, das Königreich plündern, Athen einnehmen und im Schloßgarten unser Lager aufschlagen! Ihr braucht euch nur von mir führen zu lassen, ich weiß wo etwas Gutes zu holen ist. Fangen wir damit an, den Alten sammt seinem geliebten Mylord in die Schlucht zu werfen; ich werde euch dann schon sagen, was ferner zu thun ist."

Die Beredtsamkeit des Coltziba kostete uns beinahe das Leben, denn die Zuhörer klatschten Beifall. Die alten Gefährten des

Hadschi Stavros, zehn oder zwölf Palikaren, welche uns hätten beistehen können, hatten die Ueberreste seiner Mahlzeit verzehrt und wanden sich in Krämpfen. Doch erhebt sich ein Volksredner nicht zur Herrschaft, ohne Neider zu haben. Als es erwiesen schien, daß Coltziba Anführer der Bande werden würde, sagten sich Tamburis und einige andere Ehrgeizige von ihm los und hielten sich zu uns. Feldherr um Feldherr, zogen sie den, welcher sie zu führen verstand, einem aufgeblasenen Schwätzer vor, dessen Unbedeutendheit ihnen widerstand. Sie ahnten übrigens, daß der König nicht mehr lange zu leben habe und daß er seinen Nachfolger unter den Getreuen, die ihm ergeben blieben, zu wählen gesonnen war. Das war kein gleichgültiger Umstand. Es war zehn gegen eins zu wetten, daß die Actionäre eher die von Hadschi Stavros getroffene Wahl, als diejenige der Empörer sanctioniren würden. Acht bis zehn Stimmen erhoben sich zu unseren Gunsten. Unseren, denn wir waren eins. Ich klammerte mich an den König des Gebirges und er selbst hatte seinen Arm um meinen Hals geschlungen. Tamburis und seine Anhänger beriethen sich in wenig Worten, ein Vertheidigungsplan ward improvisirt, drei Männer benutzten den allgemeinen Tumult um nach dem Arsenal zu eilen, Waffen und Munition zu holen und den Weg entlang einen breiten Streifen Schießpulver zu streuen. Sie kehrten verstohlen wieder und mischten sich unter die Menge. Die beiden Parteien schieden sich von Augenblick zu Augenblick immer deutlicher, Schimpfreden flogen von einer Gruppe zur anderen. Unsere Vertheidiger, gegen das Zimmer Mary-Ann's gelehnt, bewachten die Treppe, schützten uns mit ihrem Körper und warfen den Feind in das Cabinet des Königs. Da plötzlich während des stärksten Gedränges erscholl ein Pistolenschuß. Ein feuriges Band erstreckte sich über den Boden und man hörte die Felsen mit furchtbarem Gekrach in die Luft springen.

Coltziba und seine Anhänger, von der Explosion überrascht, rannten in Masse nach dem Arsenal. Tamburis verliert keinen Augenblick: er umfaßt Hadschi Stavros, springt die Treppe in zwei Sätzen hinunter, bringt ihn an einen sicheren Ort, kommt zurück, trägt mich gleichfalls fort und wirft mich zu Füßen des

Königs hin. Unsere Freunde verschanzen sich in der Stube, hauen die Bäume um, versperren die Treppe und haben die Vertheidigungs=maßregeln vorbereitet, ehe Coltziba und seine Gefährten sich von ihrem Entsetzen erholt haben.

Wir zählten uns nun. Unsere Armee bestand aus dem König, seinen zwei Dienern, Tamburis mit acht Räubern, Dimitri und mir: Vierzehn Mann im Ganzen, von denen drei kampfunfähig waren. Der Cafedschi war mit seinem Herrn vergiftet worden und fing an die ersten Symptome davon zu verspüren. Doch jeder von uns hatte zwei Flinten und Patronen in Ueberfluß, während der Feind an Waffen und Munition nichts weiter besaß, als was er bei sich trug. Dagegen hatten sie den Vortheil des Terrains und der Ueberzahl. Wir wußten nicht genau, wie viel kampffähige Männer sie zählten, doch konnte man immerhin auf fünfundzwanzig bis dreißig Angreifer rechnen. Ich habe wohl nicht mehr nöthig, Ihnen den belagerten Platz zu beschreiben: er ist Ihnen schon lange bekannt. Sie können sich jedoch denken, daß sich die Umgebung sehr verändert hatte seit dem Tage, wo ich zuerst unter der Obhut des Korfioten mit Madame Simmons und Mary-Ann daselbst frühstückte. Die Wurzeln unserer schönen Bäume ragten in die Luft und die Nachtigall war längst entflohen. Was Sie hauptsächlich wissen müssen ist, daß uns rechts und links steile Felsen deckten, die sogar den Feinden unzugänglich waren. Sie griffen uns von oben aus dem Cabinet des Königs an und be=wachten uns von unten in der Schlucht. Von der einen Seite regneten ihre Kugeln auf uns herab, von der andern flogen wiederum die unseren auf ihre Wachposten nieder, aber auf so weite Ent=fernung, daß es eigentlich nutzlose Pulververgeudung war.

Hätten Coltziba und seine Gefährten nur die geringsten Kenntnisse von einer Kriegführung gehabt, so wäre es um uns geschehen gewesen. Sie hätten unsere Barrikade zerstören, mit Gewalt eindringen und uns gegen eine Mauer drängen oder in die Schlucht werfen müssen. Aber der Dummkopf, der mehr als zwei Mann gegen einen hatte, gerieth auf den Einfall, seine Munition zu schonen und zwanzig Ungeübte, die nicht schießen konnten, als Tirailleure aufzustellen.

Die Unsrigen waren nicht viel geschickter, doch da sie gut geleitet und besonnener waren, gelang es ihnen, vor Einbruch der Nacht fünf Mann niederzuschießen. Die Kämpfenden kannten sich alle bei Namen. Sie riefen sich von Weitem an wie die Helden Homer's. Der Eine suchte den Andern zu bekehren, indem er ihn auf's Korn nahm und tüchtig ausschimpfte; der Andere — antwortete mit einer Kugel und einer ziemlich injuriösen Erwiderung. Der Kampf war wie eine bewaffnete Verhandlung, in welche das Pulver zuweilen ein Wort hineinzureden hatte.

Ich für mein Theil lag vor den Kugeln geschützt, in einem Winkel ausgestreckt und versuchte mein eignes Werk zu zerstören und den armen König des Gebirges wieder in's Leben zurückzurufen. Er litt fürchterlich; er klagte über brennenden Durst und heftigen Schmerz in der Magengrube. Seine eisigen Hände und Füße zogen sich krampfhaft zusammen. Der Puls war schwach, der Athem keuchend. Sein Magen schien gegen einen innern Feind zu kämpfen, ohne ihn ausstoßen zu können. Indessen hatte sein Geist nichts von der früheren Lebendigkeit und Klarheit verloren; sein durchdringender, feuriger Blick suchte am Horizonte die Rhede von Salamis und Photini's schwimmenden Kerker.

Er sagte mir, indem er meine Hand krampfhaft faßte: „Heilen Sie mich, liebes Kind! Sie sind ja ein halber Arzt, Sie müssen mich herstellen. Ich mache Ihnen keinen Vorwurf über das, was Sie mir gethan haben; Sie waren in Ihrem Recht, Sie handelten sogar ganz klug, indem Sie mich tödteten, denn ich schwöre Ihnen, ohne Ihren Freund Harris wären Sie mir nicht entgangen. Giebt es denn kein Mittel, das Feuer, welches mich verzehrt, zu löschen? Ich hänge nicht am Leben — ich habe genug gelebt; aber wenn ich sterbe, werden Sie getödtet und meine arme Photini umgebracht werden. Fühlen Sie meine Hände; mir kommt es vor, als ob sie mir bereits nicht mehr angehörten. Aber glauben Sie, daß der Amerikaner das Herz haben wird, seine Drohungen wahr zu machen? Was sagten Sie mir eben jetzt? Photini liebt ihn? Die Unglückliche! ich hatte sie zur Gemahlin eines Königs bestimmt. Ich möchte sie lieber todt sehen, als ... doch nein, es ist mir im

Grunde recht lieb, daß sie eine Neigung für den jungen Mann
hat. Was sind Sie ihm? Ein Freund, weiter nichts. Sie sind
nicht einmal sein Landsmann. Freunde hat man so viel man will,
man findet aber nicht leicht noch einmal eine Frau wie Photini.
Ich würde, wenn ich meinen Vortheil dabei fände, alle meine
Freunde erwürgen, doch nie würde ich ein Weib umbringen, das
mich liebte. Wenn er wenigstens wüßte, wie reich sie ist! Die
Amerikaner sind, wie man sagt, praktische Leute.... Aber die
arme Unschuldige kennt ja selbst die Größe ihres Vermögens nicht.
Ich hätte ihr es sagen sollen! Wie soll ich sie nun wissen lassen,
daß sie vier Millionen Mitgift erhält? Wir sind die Gefangenen
eines Coltziba!! So helfen Sie mir doch wieder auf, damit ich
dieses Gewürm zertrete!"

Ich bin kein Arzt und von der Toxicologie ist mir nur das
Wenige bekannt, was man so nebenbei lernt; doch entsann ich mich,
daß man eine Arsenikvergiftung nach einer Methode heilen kann,
welche der des Doctor Sangrado gleicht. Ich kitzelte den Gaumen
des Kranken, um seinen Magen von der ihn bedrückenden Last zu
befreien. Meine Finger dienten ihm als Brechmittel und bald
hatte ich — um mich möglichst salonfähig auszudrücken — begründete
Ursache zu hoffen, daß das Gift zum größten Theil ausgeworfen
sei. Die Zeichen der Reaction stellten sich sodann ein; die Haut
brannte, der Puls ward schneller, das Gesicht röthete sich, die
Augen zeigten sich blutunterlaufen. Ich fragte ihn, ob einer seiner
Leute geschickt genug sei, ihm zur Ader zu lassen. Er aber verband
seinen Arm selbst und öffnete sich mit großer Ruhe, beim Knallen
des Flintenfeuers und mitten unter den Kugeln, welche in seiner
Nähe einschlugen, eine Ader. Er ließ ein gutes Pfund Blut auf
die Erde fließen und fragte mit sanfter, ruhiger Stimme, was
weiter zu thun sei. Ich verordnete ihm zu trinken, immer mehr
zu trinken, fort und fort zu trinken, bis die letzten Atome des
Arseniks von der Flüssigkeit mit hinweggenommen sein würden.
Es traf sich, daß der Schlauch mit weißem Wein, welcher den
Tod des Wasilius bewirkt hatte, noch im Zimmer stand. Dieser
Wein, mit Wasser verdünnt, diente dazu, dem König das Leben

wiederzugeben. Er gehorchte mir wie ein Kind. Ich glaube sogar, daß, als ich ihm das erste Mal die Schale reichte, die arme kranke Majestät meine Hand ergriff, um sie zu küssen.

Gegen zehn Uhr Abends ging es ihm besser, doch sein Cafedschi war indessen gestorben. Der arme Teufel konnte weder das Gift ausstoßen noch sich erwärmen. Man warf ihn in die Schlucht von der Höhe des Wasserfalles herab. Alle unsere Vertheidiger waren in gutem Stande, ohne Wunden, aber ausgehungert wie die Wölfe im December. Ich fastete schon seit vierundzwanzig Stunden und mein Magen war vollständig erschöpft. Um uns zu ärgern, verbrachte der Feind die Nacht über unsern Häuptern mit Essen und Trinken. Er warf uns Hammelsknochen und leere Schläuche herunter. Die Unsrigen antworteten auf's Gerathewohl mit einigen Flintenschüssen. Wir hörten deutlich das Freudengeschrei der Zechenden und das Gestöhn der Sterbenden. Coltziba war betrunken, die Verwundeten und Kranken heulten um die Wette, Mustakas jedoch schrie nicht mehr. Der Lärm erhielt mich an der Seite des alten Königs die ganze Nacht wach. Ach wie lang erscheinen demjenigen die Nächte, der nicht weiß, ob er den Morgen erleben wird!

Der Dienstag begann trübe und regnerisch; der Himmel umwölkte sich beim Aufgang der Sonne und ein grauer Regen ergoß sich sehr unparteiisch über Freund und Feind. Wir waren vorsichtig genug gewesen, unsere Waffen und Patronen in's Trockene zu bringen, doch hatte die Armee des Generals Coltziba versäumt, dieselbe Maßregel zu treffen. Der erste Kampf fiel ganz zu unseren Gunsten aus; der Feind mußte sich schlecht zu verstecken und schoß mit vom Wein erschwerter Hand. Unsere Stellung erschien mir so günstig, daß ich eine Flinte ergriff, wie die Anderen. Hadschi Stavros wollte meinem Beispiel folgen, doch versagten seine Hände den Dienst; die Extremitäten waren geschwollen und schmerzten, und ich eröffnete ihm mit meiner gewohnten Aufrichtigkeit, daß diese Unfähigkeit zu arbeiten vielleicht erst mit seinem Leben enden würde.

Gegen neun Uhr wandte uns der Feind, welcher uns bisher sehr aufmerksam geantwortet hatte, plötzlich den Rücken. Ich hörte

ein heftiges Flintenfeuer, das nicht gegen uns gerichtet war, und
schloß daraus, daß Meister Coltziba sich von hinten hatte über=
fallen lassen. Wer war der unbekannte Verbündete, der uns so
trefflich beistand? War es gerathen, eine Vereinigung zu versuchen
und unsere Barrikaden zu zerstören? Ich war sehr dafür, doch der
König dachte an die Linientruppen und Tamburis biß sich schwei=
gend in den Bart. Bald waren alle unsere Zweifel gelöst. Eine
mir wohlbekannte Stimme rief: „All right!" Drei junge Leute, bis
an die Zähne bewaffnet, stürzten herbei wie die Tiger, erklommen
die Barrikade und sprangen mitten unter uns. Harris und Lobster
hielten einen sechsläufigen Revolver in jeder Hand. Giacomo
schwang eine Munitionsflinte wie eine Keule, den Kolben in der
Luft: dies war seine Art, Feuergewehre zu gebrauchen.

Wäre der Donner in unser Zimmer gefahren, so hätte er kaum
einen so überirdischen Eindruck machen können als diese drei Männer,
welche die Kugeln massenweise austheilten nnd die in ihren Händen
den Tod zu tragen schienen. Meine drei Anhänger, vom Lärme
der Bewegung und dem Siege noch ganz betäubt, sahen weder
Habschi Stavros noch mich; sie sahen nur Männer, die umzubringen
waren, und Gott weiß, ob sie sich dazu hielten. Unsere armen
erschrockenen und erstaunten Vertheidiger waren kampfunfähig, ehe
sie Zeit gehabt, sich zur Wehr zu setzen und zu orientiren. Ich
selbst, der ihnen gern das Leben gerettet hätte, schrie vergeblich aus
meinem Winkel, mein Rufen ward durch das Knallen des Pulvers
und das Schreien der Sieger übertäubt. Dimitri, welcher sich
zwischen Habschi Stavros und mich verkrochen hatte, vereinte seine
Stimme mit der unsrigen, doch umsonst. Harris, Lobster und
Giacomo schossen, rannten, schlugen, die Schläge zählend, Jeder in
seiner Sprache.

„One!" sagte Lobster.

„Two!" antwortete Harris.

„Tre! quatro! cinque!" heulte Giacomo. Der fünfte war
Tamburis. Sein Kopf zersprang unter der Flinte, wie eine frische
Nuß unter einem Stein. Der Körper sank in den Brunnen wie
ein Bündel Wäsche, das eine Wäscherin an den Rand des Wassers

248 Siebentes Kapitel.

wirft. Meine Freunde waren mitten in ihrer entsetzlichen Arbeit herrlich anzuschauen. Sie tödteten mit Begeisterung, sie gefielen sich in ihrer Rache. Der Wind und der schnelle Lauf hatten ihre Kopfbedeckung davongetragen; das Haar flog ihnen im Nacken; ihre Blicke schossen einen so tödtlichen Glanz, daß es schwer war zu unterscheiden, ob sie den Tod mit den Augen oder mit den Händen gaben. Man war versucht zu glauben, daß diese athemlose Dreieinigkeit eine Verkörperung der Vernichtung sei. Als sie alle Hindernisse von sich gewichen und nur noch wenige Verwundete vor sich am Boden liegen sahen, athmeten sie auf. Harris war der Erste, der meiner gedachte. Giacomo kannte nur Eine Sorge: er wußte nicht, ob er unter den Uebrigen auch den Kopf des Hadschi Stavros zerschmettert habe. Harris schrie aus Leibeskräften: „Tietze, wo sind Sie?"

„Hier," antwortete ich, und die drei Zerstörer eilten beim Tone meiner Stimme herbei.

Der König des Gebirges, so schwach er auch war, stützte die

Hand auf meine Schulter, lehnte sich an den Felsen, blickte diese Männer, welche so Viele nur darum getödtet hatten, um zu ihm zu gelangen, ruhig an und sagte mit fester Stimme: „Ich bin Hadschi Stavros!"

Sie wissen, wie lange meine Freunde sich nach einer Gelegenheit sehnten, den alten Palikaren zu züchtigen. Sie hatten sich auf seinen Tod wie auf ein Fest gefreut. Sie hatten die jungen Mädchen von Mistra, tausend andere Opfer, mich und sich selbst zu rächen. Und doch brauchte ich ihren Arm nicht aufzuhalten; es lag im Anblick dieses halb vernichteten Helden noch eine solche Größe, daß ihr Zorn in sich selbst zerfiel und dem Erstaunen weichen mußte. Sie waren alle drei jung und noch in dem Alter, wo man einem wehrlosen Feinde gegenüber die Waffen sinken läßt. Ich theilte ihnen in wenig Worten mit, wie mich der König gegen seine ganze Bande vertheidigt habe, obgleich er selbst sterbend und noch an demselben Tage von mir vergiftet worden war. Ich erklärte ihnen den Kampf, welchen sie unterbrochen hatten, die Barrikaden, welche sie erstiegen und diesen seltsamen Krieg, in welchen sie sich gemischt, um unsere Vertheidiger umzubringen.

„Desto schlimmer für diese Ihre Vertheidiger," sagte John Harris. „Wir haben wie die Gerechtigkeit eine Binde über unseren Augen getragen. Haben die Schurken vor ihrem Ende noch eine gute Regung gehabt, so wird es ihnen dort oben angerechnet werden; ich habe nichts dagegen."

„Was den Beistand betrifft, dessen wir Sie beraubt haben," sagte Lobster, „so machen Sie sich darum keine Sorgen. Mit zwei Revolvern in den Händen und zwei in den Taschen sind wir Jeder fünfundzwanzig Mann werth. Wir haben diese getödtet, laßt die Anderen nur kommen! Nicht wahr, Giacomo?"

„Ich," sagte der Maltese, „könnte eine ganze Armee von Stieren erschlagen, ich bin gerade im Zuge! Und nun denken Sie sich einmal, was es heißt, wenn man mit zwei solchen Fäusten darauf angewiesen ist, Briefe zu siegeln!"

Indessen rüstete sich der Feind, der sich von seiner Ueberraschung etwas erholt hatte, zur Wiederaufnahme der Belagerung; drei bis vier Räuber hatten die Nasen über unsere Verschanzungen gesteckt und das Todtschlagen mit angesehen. Coltziba wußte nicht, was er von diesen drei Würgengeln denken sollte, die blindlings Freund und Feind erschlugen; doch vermuthete er, daß entweder Gift oder Schwert ihn vom König des Gebirges befreit habe. Er befahl, unsere Vertheidigungswerke vorsichtig wegzuräumen. Man konnte uns von oben nicht sehen, da wir zehn Schritte von der Treppe entfernt uns hinter einer Mauer versteckt hielten. Das Geräusch des zusammenbrechenden Materials mahnte unsere Freunde, ihre Gewehre frisch zu laden. Hadschi Stavros ließ sie gewähren. Dann fragte er John Harris:

„Wo ist Photini?"

„An Bord meines Schiffes."

„Sie haben ihr nichts gethan?"

„Bin ich etwa bei Ihnen in die Lehre gegangen, um junge Mädchen zu quälen?"

„Sie haben Recht, ich bin ein elender Greis, verzeihen Sie mir. Versprechen Sie mir, sie zu begnadigen?"

„Was Teufel soll ich sonst mit ihr anfangen? Nun ich meinen Dr. Tietze wiedergefunden habe, können Sie sie wieder haben, wann Sie wollen."

„Ohne Lösegeld?"

„Alter Esel."

„Sie werden gleich sehen," sagte der König, „ob ich ein alter Esel bin."

Er schlang den linken Arm um den Hals des Dimitri, streckte seine durchkrampfte und zitternde Hand nach dem Griff seines Säbels aus, zog mühsam die Klinge aus der Scheide und schritt gegen die Treppe vor, wo Coltziba's Anhänger sich zögernd heranwagten. Sie wichen bei seinem Anblick zurück, als ob sich die Erde geöffnet hätte, um den obersten Richter der Unterwelt hervorsteigen zu lassen. Es waren fünfzehn bis zwanzig Räuber, alle bewaffnet; keiner wagte es sich zu wehren, noch sich zu entschuldigen oder zu fliehen. Sie bebten auf ihren Füßen vor dem Antlitze des erstandenen Königs. Hadschi Stavros ging gerade auf Coltziba los, welcher bleicher und entsetzter als alle Anderen sich versteckte. Der König warf mit einer unberechenbaren Anstrengung den Arm zurück und spaltete auf einen Hieb diesen vor Schreck entstellten Kopf. Das Zittern befiel ihn nachher wieder;

er ließ seinen Säbel neben die Leiche hinsinken und geruhte nicht, ihn wieder aufzuheben.

„Vorwärts," sagte er, „ich nehme meine Scheide leer mit. Die Klinge taugt nichts mehr und ich auch nicht: ich hab's vollbracht."

Seine alten Gefährten näherten sich ihm und baten um Gnade. Einige beschworen ihn, sie nicht zu verlassen: sie müßten ohne ihn nichts anzufangen. Er würdigte sie keines Wortes. Er bat uns, ihn nach Castia zu bringen, um Pferde zu nehmen, und nach Salamis, um Photini zu holen.

Die Räuber ließen uns ohne Widerstand abziehen. Nach wenigen Schritten bemerkten meine Freunde, daß ich mich nur mit Mühe fortschleppte; Giacomo stützte mich; Harris fragte, ob ich verwundet sei. Hadschi Stavros warf mir einen flehenden Blick zu — armer Mann! Ich erzählte meinen Freunden, daß ich einen gefährlichen Fluchtversuch gewagt und daß meine Füße es noch empfänden. Wir gingen die Pfade des Gebirges langsam hinab. Das Geschrei der Verwundeten und die Stimmen der Räuber, welche sich beriethen, verfolgten uns noch eine Viertel Meile weit.

Je näher wir dem Dorfe kamen, desto mehr hellte sich das Wetter auf und die Wege trockneten unter unseren Schritten; der erste Sonnenstrahl erschien mir wunderschön. Hadschi Stavros schenkte der Außenwelt wenig Aufmerksamkeit: er schaute in sich. Es ist nichts Kleines, eine fünfzigjährige Gewohnheit aufzugeben.

Bei den ersten Häusern von Castia begegneten wir dem Mönch, welcher einen Bienenschwarm in einem Sacke trug. Er empfahl sich unserem Wohlwollen und entschuldigte sich, daß er uns seit dem vorhergehenden Tage nicht besucht habe, die Flintenschüsse hatten ihn erschreckt; der König grüßte ihn mit der Hand und zog weiter.

Bei dem Brunnen wartete ein Führer mit den Pferden meiner Freunde. Sie hatten eines mehr als sie gebraucht und ich erkundigte mich nach dem Zweck des überflüssigen Pferdes. Sie theilten mir mit, daß Herr Merinay die Gesellschaft begleitet habe, aber daß er abgestiegen sei, um einen merkwürdigen Stein zu betrachten und dann nicht wieder zum Vorschein gekommen sei.

Giacomo Fondi trug mich in meinen Sattel, immer mit ausgestrecktem Arm: er konnte nicht anders. Der König bestieg, von Dimitri unterstützt, mühsam den seinen. Harris und Lobster schwangen sich zu Roß; der Maltese, Dimitri und der Führer gingen zu Fuß voran.

Unterwegs näherte ich mich Harris und er erzählte mir, wie die Tochter des Hadschi Stavros in seine Gewalt gerathen sei:

„Ich muß mit der Wiederkehr von meiner Kreuzfahrt beginnen. Ich war ziemlich zufrieden mit mir und einigermaßen stolz darauf, ein halbes Dutzend Piraten in den Grund gebohrt zu haben. Sonntag um 6 Uhr lege ich im Piräus an, steige an's Land und

da ich seit acht Tagen mit meiner Mannschaft hatte vorlieb nehmen
müssen, versprach ich mir einen kleinen Exceß im Reden. Im
Hafen nehme ich mir einen Wagen und miethe ihn für den Abend.
Ich falle bei Christobulos mitten in eine allgemeine Bestürzung:
ich hätte es nimmer für möglich gehalten, daß so viel Langeweile
in dem Hause eines Kuchenbäckers wohnen könne. Alle saßen beim
Abendessen, Christobulos, Marula, Dimitri, Giacomo, William,
Herr Merinay und das kleine Sonntagsfräulein, aufgedonnerter
als je. William erzählte mir Ihr Abenteuer. Ich brauche Ihnen
nicht zu sagen, wie ich aufgeschrieen habe; ich war wüthend auf
mich selbst, daß ich nicht dagewesen war. Der Kleine versicherte
mir, daß er Alles gethan habe, was er konnte. Er hat die ganze
Stadt nach fünfzehntausend Drachmen durchstöbert; doch haben ihm
seine Eltern nur einen geringen Credit eröffnet; mit einem Worte,
er hat die Summe nicht auftreiben können. In seiner Verzweif=
lung hat er sich an Herrn Merinay gewendet; doch der sanfte
Merinay hat behauptet, daß all sein Geld an vertraute Freunde
ausgeliehen sei, welche weit, sehr weit von hier entfernt wären,
noch weiter als am Ende der Welt.

„Aber zum Teufel!" sagte ich zu Lobster, „den Bösewicht muß
man mit bleierner Münze bezahlen. Was nützt es dir, daß du
geschickter als Nimrod bist, wenn du nur Löcher in das Gefängniß
des Sokrates schießen kannst? Wir müssen eine Palikarenjagd
veranstalten! Ich habe in früheren Zeiten eine Reise in's Innere
von Afrika abgelehnt, was ich noch heute bereue. Nun — es muß
ein doppeltes Vergnügen sein, ein Wild zu jagen, welches sich zur
Wehre setzt. Sorge für einen Vorrath Pulver und Kugeln, morgen
Früh ziehen wir in's Feld." Lobster war sogleich mit einverstanden,
Giacomo schlug mit der Faust auf den Tisch: die Faustschläge
Giacomo's sind Ihnen bekannt. Er schwur, uns begleiten zu wollen,
wenn man ihm nur eine einfache Flinte verschaffen könne. Aber
am Wüthendsten von Allen geberdete sich Herr Merinay. Er wollte
seine Hände im Blute der Bösewichter tränken. Man nahm seine Hülfe
an, doch erbot ich mich, ihm das Wild, welches er erlegen würde,
abzukaufen. Er ließ seine dünne Stimme auf die komischste Weise

anschwellen und sagte seine kleinen Fäuste schwingend, daß es Hadschi Stavros mit ihm zu thun haben würde.

„Ich lachte herzlich, um so mehr als ich am Tage vor einer Schlacht immer sehr heiter bin. Lobster war bei dem Gedanken, den Räubern seine Fortschritte zeigen zu können, ganz übermüthig. Giacomo wußte sich vor Freude nicht zu halten; seine Mundwinkel berührten seine Ohren; er knackte seine Haselnüsse mit dem Gesicht eines Nürnberger Nußknackers. Herrn Merinay's Haupt strahlte; er war gar kein Mensch mehr, sondern ein Feuerwerk.

„Die übrigen Gäste jedoch machten lange Gesichter. Die dicke Kuchenbäckerin bekreuzigte sich unaufhörlich, Dimitri hob die Augen gen Himmel, der Lieutenant von der Phalanx rieth uns, uns die Sache wohl zu überlegen, ehe wir es unternähmen, uns mit dem Könige des Gebirges zu messen. Aber das Mädchen mit der platten Nase, welcher Sie den Namen der Crinolina invariabilis beigelegt haben, war in einen ganz köstlichen Schmerz versunken. Sie seufzte wie ein Holzhacker, aß nur des Scheines wegen; das Essen, welches sie zu sich nahm, wäre in mein linkes Auge gegangen."

„Es ist ein wackeres Mädchen, Harris."

„Wackeres Mädchen so viel Sie wollen, ich finde, daß Ihre Nachsicht für sie alle Grenzen übersteigt. Ich habe ihr ihre Kleider, welche sich hartnäckig unter die Füße meines Stuhles klemmen, den Patchouliduft, welchen sie verbreitet, und die gebrochenen Blicke, welche sie um sich wirft, nie verzeihen mögen. Man sollte auf Ehre glauben, sie könnte nicht eine Wasserflasche ansehen, ohne ihr schmelzende Blicke zuzuwerfen. Aber wenn sie ihnen gefällt so wie sie ist — ich habe nichts dagegen einzuwenden. Um neun Uhr brach sie nach ihrer Pension auf und ich wünschte ihr glückliche Reise. Zehn Minuten später drücke ich unserm Freunde die Hand, wir verabreden unsere morgende Zusammenkunft, ich gehe hinaus, wecke meinen Kutscher und — rathen Sie, wen ich in meinem Wagen finde: Crinolina invariabilis mit der Magd des Pastetenbäckers.

„Sie legte einen Finger an den Mund, ich stieg schweigend ein, und wir fuhren ab: ‚Herr Harris,' begann sie nun in ziem-

lich gutem Englisch, ‚Herr Harris, schwören Sie mir, Ihre Pläne
gegen den König des Gebirges aufzugeben.'

„Ich fange an zu lachen, sie fängt an zu weinen. Sie jammert,
daß man mich tödten würde: ich antworte, daß im Gegentheil ich
die Anderen tödten wolle. Sie will nicht zugeben, daß Hadschi
Stavros umgebracht werde; ich will wissen warum, und endlich, da
ihre Gründe erschöpft waren, ruft sie aus, wie im fünften Akte
eines Trauerspiels: ‚Er ist mein Vater!' Darauf fing ich an
ernstlich nachzudenken — Ein Mal ist ja nicht immer. Also, ich
überlege, daß ich möglicher Weise einen verlornen Freund wieder-
gewinnen könne, ohne zwei oder drei andere auf's Spiel zu setzen
und sage zu der jungen Palikarin:

„Liebt Sie Ihr Vater?"

„Mehr als sein Leben."

„Hat er Ihnen jemals etwas abgeschlagen?"

„Nichts, was ich haben wollte."

„Und wenn Sie ihm schrieben, daß Sie Herrn Dr. Tietze
bedürfen, würde er Ihnen denselben umgehend schicken?"

„Nein!"

„Sind Sie dessen gewiß?"

„Vollkommen!"

„Dann, mein Fräulein, bleibt mir nur Eins zu thun übrig:
Wie du mir, so ich dir. Ich nehme Sie mit mir an Bord
der Fun and Fancy und behalte Sie bis zur Rückkehr Dr. Tietze's
als Geisel."

„Eben wollte ich Ihnen das vorschlagen," sagte sie. „Um
diesen Preis wird Ihnen mein Vater Ihren Freund wiedergeben."

Bei diesen Worten unterbrach ich die Erzählung des John
Harris.

„Nun," sagte ich, „und bewundern Sie nicht das arme
Mädchen, welches Sie genug liebt, um sich in Ihre Hände zu
geben?"

„Das war eine rechte Heldenthat!" antwortete er; „sie wollte
den guten Mann, ihren Vater, retten und wußte wohl, daß wir
ihn, wenn einmal der Krieg erklärt wäre, nicht schonen würden. Ich

versprach ihr, sie mit aller Rücksicht zu behandeln, die ein Ehrenmann einer Dame schuldig ist. Sie weinte bis zu unserer Ankunft in Piräus und ich tröstete sie so gut ich konnte. Sie murmelte zwischen den Zähnen: ‚Ich bin ein verlornes Mädchen!' Ich bewies ihr mit a + b, daß sie sich schon wiederfinden würde. Dann ließ ich sie aus dem Wagen steigen und schiffte sie mit der Magd im großen Boote ein, demselben, welches uns dort erwartet. Dem alten Räuber schrieb ich einen kategorischen Brief und schickte die gute Person mit einer kleinen Botschaft an Dimitri nach der Stadt.

„Seit dieser Zeit befindet sich die schöne Trauernde im ungeschmälerten Besitz meines Zimmers. Befehl ist gegeben sie wie die Tochter eines Königs zu behandeln. Ich habe auf die Antwort ihres Vaters bis Montag Abend gewartet; dann ist mir die Geduld ausgegangen; ich habe meinen ersten Plan wieder aufgenommen, meine Pistolen eingesteckt, meinen Freunden gewinkt, das Uebrige wissen Sie. Nun ist die Reihe an Ihnen. Sie müssen ja ganze Bände zu erzählen haben."

„Gleich stehe ich zu Diensten," war meine ausweichende Antwort. „Lassen Sie mich nur zuerst dem Hadschi Stavros ein Wort in's Ohr sagen."

Ich näherte mich dem König des Gebirges und sagte leise zu ihm: „Ich weiß nicht, warum ich Ihnen erzählt habe, daß Photini John Harris liebt. Die Furcht muß mir den Kopf verdreht haben. Eben habe ich mit ihm gesprochen und ich kann Ihnen nunmehr die feste Versicherung geben, daß sie ihm so gleichgültig ist, als ob er sie nie gesprochen hätte."

Der Greis dankte mir mit einem Händedruck und ich kehrte zu John zurück, um ihm meine Abenteuer mit Mary-Ann mitzutheilen. „Bravo!" sagte er. „Ich finde zwar den Roman bei dem etwas großen Mangel an Liebe nicht ganz vollständig. Na, etwas wird doch immerhin vorhanden gewesen sein?!"

„Entschuldigen Sie," fuhr ich auf, „von Liebe ist in alledem gar keine Rede: solide Freundschaft von der einen, ein wenig

Dankbarkeit von der andern Seite. Doch bedarf es ja wohl nicht mehr, meine ich, um eine vernünftige Ehe zu schließen."

„Heirathen Sie, mein Freund, und nehmen Sie mich zum Zeugen Ihres Glückes."

„Das haben Sie allerdings ehrlich verdient, John Harris."

„Wann werden Sie das Fräulein wiedersehn? Ich würde viel darum geben, diesem Ereigniß beizuwohnen."

„Ich möchte sie überraschen und ihr wie zufällig begegnen."

„Das ist ein guter Einfall! — Uebermorgen ist Hofball; Sie sind eingeladen, ich auch. Der Brief erwartet Sie auf Ihrem Tisch bei Christobulos. Bis dahin, mein Junge, müssen Sie bei mir an Bord bleiben, um sich ein wenig zu erholen. Ihr Haar ist versengt und Ihr Pedal ist auch nicht in Ordnung: wir haben Zeit, dem Allem abzuhelfen."

Es war sechs Uhr Abends, als uns das große Boot der Fun und Fancy an Bord brachte. Man trug den König des Gebirges bis auf das Verdeck, er konnte nicht mehr aufrecht stehen. Photini warf sich weinend in seine Arme. Es war viel für sie, Alle, die sie liebte, dem Tode entronnen zu sehen, doch fand sie ihren Vater um zwanzig Jahre gealtert. Vielleicht auch fühlte sie sich von Harris' Gleichgültigkeit verletzt. Er übergab sie ihrem Vater mit ächt amerikanischer Rücksichtslosigkeit, indem er sagte: „Wir sind jetzt quitt. Sie haben mir meinen Freund zurückgegeben, ich überliefere Ihnen das Fräulein. Zug um Zug, kurze Rechnung macht lange Freunde. Und nun, erhabener Greis, in welchem gesegneten Himmelsstriche werden Sie sich hängen lassen? Sie sind nicht der Mann, sich zur Ruhe zu setzen."

„Verzeihen Sie," sagte er mit einigem Stolze, „ich habe der Räuberei Valet gesagt und zwar für immer. Was soll ich auch im Gebirge? Alle meine Leute sind todt, verwundet oder verstreut. Ich könnte andere ausheben, aber diese Hände, welche so viele Nacken gebeugt haben, versagen mir den Dienst. Die jungen Leute müssen mich nun ersetzen, doch bezweifle ich, daß ihnen mein Glück und mein Ruhm zu Theil werden wird. Was ich mit dem Reste meines Alters anfangen will? Ich weiß es selbst noch nicht; doch seien Sie versichert, daß meine letzten Tage keine verlorenen sein sollen: ich habe meine Tochter zu versorgen und meine Memoiren zu dictiren. Vielleicht werde ich, vorausgesetzt, daß die Ereignisse der vergangenen Woche mein Gehirn nicht zu sehr erschüttert haben, meine Fähigkeiten und Erfahrungen dem Staatsdienste widmen; sofern mir der liebe Gott meine Gesundheit erhält, werde ich binnen sechs Monaten Ministerpräsident sein."

VIII.

Der Hofball.

Donnerstag den fünfzehnten Mai um sechs Uhr Abends brachte mich John Harris in voller Uniform zu Christodulos zurück. Der Pastetenbäcker und seine Frau hießen mich willkommen, doch nicht, ohne mit einigen Seufzern an den König des Gebirges zu denken. Ich umarmte sie hingegen mit Herzlichkeit. Ich fühlte mich glücklich bei dem Gedanken dem Leben wiedergegeben zu sein und sah allenthalben nur Freude. Meine Füße waren geheilt, meine Haare verschnitten, mein Magen befriedigt. Dimitri gab mir die Versicherung, daß Madame Simmons, ihre Tochter und ihr Bruder zum Hofball geladen seien und daß eben die Wäscherin ein Kleid nach dem Hôtel des Etrangers gebracht habe. Im Voraus schon genoß ich die Freude und Ueberraschung Mary=Ann's. Christodulos bot mir ein Glas Santoriner Wein an; es war mir, als ob ich in diesem köstlichen Naß Freiheit, Reichthum und Glück tränke. Als ich die Treppe zu meinem Zimmer erstieg, glaubte ich im Vorübergehen bei Herrn Merinay anklopfen zu müssen. Er empfing mich inmitten eines Wustes von Büchern und Papieren, indem er mir in geschäftigem Tone zurief: „Lieber Dr. Tietze, Sie sehen einen in Arbeit vergrabenen Menschen vor sich. Ich habe oberhalb des Dorfes Castia eine Inschrift gefunden, welche mich des Vergnügens für Sie zu kämpfen beraubt hat und mich nun bereits zwei Tage wahrhaft foltert. Sie ist durchaus neu, wie ich mich überzeugt habe; es hat sie niemand vor mir gesehen; mir wird die Ehre der Entdeckung zukommen und ich denke ihr meinen Namen beizulegen. Der Stein ist ein kleines Monument von Muschelkalk, fünfunddreißig Centimeter hoch, zweiundzwanzig breit, und zufällig am Rande des Weges errichtet. Die Buchstaben sind aus der guten Zeit und vollkommen schön ausgeprägt. Hier ist die Inschrift, wie ich sie auf meiner Schreibtafel aufgezeichnet habe:

S. T. X. X. I. I.
M. D. C. C. L. X. X. I.

„Gelingt es mir, sie zu entziffern, so ist mein Glück gemacht. Man wird mich zum Mitgliede der Akademie der Epigraphik in Pont-Audemer ernennen! Aber die Aufgabe ist langwierig und schwer. Das Alterthum hütet seine Geheimnisse mit eifersüchtiger Sorgfalt. Ich fürchte sehr, daß ich auf ein Monument, welches sich auf die Eleusinischen Geheimnisse bezieht, gestoßen bin. In dem Falle würde es wahrscheinlich zwei Auslegungen geben, eine gewöhnliche oder demotische, eine heilige oder hieratische. Sie müssen mir Ihre Ansicht mittheilen."

„Meine Ansicht ist die eines Ignoranten. Ich glaube, daß Sie einen Meilenstein entdeckt haben, und daß die Inschrift, welche Ihnen so viel Mühe verursacht, sich ohne Schwierigkeiten folgendermaßen übersetzen ließe: Stadium 22, 1871 ... Guten Abend, mein lieber Merinay; ich will meinem Vater schreiben und meinen rothen Rock anziehen."

Der Brief an meine Eltern war ein Dithyrambus, eine Hymne, ein Gesang voll Glückseligkeit. Die Trunkenheit meines Herzens floß zwischen dem Spalt meiner Feder auf das Papier. Ich lud die ganze Familie zu meiner Hochzeit ein, die gute Tante Rederhette nicht ausgenommen. Meinen Vater bat ich sich vom Geschäft zurückzuziehen. Von meinen Brüdern Franz und Emil verlangte ich, daß sie ihren Abschied nehmen sollten, und meine jüngern Brüder beschwor ich, einen andern Beruf zu ergreifen. Ich nahm Alles auf mich und versprach, für die Zukunft der Meinigen zu sorgen. Ohne

Verzug siegelte ich die Depesche zu und ließ sie durch einen Expressen nach dem Piräus an Bord eines Dampfers des österreichischen Lloyd bringen, welcher Freitag früh um sechs Uhr abging. Auf diese Weise, sagte ich mir, werden sie sich meines Glückes beinahe ebenso bald als ich erfreuen.

Punkt drei Viertel auf neun Uhr betrat ich mit John Harris das Schloß. Weder Lobster, noch Herr Merinay, noch Giacomo waren eingeladen. Mein Dreimaster hatte einen etwas fuchsigen Schein, doch war dieser kleine Mangel bei Kerzenlicht nicht zu bemerken. Mein Degen war sieben bis acht Centimeter zu kurz; doch was that's. Der Muth wird nicht nach der Länge des Degens gemessen, und ich hatte, ohne eingebildet zu sein, das Recht mich für einen Helden zu halten. Der rothe Rock saß knapp; er beengte mich unter den Armen und der Aufschlag des Aermels reichte lange nicht bis an mein Handgelenk; doch nahm sich die Stickerei gut aus, wie es mir die Mutter vorhergesagt hatte.

Der Ballsaal, welcher nicht ohne Geschmack decorirt und sehr hell erleuchtet war, bestand aus zwei Theilen. Auf der einen Seite hinter dem Throne des Königs und der Königin befanden sich die Sessel für die Damen, auf der andern die Stühle für das häßliche Geschlecht. Ich überschaute mit einem Blick die von den Damen eingenommenen Plätze: Mary-Ann war noch nicht da.

Um neun Uhr erschienen der König und die Königin, die Oberhofmeisterin, der Oberhofmarschall, die Adjutanten und Ordonnanzoffiziere, womit der Ball nunmehr seinen officiellen Anfang nahm. Der König war stattlich als Palikare gekleidet und die Königin trug einen wunderschönen Anzug, dessen ausgesuchte Eleganz nur aus Paris kommen konnte. Aber alle die Pracht der Toiletten und der Glanz der Nationaltrachten blendeten mich nicht genug, um mich Mary-Ann vergessen zu lassen. Ich hatte meine Augen stramm auf die Eingangsthür geheftet und wartete.

Die Mitglieder des diplomatischen Corps und die vornehmsten Eingeladenen bildeten einen Kreis um den König und die Königin, welche freundliche Worte mit ihrer Umgebung wechselten. Ich befand mich mit John Harris in der letzten Reihe. Ein vor uns stehender Offizier trat so ungeschickt zurück, daß er mir auf den Fuß trat und mir einen Ruf des Unwillens entlockte. Er wandte den Kopf und ich erkannte den Hauptmann Perikles, ganz frisch mit dem Erlöserorden geziert. Er entschuldigte sich und fragte nach meinem Befinden. Ich konnte nicht umhin, ihm zu antworten, daß ihn das nichts anginge. Harris, welcher in meine Geschichte genau eingeweiht war, sagte höflich zu dem Hauptmann:

„Habe ich nicht die Ehre mit Herrn Perikles zu sprechen?"

„Der bin ich."

„Ich freue mich sehr, Sie hier zu treffen; hätten Sie vielleicht die Güte, mich in das Spielzimmer zu begleiten? Es ist noch leer und wir werden dort allein sein."

„Ich stehe zu Diensten, mein Herr."

Herr Perikles folgte uns, blässer als ein aus dem Hospital entlassener Soldat, aber lächelnd. Als wir angekommen waren, machte er Front vor John Harris: „Mein Herr, ich erwarte Ihre Befehle."

Statt aller Antwort riß ihm Harris seinen Orden nebst dem neuen Bande ab, steckte ihn in die Tasche und rief: „Das ist Alles, was ich Ihnen zu sagen hatte."

„Mein Herr!" . . . schrie der Hauptmann, indem er zurücktrat.

„Keinen Lärm, wenn ich bitten darf! Wenn Ihnen an diesem Spielzeug etwas liegen sollte, so können Sie dasselbe durch zwei Ihrer Freunde bei Herrn John Harris, Commandanten von Fun and Fancy abholen lassen."

„Mein Herr," wiederholte Perikles, „ich weiß nicht, mit welchem Rechte Sie mir ein Kreuz im Werthe von fünfzehn Drachmen zu nehmen wagen, welches ich werde nun anschaffen müssen."

„Wenn es weiter nichts ist: hier ist ein Sovereign mit dem Bildnisse der Königin von England: fünfzehn Drachmen für das Kreuz, zehn für das Band. Sollten Sie etwas übrig haben, so bitte ich Sie, dafür ein Glas auf meine Gesundheit zu trinken."

„Mein Herr," erwiderte der Offizier, das Goldstück einsteckend, „empfangen Sie meinen Dank." Er grüßte uns schweigend, doch versprachen seine Blicke nichts Gutes.

„Mein lieber Tietze," sagte Harris zu mir, „Sie werden wohl thun, dieses Land mit Ihrer Braut bald zu verlassen. Dieser Gensdarm hat das Ansehen eines Erzräubers. Was mich betrifft, so werde ich noch acht Tage warten, um ihm Zeit zu lassen, mir auf mein Goldstück herauszugeben; nachher werde ich meinem Rufe nach dem Japanischen Meere folgen."

„Es thut mir sehr leid," antwortete ich, „daß Sie sich von ihrer Lebhaftigkeit haben so weit fortreißen lassen. Ich wollte Griechenland nicht verlassen, ohne ein Exemplar der Boryana variabilis zu besitzen. Ich hatte ein unvollständiges, ohne die Wurzel, und ich habe es dort oben mit meiner Pflanzentrommel vergessen."

„Lassen Sie Lobster oder Giacomo eine Zeichnung der Pflanze zurück und die beiden mögen dann für Sie eine Pilgerfahrt in's Gebirge unternehmen. Aber um des Himmels Willen! eilen Sie jetzt, Ihr Glück in Sicherheit zu bringen."

Indessen erschien mein Glück noch immer nicht auf dem Balle und ich strengte meine Augen vergeblich an, die Züge der Tänzerinnen zu mustern. Gegen Mitternacht gab ich die Hoffnung auf. Ich verließ den großen Saal und pflanzte mich schwermüthig vor einen Whisttisch, an welchem vier geübte Spieler die Karten mit bewundernswürdiger Geschicklichkeit herumgehen ließen. Schon fing ich an, an diesem Geschicklichkeitsspiele Interesse zu nehmen, als ein silbernes Lachen mein Herz erbeben machte. Mary-Ann war da, hinter mir. Ich konnte sie nicht sehen und wagte nicht, mich nach ihr umzudrehen, doch mußte ich sie gegenwärtig und die Freude erstickte mich beinahe. Ich habe nie erfahren, was ihre Heiterkeit erregte; vielleicht irgend ein lächerlicher Aufzug; man sieht solche in allen Ländern bei officiellen Bällen. Es fiel mir ein, daß ein Spiegel vor mir hing. Ich erhob die Augen und sah sie ohne gesehen zu werden zwischen ihrem Onkel und ihrer Mutter, schöner, strahlender, als den Tag, da ich sie zuerst erblickt hatte. Eine dreifache Reihe Perlen schmiegte sich sanft um ihren Hals und beschrieb die süße Form ihrer unvergleichlichen Schultern. Ihre Augen blitzten beim Glanze der Kerzen, ihre Lippen lächelten mit unbeschreiblicher Anmuth, das Licht tanzte in tausend Funken in ihrem Haar. Ihr Anzug glich dem aller übrigen jungen Mädchen; sie war einfach gekleidet, im vollen Gegensatz zu ihrer Mutter, auf deren Haupt ein Paradiesvogel prangte; Mary-Ann's Kleid war mit einem Zweig natürlicher Blumen heraufgenommen; sie trug Blumen an der Brust und im Haar — und welche Blumen, mein Herr? rathen Sie einmal: ich glaubte vor Freude zu sterben, als ich die Boryana variabilis an ihr erkannte. Der Himmel schüttete seine Gaben alle auf ein Mal über mich aus. Gibt es eine süßere Beschäftigung, als in dem Haare der Geliebten zu botanisiren? Ich war der Gesegnetste der Menschen und der Botaniker! Das Uebermaaß des Glückes ließ mich alle Gesetze der Convenienz vergessen. Ich wandte mich plötzlich nach ihr um, streckte meine Hände aus und rief: „Mary-Ann! ich bin es!"

Unglaublich! sie wich wie erschrocken zurück, anstatt sich in meine Arme zu werfen. Madame Simmons erhob den Kopf so hoch, daß ich glaubte ihr Paradiesvogel werde durch die Decke fliegen. Der alte Herr faßte mich bei der Hand, führte mich abseits, betrachtete mich wie ein Wunderthier und sagte: „Sind Sie den Damen vorgestellt, mein Herr?"

„Es handelt sich jetzt nicht darum, mein lieber Herr Sharper, mein theurer Onkel! Ich bin Tietze! Dr. phil. Rudolph Tietze! ihr Mitgefangener! ihr Retter! Ach! ich habe schöne Dinge erlebt, das können Sie glauben, seitdem sie abgereist sind! Ich werde Ihnen das Alles bei uns erzählen."

„Yes, yes," antwortete er. „Aber, mein Herr, die englische Sitte erfordert — erfordert durchaus, daß man den Damen vorgestellt ist, ehe man ihnen Geschichten erzählt."

„Aber die Damen kennen mich ja, mein guter, vortrefflicher Herr Sharper! wir haben mehr als zehn Mal zusammen gespeist! ich habe ihnen einen Dienst von hunderttausend Drachmen erwiesen! Sie wissen ja! bei dem König des Gebirges."

„Yes, yes, aber Sie sind nicht vorgestellt."

„Aber wissen Sie denn nicht, daß ich tausend Mal mein Leben gewagt habe für meine theure Mary-Ann?"

„Sehr wohl; aber Sie sind nicht vorgestellt."

„Ich werde sie ja heirathen, mein Herr, ihre Mutter hat mir es zugesagt. Hat man Ihnen nicht gesagt, daß ich sie heirathen werde?"

„Nicht ehe Sie vorgestellt sind."

„So stellen Sie mich doch selbst vor!"

Gern, doch erst müssen Sie mir vorgestellt sein."

„Warten Sie."

Ich durcheilte den Ballsaal wie ein Rasender, rannte mehr als zehn walzende Paare um; mein Degen gerieth mir unter die Beine, ich glitt auf dem Parket aus und fiel schmählich der Länge nach hin.

John Harris hob mich auf. „Was suchen Sie?" sagte er.

„Sie ist hier, ich habe sie gesehen, ich werde sie heirathen, ich muß ihr nur erst vorgestellt werden, das ist nun einmal englische Sitte. Helfen Sie mir! Wo ist sie denn? Haben Sie nicht eine ehrwürdige Dame mit einem Paradiesvogel gesehen?"

„Ja, eben hat sie nebst einem sehr hübschen Mädchen den Ball verlassen."

„Den Ball verlassen? aber mein Freund, das war ja Mary-Ann's Mutter!"

„Beruhigen Sie sich, wir werden sie wiederfinden. Ich werde Sie durch den amerikanischen Gesandten vorstellen lassen."

„Das ist Recht. Ich werde Ihnen den Onkel Edward Sharper zeigen. Ich habe ihn hier gelassen. Wo zum Teufel steckt er denn? Er kann nicht sehr weit sein."

Onkel Edward war verschwunden. Ich schleppte den armen Harris bis auf den Schloßplatz, vor das Hôtel des Etrangers. Die Zimmer der Madame Simmons waren erhellt, aber schon nach einigen Minuten wurden die Lichter ausgelöscht — Alle waren zu Bett gegangen.

„Lassen Sie uns ein Gleiches thun," sagte Harris. „Der Schlaf wird Sie beruhigen. Morgen werde ich zwischen ein und zwei Uhr Ihre Angelegenheit in Ordnung bringen."

Ich verbrachte eine schlimme Nacht, schlimmer als je eine während meiner Gefangenschaft. Harris schlief mit im Zimmer, das heißt vielmehr er schlief nicht. Wir hörten sämmtliche Wagen mit ihrer Ladung von Putz und Uniformen die Hermesstraße herunterrollen. Gegen fünf Uhr schloß mir die Müdigkeit die Augen. Drei Stunden später trat Dimitri in mein Zimmer aus vollem Halse schreiend: „Große Neuigkeiten!"

„Was?"

„Eben sind Ihre Engländerinnen abgereist."

„Was? Wohin?"

„Nach Triest."

„Unglücklicher, bist du dessen gewiß?"

„Ich habe sie selbst nach dem Schiffe gebracht."

„Mein armer Freund," sagte Harris, mir die Hand drückend, „Dankbarkeit läßt sich gebieten, aber Liebe kann man nicht erzwingen."

„Leider!" seufzte Dimitri. In der Brust dieses armen Teufels wenigstens fand mein Leid ein Echo....

Die ersten Tage darauf, mein Herr, habe ich nur noch vegetirt: ich habe gegessen, getrunken und Luft eingeathmet. Ich sandte meine Sammlung nach Hamburg und zwar ohne ein einziges Exemplar der Boryana variabilis. Meine Freunde begleiteten mich den Tag nach dem Balle an das französische Schiff; sie riethen mir aus Vorsicht, während der Nacht zu reisen, um nicht den Soldaten des Herrn Perikles in die Hände zu fallen. Wir langten ohne Unfall im Piräus an; doch fünfundzwanzig Faden vom Ufer entfernt pfiffen ein halbes Dutzend Kugeln aus unsichtbaren Flinten um unsere Ohren. Es war das Lebewohl des schönen Hauptmanns und seiner schönen Heimath.

Ich habe seitdem die Gebirge von Malta, Sicilien und ganz Italien durchstreift, mein Herbarium ist reicher geworden, als ich. Mein Vater, welcher gescheidt genug gewesen, sich nicht vom Geschäft zurückzuziehen, berichtete mir nach Messina, daß man meine Sendungen zu Hause zu würdigen wisse. Vielleicht erhalte ich bei meiner Rückkehr eine Stelle; doch habe ich es mir zum Gesetz gemacht, auf nichts mehr zu rechnen.

Harris ist nach Japan unterwegs; in ein oder zwei Jahren hoffe ich, Nachricht von ihm zu erhalten. Der kleine Lobster hat mir nach Rom geschrieben, er übt sich noch immer im Pistolenschießen. Giacomo fährt fort, des Tages Briefe zu siegeln und Abends Haselnüsse zu knacken. Herr Merinay hat für seinen Stein eine neue Auslegung gefunden, welche weit sinnreicher ist, als die meine. Sein großes Werk über Demosthenes soll früher oder später gedruckt werden. Der König des Gebirges hat sich mit der Regierung ausgesöhnt. Er baut gerade ein großes Haus auf der Straße nach dem Pentelikon, mit einer Hauptwache, in der fünfundzwanzig ergebene Palikaren Platz haben. Unterdessen hat er eine kleine Wohnung in der neuen Stadt am Ufer des großen

Baches gemiethet. Er sieht viel Gesellschaft bei sich und gibt sich große Mühe Justizminister zu werden. Sie werden ohne Zweifel demnächst aus den Zeitungen ersehen, daß seine Bestrebungen nicht erfolglos geblieben sind. Photini steht seinem Hause mit Anmuth und Würde vor. Dimitri geht zuweilen hin, um in der Küche zu speisen und zu seufzen.

Ich habe nichts mehr weder von Madame Simmons, noch von Herrn Sharper, noch von Mary-Ann gehört. Ich glaube sogar, daß ich bald die ganze Affaire aus dem Sinn verloren haben werde. Zuweilen nur noch während der Nacht träume ich, daß ich vor ihr stehe und daß sich mein langes hageres Gesicht in ihren Augen spiegelt. Dann erwache ich und finde mich weinend. Aber wenn ich dann wach bin, so mache ich mir Vorwürfe über meine dumme Sentimentalität: ich habe mich der Wissenschaft vermählt und die duldet keine andern Göttinnen neben sich.

So! das ist die Geschichte meiner griechischen Abenteuer." Wenn sie Ihnen vielleicht stellenweise nicht besonders interessant war, so bedauere ich das, ohne es ändern zu können; sie ist dafür um so wahrer.

IX.

Zwei Briefe.

Am selben Tage, da ich die Erzählung des Dr. Rudolph Tietze an meinen Verleger senden wollte, schickte mir mein geschätzter Correspondent das Manuscript mit folgendem Briefe zurück:

„Geehrter Herr!

Die Geschichte von dem König des Gebirges ist die Erfindung eines Feindes der Wahrheit und der Gensdarmerie. Keine der darin genannten Personen hat jemals auf griechischem Boden geweilt. Die Polizei hat keinen Paß visirt, welcher auf den Namen einer Madame Simmons gelautet hätte. Der Kommandant des Piräus hat niemals die Fun and Fancy oder einen Herrn John Harris nennen hören. Die Gebrüder Philipp entsinnen sich nicht je einen Herrn William Lobster beschäftigt zu haben. Kein diplomatischer Beamter hat in seinen Bureaux einen Maltesen Namens Giacomo Fondi gekannt. Die Griechische Bodencreditbank hat sich Manches vorzuwerfen, doch hat sie nie Capitalien übernommen, welche ein Ertrag der Räuberei gewesen. Hätte sie übrigens welche gehabt, so wäre sie des Einverständnisses sämmtlicher Actionäre gewiß gewesen, wenn sie trotzdem den daraus resultirenden Betrag zur Erzielung einer höhern Dividende benutzt hätte. Ich halte die Liste unserer Offiziere von der Gensdarmerie zu Ihrer gefälligen Einsicht bereit: Sie werden finden, daß der Name Perikles darin seit vielen Jahren schon nicht mehr vertreten ist. Was endlich den berühmten Hadschi Stavros betrifft, dessen Namen ich heute zum ersten Male höre, so ist das ein fabelhaftes Wesen, welches vollständig der Mythologie angehört. Ich bekenne ganz aufrichtig, daß es allerdings früher Räuber in unserem Lande gegeben hat. Die bedeutendsten sind durch Herkules und Theseus ausgerottet worden, welche man demzufolge gewissermaßen als die Gründer der griechischen Gensdarmerie betrachten kann. Diejenigen, welche dem Arme dieser beiden Helden entgangen sind, hat unsere unbesiegbare Armee umgebracht. Der Verfasser des Romanes, welchen mir mitzutheilen Sie mir die Ehre erweisen, hat das Zeugniß eben so großer Unwissenheit als Böswilligkeit abgelegt, indem er das Räuberwesen als etwas noch jetzt Bestehendes darzustellen sucht. Ich würde gerade aus diesem Grunde es keineswegs ungern sehen, wenn dieses sein Elaborat dennoch gedruckt würde und recht große Verbreitung fände: die Welt würde endlich erfahren, durch welche handgreifliche Betrügereien man es versucht, uns vor allen civilisirten Völkern zu verdächtigen.

Patriotis Psoftis,

Verfasser von „Griechenlands Wiedergeburt"; Redacteur der „Wahrheit"; Verwaltungsrath der Griechischen Bodencreditbank.

worauf ich antwortete:

Mein werther Freund! Die wahrsten Geschichten sind keineswegs nur diejenigen, welche wirklich passirt sind.

Ende.

Im gleichen Verlage sind ferner erschienen folgende durch jede solide Buchhandlung zu beziehenden und zu Festgeschenken besonders geeigneten Illustrationswerke:

1) **Die Reise wider Willen.**
Empfindsam-launige Skizzen eines harmlosen Touristen.
Illustrirt von Gustav Doré.
Elegant geheftet ℳ. 10. —, originell gebunden ℳ. 12. —

2) **Illustrirte Geschichte der Vereinigten Staaten von Amerika.**
Text von Benson J. Lossing, Zeichnungen von Felix Darley.
192 Bogen 4°, 445 Text-Illustrationen, 48 Tondruckbilder, 3 historische Karten.
3 Bände. Geheftet ℳ. 32. —, gebunden ℳ. 36. —

3) **Eine Reise in den Pyrenäen.**
Plaudereien über alles Mögliche und noch einiges Andere.
Text von H. Taine, Illustrationen von Gustav Doré.
Elegant geheftet ℳ. 10. —, originell gebunden ℳ. 12. —.

Zur Orientirung sind nachstehend Stimmen der Presse über die oben angeführten Werke, sowie Proben aus den letzteren beigegeben.

Die Reise wider Willen.

Paul Flemming, Nordamerikaner von Geburt, reich und unabhängig, der liebenswürdigste alte Junggeselle, den man sich nur denken kann, lebt in Paris friedlich und behaglich seinen Neigungen und seinem „epochemachenden Werke" über die „Anwendung der Einbildungskraft auf die Behandlung der Oertlichkeiten und Entfernungen in der Geographie". Die Frühlingssonne scheucht ihn von seinen Büchern auf und gibt ihm den Gedanken ein, eine kleine Fußwanderung nach seiner Villa in Marly um die verschiedenen Vorstädte von Paris herum zu unternehmen. Er gelangt glücklich bis Noisy, woselbst er auf einen Freund stößt, der ihn zu einem Nachmittagsbesuche in Epernay zu bewegen weiß. Damit ist das Schicksal unseres Helden besiegelt. Jeden Abend sucht er mit dem Schnellzuge nach Paris zurückzugelangen und jeder Abend sieht ihn mit Eilzugs-Geschwindigkeit von Paris sich entfernen. Er durchstreift den Schwarzwald, fährt den Rhein hinab bis Coblenz, und erst nach Wochen glückt es ihm, wieder zu seinen Penaten zurückzukehren. Dies ist das äußere Gerippe eines Buches, welches, voll Esprit und Humor, gar nicht der zahlreichen und schönen Zeichnungen von Gustav Doré bedürfte, um eine Lieblingslectüre aller gebildeten Kreise zu werden... Es ist lange kein Werk auf dem deutschen Büchermarkte erschienen, welches, in seiner Art so originell, so anregend, so geistvoll, gleich herzlich anzumuthen vermocht hätte, wie Paul Flemming's Erlebnisse und Betrachtungen auf der unfreiwilligen Reise in's Blaue. **Neue Freie Presse.**

Ill. Gesch. d. Verein. Staaten.

... Mit stets wachsendem Interesse sind wir der Darstellung des Verfassers bis zur letzten Seite gefolgt und zwar besteht der Hauptvorzug der Darstellung in ihrer Schlichtheit. Streng sachlich, ohne nach irgend welchem sprachlichen Effect zu haschen, schreitet die Erzählung fort, nirgends behindert uns ungekünstelter Redeschmuck, und die uns in beständiger Spannung erhaltende, fast dramatische Lebendigkeit ist durchaus keine gesuchte, sondern resultirt vielmehr unwillkürlich aus der Innigkeit, mit welcher der Verfasser sich in seinen Stoff versenkt hat. Die zahlreichen Illustrationen tragen nicht wenig dazu bei, den Genuß der Lectüre zu erhöhen.

Bromberger Ztg. (3. Besprechung).

Die Reise wider Willen.

... Der treffliche Zeichner und Maler hat hier in unzähligen kleinen, meist humoristischen Skizzen ebensoviel Proben seines Talents und seiner Meisterschaft abgelegt. Der köstliche Text eines Anonymus ist aber auch der Mühe des Künstlers werth. Der Held der Geschichte erlebt allerlei Abenteuer, welche das Interesse bis zum Schlusse rege erhalten. Sein Ziel als Wanderer und Heirathscandidat hat zwar verfehlt, aber als Selbstbiograph sich ein Denkmal gesetzt, welches wie wir hoffen, vielen zur Erheiterung dienen wird.

Württemb. Staatsanzeiger.

Eine Reise in den Pyrenäen.

... Ein zwar eigenthümliches, aber hoch interessantes Werk bieten uns hier der bekannte jüngste Unsterbliche der Pariser Akademie und der fruchtbarste und mit der beste aller Illustratoren. Beschreibungen, Reflectionen, Geschichte, Sagen, humoristische und tiefernste Betrachtungen wirbeln durcheinander und zwingen den Leser, sich der vielseitigen Launenhaftigkeit des Autors, welcher der Zeichner mit überraschendem Geschick Ausdruck zu geben wußte, brummend anzubequemen. Hat man sich eine Zeit lang mit dem Unsterblichen durch alle möglichen Stimmungen und in ihnen von Bordeaux bis Bayonne durchgearbeitet, dann fangen Einem die Kreuz- und Quersprünge an zu gefallen, und man hopft vergnüglich von Stadt zu Städtchen, vom Meer in's Gebirge und freut sich hier wie ein ausgelassenes Füllen, indeß man dort den Kopf melancholisch hängen läßt, als wäre man ein ebenso melancholischer als langweiliger Distelfresser. Wer, wie Referent, ein gut Stück der Pyrenäen und des südwestlichen Theils von Frankreich kennt, hat doppeltes Interesse an dem Buche, das übrigens pompös ausgestattet ist, und daher auch in dieser Beziehung empfohlen werden kann.

Hamburger Reform.

Ill. Gesch. d. Verein. Staaten.

... Dies schöne und verdienstvolle Unternehmen, auf das wir bereits wiederholt die Aufmerksamkeit unserer Leser gelenkt, hat nun die größere Hälfte seines Weges zurückgelegt. Werfen wir einen Blick auf das bisher geleistete, so können wir nur unserer Anerkennung desselben erneuten Ausdruck geben. Der Verfasser liefert uns hier ein Meisterwerk der hervorragendsten Art. Lebensvolle und anregende Darstellung in eleganter und doch würdiger Form vereinen sich bei ihm mit Frische, Gewissenhaftigkeit und Unparlichkeit. Die Zeichnungen, theils im Texte selbst erscheinend, theils als Vollbilder demselben beigegeben, sind lebenswahr entworfen und trefflich in Holz ausgeführt, keine Schablonenbilder, wie man ihnen so häufig in Illustrationswerken begegnet. Da auch der Preis des Werkes ein sehr billiger, so vereint sich hier Alles, um dem Lesepublikum, dem es als ein Bedürfniß und eine Pflicht erscheint, sich über Vergangenheit, Gegenwart und Zukunft der Vereinigten Staaten eingehend zu unterrichten, dieses hierzu in vortrefflicher Weise geeignete Werk zur Anschaffung zu empfehlen.

<small>Neue Freie Presse (4. Besprechung).</small>

Die Reise wider Willen.

... Es ist eine hier und da etwas breit und behaglich ausgeführte, hier und da etwas schnurrig und sonderbar mit allerhand Schnörkeln versehene, aber durchaus liebenswürdige humoristisch-satirische Reisenovelle in der Art von Sterne's classischer „Empfindsamer Reise." Offenbar ist der Verfasser ein feingebildeter Schriftsteller und, so harmlos er sich stellt, ein scharfer Beobachter. Er besitzt so viel Eigenart, eine so gutmüthige Art zu plaudern, einen so gesunden Blick für alle Details seiner Umgebung und eine so lebenslustige, witzige Auffassung der Menschen, der Länder und der Ereignisse, daß man diesen harmlosen Touristen gern auf seinen Wanderungen begleitet. Die Welt ist, wie Thackeray in „Vanity Fair" so schön sagt, ein Spiegel, aus dem jedem sein eigenes Gesicht entgegenblickt. Wirf einen mürrischen Blick hinein und es wird dir ein finsteres Gesicht erscheinen; lache sie an und lache mit ihr, und sie ist dir ein lustiger, gutmüthiger Gefährte. Wir dürfen deshalb wohl annehmen, daß auch der leichtsprudelnde, gemüthliche, von zersetzender Schärfe freie Ton dieser Reisebilder auf eine liebenswürdige Feder, Hand und Seele schließen läßt.

Conflicte und Abenteuer, Begegnungen und Betrachtungen, Knoten und deren Lösungen, geschickt eingestreute Bemerkungen über Geschichte und Sage machen diese Reise zu einer sehr unterhaltenden. Einen werthvollen Schmuck erhält das Werkchen durch die etwa 200 Holzschnittillustrationen, welche Gustav Doré dem Text eingeflochten hat. Eine Fülle von echtem, packendem Humor ist in diesen wunderhübschen und zarten Skizzen und Scherzen aus dem deutschen Leben enthalten, und nicht übel ist es dem Meister, als geborenem Straßburger, gelungen, vermöge des in ihm lebenden deutschen Elements die heiteren und charakteristischen Seiten des deutschen Volkslebens zu verstehen und frappant wiederzugeben.... Wir könnten selbst auf die kleinen und kleinsten Skizzen verweisen, wo Landschaft und Staffage glücklich vereint und das humoristische Genre zwar der Grenze der Carricatur nahe gerückt, doch anziehend wiedergegeben ist. Leicht hingeworfene, aber geschickte Composition, Hervorhebung des Charakteristischen, feine, lebensvolle Ausführung, das sind die Hauptvorzüge dieser Miniaturen aus der Studienmappe des berühmten Meisters ... Verfasser und Illustrator der „Reise wider Willen" unterhalten den Leser auf das beste ....

<small>Illustrirte Zeitung.</small>

Eine Reise in den Pyrenäen.

... Ein Werk, das zur Kurzweil wie geschaffen ist. Der Text wäre auch ohne die Doré'schen Meisterskizzen so amüsant, wie Doré es ohne Text wäre. Die Reise ist also doppelt lohnend.

<small>Berliner Wespen (Julius Stettenheim).</small>

Ill. Gesch. d. Verein. Staaten.

... Die in unsern Spalten schon einige Male mit rühmenden Worten angezeigte und besprochene „Illustrirte Geschichte ꝛc." ... legt Zeugniß ab von der Kenntniß und kritischen Kunst des gelehrten amerikanischen Historikers Benson J. Lossing, der seinen eigenen Ruhm durch die Verfassung dieses Werkes auf das Höchste steigert und seinem Lande damit zugleich ein wissenschaftliches und patriotisches Ehrengeschenk darbringt.... Da die amerikanischen Verhältnisse und ihre geschichtliche Entwickelung den Deutschen stets große Theilnahme einflößen, jetzt sogar das deutsche Element in Nordamerika in nächste Beziehungen mit den Yankees getreten ist, die bald zur bürgerlichen und intellectuellen Nebenbuhlerschaft sich erweitern werden, darf die „Ill. Gesch. ꝛc." auf Theilnahme und Verständniß unter uns hoffen. In der Bücherei jedes gebildeten Hauses wird das Werk wegen Inhalt und Ausstattung eine Zierde bilden.

Hamb. Nachrichten (4. Besprechung).

Die Reise wider Willen.

... Unter den illustrirten Prachtwerken des diesjährigen Weihnachtsmarktes ist dieses hübsche Buch wohl eines der anziehendsten ... Im vorliegenden Buche haben wir eine der gelungensten Nachahmungen Sterne's, eine die an Grazie, Humor, Jovialität und lächelnder Satire dem Originale sehr nahe kommt ... In dem anziehenden Texte kommen drei Attribute zur Geltung: französischer Esprit, trockener amerikanischer Humor, und deutsches Gemüth. Das erste und das letzte dieser Attribute haben in Gustav Doré einen tüchtigen künstlerischen Interpreten gefunden, welcher, als geborner Straßburger, sich noch genug deutsches Wesen bewahrt hat, um dieses Buch recht wirksam zu illustriren. Doré's große Gewandtheit, mit wenig Mitteln und im kleinsten Rahmen ungemeine Wirkung und Individualisirung in eine Illustration zu legen und humoristisch zu wirken, kommt in dem Buche zur vollsten Geltung und leiht demselben einen ungemeinen Reiz, wie man schon beim bloßen Blättern an den Illustrationen sehen wird.

Schwäbisch. Merkur.

Eine Reise in den Pyrenäen.

... Diese originelle „Reisebeschreibung" macht den Eindruck, als seien ihre einzelnen Capitel vom Verfasser principiell nur in jener charakteristisch angeregten Stimmung zu Nutz und Frommen der Mitwelt niedergeschrieben worden, welche sich bei Menschen von optimistischer Denkungsart nach einem starken Diner einzustellen pflegt. Der Autor zögert z. B. nicht einen Augenblick in seiner „Pyrenäen-Reise" einen Abschnitt über die bedauerliche Verbreitung des Clavierspiels in Großstädten und einen andern, „Leben und Meinungen eines philosophischen Katers", einzufügen. Auch hat er eine entschiedene Neigung, historische Reminiscenzen in so eigenthümlich humoristischer Form zu bringen, daß sie dem Ganzen eine durchaus nicht allzu nüchterne Färbung verleihen. Wer ein wirkliches, regelrechtes Reisehandbuch für die Pyrenäen sucht, der nehme Taine's Werk lieber gar nicht zur Hand — wer aber mit der Lectüre eines geistvollen, reizend, anregend und voll unwiderstehlicher Laune geschriebenen Buches zufrieden ist, dem empfehlen wir es auf's wärmste — der heiteren Stunden gedenkend, die wir selbst dem Autor verdankten. Daß der Stift Doré's die tollsten Sprünge der Phantasie des Verfassers zu illustriren vermochte, brauchen wir nicht auszuführen. Ein Blick wird den Leser überzeugen, daß Doré auch hier — wie immer — Prächtiges geleistet und Vieles geschaffen, was hohen künstlerischen Werth besitzt.

Neue Freie Presse.

Ill. Gesch. d. Verein. Staaten.

... Man weiß hier in der That nicht, wem man das größere Lob spenden soll, dem Autor wegen seiner trefflichen und in vielfacher Hinsicht mustergültigen Arbeit, dem Illustrator wegen seiner künstlerischen, außerordentlich ansprechenden, dem Werke eingereihten Bildergabe, oder endlich der Verlagshandlung für die prächtige, durchweg splendide Ausstattung des Buches. Eine solch' gediegene literarische Leistung kann man wirklich mit gutem Gewissen und freudigem Herzen dem Wohlwollen des Publikums empfehlen, und hoffentlich wird diese Empfehlung auch nicht unbeachtet bleiben.

Casseler Tagespost (2. Besprechung).

Die Reise wider Willen.

... Ein Buch von fesselndem Reiz sowohl durch den im gemüthlich schalkhaften Humor gehaltenen Text, als besonders durch die geistvollen Zeichnungen des berühmten Illustrators, welche das Ganze in reicher Austheilung durchweben ... In die Erzählung sind mit vollendeter Kunst allerlei Abenteuer, Schilderungen von Land und Leuten voll feiner Charakteristik und scherzender Laune, Märchen und Sagen von halb romantischer, halb neckischer Stimmung verflochten, und all das heitere Getriebe dient gleichsam als Arabeske einer einfachen Herzensgeschichte, die der Autor kunstvoll durch die bunten Ranken hindurchschimmern läßt. Das Buch wird illustrirt durch eine große Anzahl köstlicher Bildchen, in Holzschnitt mit besonders feinem Verständniß ausgeführt, Arbeiten jenes genialen Künstlers, von dem man sagen kann, daß er im Kleinsten am größten ist.

Landschaftsbildchen von minutiöser Gestalt wechseln mit Figürlichem aller Art: Humoristisches, bis an die Carricatur Streifendes mit Phantastischem, und in alledem zeigt sich ein Talent, welches mit der bloßen Linie, im strengen Verzichten auf malerische Wirkungen, das Feinste und Geistreichste von Charakteristik bietet und selbst in der Carricatur noch die dem Franzosen angeborne Grazie festhält. Manchmal auf fingerbreitem Raum zusammengedrängt, erreichen die größten dieser Miniaturdarstellungen höchstens die Breite einer Hand und doch erschöpfen sie mit Prägnanz ihr Thema ... Das liebenswürdige Buch, dessen Ton an die gemüthliche Art der älteren englischen Humoristen erinnert, wird sich ohne Zweifel zahlreiche Freunde erwerben.

Ztschr. f. bildende Kunst (Wilhelm Lübke).

Eine Reise in den Pyrenäen.

... Höchst interessante Schilderungen von Land und Leuten einer Region, die noch Vielen bis zur Stunde eine unbekannte Welt gewesen, werden uns in einem gefälligen, leicht geschürzten Gewande vorgetragen und ermöglichen es so dem Autor, seinem unverwüstlichen Humor hie und da die Zügel schießen zu lassen. Vorzugsweise sind es die vielgenannten Pyrenäenbäder Biarritz, St. Jean de Luz, Pau, Eaux-Bonnes, Eaux-Chaudes, Cauterets ꝛc. ꝛc., die wir in der liebenswürdigen und unterhaltenden Gesellschaft Taine's zu durchwandern haben und von denen er uns die köstlichsten Historien und Phantasiestückchen zu erzählen weiß. Auf dieser Reise in guter Gesellschaft findet sich aber noch ein zweiter Gefährte von anerkannter Genialität, das ist G. Doré. Sein künstlerischer Griffel ist der stets bereite Dolmetscher zwischen des geist-

reichen Gelehrten Mund und unseren etwa in der Auffassung weniger flinken Ohren und Augen. Mit dem Wenden fast eines jeden Blattes in dem von der Verlagshandlung prächtig ausgestatteten Werke treten stetig neue und anscheinend immer vollendetere Bilder vor uns, die — sollten wir einem den Preis zuerkennen — uns die Wahl schwer machen würden. Die „Reise in den Pyrenäen" ist somit recht eigentlich ein Werk für den Weihnachtstisch.
Casseler Tagespost.

Ill. Gesch. d. Verein. Staaten.

... Die bis zum gegenwärtigen Augenblick erschienenen Lieferungen sind bezüglich Inhalt und Ausstattung den äußerst günstigen Ruf, welchen die noch so junge Verlagsbuchhandlung sich zu erwerben gewußt hat, nur zu erhöhen im Stande ...
Archiv f. Buchdruckerkunst (Theodor Goebel).

Die Reise wider Willen.

... Illustrirt von Gustav Doré — pflegt die Ankündigung für Prachtwerke größten Stils zu sein, deren Illustrationen den Text, und sei es selbst die Bibel, fast vergessen machen. In diesem Werke dagegen tritt Doré bescheiden nur neben den Erzähler hin mit zierlichen kleinen Bildchen, in deren harmlosem Vortrage nichts von seiner gewaltsamen, auf starke Effecte berechneten Manier zu spüren ist... In den Bildchen ist viel Schalkheit und guter Humor, oft sogar überraschende Einblicke in deutsches Wesen und deutsche Schwächen.
National-Zeitung (Julius Lessing).

Ill. Gesch. d. Verein. Staaten.

... Die uns vorliegenden Lieferungen des volksthümlichen Geschichtswerkes lassen uns erkennen, daß es seiner Aufgabe vollkommen gerecht werden wird. Lebensvolle, frische und klare Darstellung mit einer dem unparteiischen Historiker zukommenden Ruhe veranschaulichen die Entstehung und Entwickelung der aus den kleinsten und zusammengewürfelten Anfängen entstandenen und heute so gewaltigen Vereinigten Staaten. Was uns an dem Werke so anmuthet, ist die Vermeidung alles phrasenhaften und bombastischen Aufwandes an Worten, welchen so häufig Volksschriftsteller mißbrauchen, um die Leser in Spannung und Begeisterung zu versetzen.
Literarische Correspondenz.

Die Reise wider Willen.

... Mit einem bis zum Schlusse gehenden Behagen folgen wir dem Verfasser auf seiner wider Willen fortgesetzten Reise, und wenn wir das ziemlich umfangreiche, gegen 400 Seiten starke Buch zu Ende gelesen haben, ist uns der Verfasser ein so vertrauter angenehmer Gefährte geworden...
Schlesische Presse (Robert Lutz).

machten uns auf den Weg nach einem der berühmtesten. Ich wähnte dort nichts anderes zu sehen, als lange Reihen von Flaschen in Schlachtordnung — ich sollte aber dort Eleusis und seine Mysterien treffen.

Unter der tempelartigen Vorhalle des betreffenden Kellers stand ein langer Herr mit blassem Gesicht, aber einer glühend rothen Nase mitten in demselben, und offenbar in banger Erwartung und etwas angeheiterter Stimmung. Er schien ein Engländer zu sein. Um ihn her standen noch einige andere Herren, welche zu seiner Gesellschaft zu gehören schienen und, als sie uns herankommen sahen, uns warnende Zeichen machten, die ich nicht begriff, die aber zu bedeuten schienen, daß wir nahe daran seien, sie in einer wichtigen Ceremonie zu stören.

Zwei Minuten später erschien ein Mann in einem langen schwarzen Mantel, einen breitkrempigen Schlapphut auf dem Kopf, in der einen Hand einen Stab, in der andern eine von Draht geflochtene Larve nach Art der Masken, die man auf den Fechtschulen trägt. Diese stülpte er dem Mann mit der rothen Nase vor das Gesicht, was dieser sich gutmüthig gefallen ließ. Alle beobachteten ein steifes gezwungenes Stillschweigen, unter dessen Ernst jedoch bei den Einen das Zucken der Wimpern und Brauen oder der Mundwinkel, bei den Anderen eine nur mühsam bewältigte Lustigkeit verrieth.

Der Mann im schwarzen Mantel that nun mit seinem Stabe drei Schläge auf eine Glocke, die im Hintergrunde des

Peristyls hing, und alsbald erschollen von innen mit starker, volltönender Stimme die Worte: „Wer wagt an diese Pforte zu pochen?"

„Ein Nacht=Vogel," versetzte der Mann im schwarzen Mantel, der hier die Rolle des Einführenden zu spielen schien.

„Was kann der Nacht=Rabe mit dem Adler, das Glühwürmchen mit dem Karfunkel, der Neuling, der noch in seiner profanen Schlackenhülle steckt, gemein haben mit dem Alten vom Berge, der ganz von Licht und Leben strahlt?" fragte die volle Stimme feierlich.

„Meister, an diesem heiligen Lichte will sich der Neuling laben!" erwiderte der schwarze Sprecher.

Nach diesem Austausch von Fragen und Antworten, welche offenbar einen maurerischen Katechismus parodirten, öffnete sich die Thüre und zwei Eingeweihte packten den Rothnasigen an der Schulter, schleppten ihn mit sich, und die ganze Gesellschaft stürzte sich beim Leuchten eines Theaterblitzes von Bärlappenmehl in die Gruft, beziehungsweise in den Keller.

„Was ist denn das für eine Komödie?" fragte ich Athanasius.

„Die eiserne Maske ist hier ein unerläßlicher Schmuck, mit welchem man uns alle bekleiden wird," entgegnete er. „Ohne diese Vorsichts= maßregel könnten wir beim Durchgehen zwischen den Flaschenreihen des ersten Jahres leicht einige Glassplitter in's Gesicht bekommen."

„Und kennst du den sogenannten Neophyten dort?"

„Mit nichten; er muß ein Fremder sein."

„Seine Herkunft ist nicht schwer zu errathen," meinte einer unserer Tischgenossen. „In gewissen Gegenden des Morgenlandes haben die Zau= berer, wie die Sage geht, zwei Augäpfel in jedem Auge — jener Herr mit der rothen Nase scheint an jedem Knie zwei Kniescheiben zu haben. Nach dem breiten Brustkorb, den rothen Haaren, den langen Storchen= beinen halte ich ihn für einen .... für einen Schotten! Ja, meiner Treu!" setzte er mit spöttischem Lachen hinzu, — „unfehlbar muß ich diese Gestalt mit dem kurzen Oberleib und langen Gestell schon irgendwo gesehen haben, aber wo?... ach ja, ich entsinne mich: auf einem Kupferstich von Hogarth!"

Der Urheber dieses unbarmherzigen Aus= falls war ein buckeliges Männchen, welches bei Tische neben mir gesessen hatte, übrigens ein Mensch von Geist, was bei ihm den Höcker übersehen ließ und zugleich erklärte.

Als wir endlich in die ungeheure unter= irdische Halle traten, welche die Länge der Rue de la Paix in Paris haben mochte und worin kleine Karren und schwere Fuhrwerke mit ihrem Gespann hin und her fuhren, und auch eine Eisenbahn für den innern Dienst und Verkehr angebracht war, that der neugierige Wunsch,

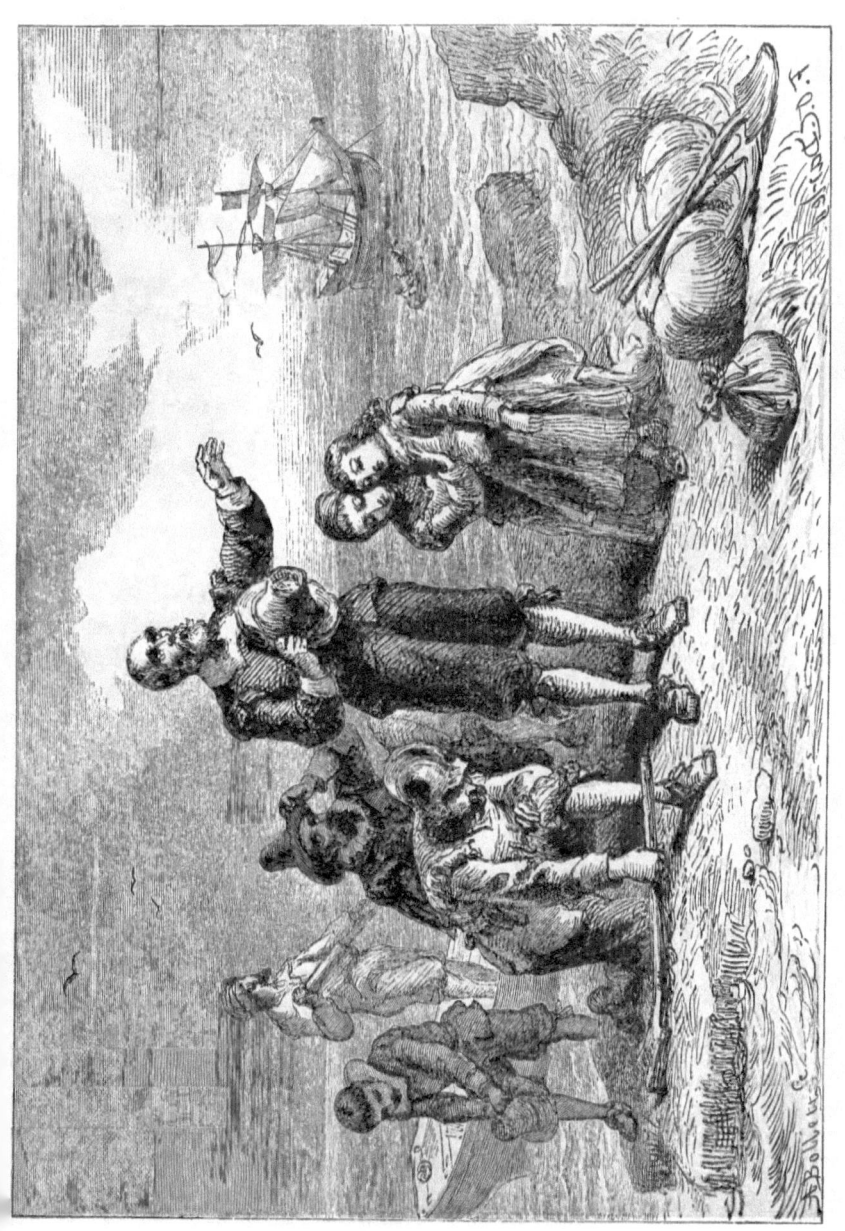

Landung der Pilger-Väter.

Fell abriß. Die ausgepeitschten und an die Kette gelegten Hunde heulten aus Zerknirschung und leckten die Hände des neuen Herrn. Die Pferde nahmen ihre Geschirre dienstfertig wieder auf. Das geschützte Geflügel ließ gluckſende Segenswünsche hören; leider aber kam nach sechs Monaten der Geflügelhändler und an diesem Tag wurden fünfzig geschlachtet. Die Gänse, und unter ihnen auch meine gute nun verstorbene Freundin, schlugen mit den Flügeln, fanden, daß es so ganz recht sei, und lobten den Pächter als den Wohlthäter des Gemeinwesens.

Eine Discussion, der Grenzen gesetzt sind.

IV.

Obgleich mein Onkel von mürrischer Natur ist, gesteht er doch, daß der Lauf der Dinge jetzt besser ist als früher. Er erzählt, daß unsre Rasse einst wild gewesen und es noch jetzt in den Wäldern Katzen gäbe, die unseren Vorfahren ähnlich sehen, die von Zeit zu Zeit eine Bergratze oder eine Feld=maus erwischen, weit öfter aber einen Flintenschuß. Andere, mager und kurzhaarig, klettern an den Rinnen hinauf und finden, daß die Mäuse sehr selten sind. Wir, in der Fülle irdischer Glückseligkeit aufgewachsen, wedeln schmeichelnd mit unseren Schwänzen in der Küche, stoßen schüchtern=zarte Seufzer aus, lecken die Schüsseln ab, und es ist schon viel, wenn wir täglich ein Dutzend Kläpse dafür einstecken müssen.

Lee auf dem Rückzug nach der Schlacht von Gettysburg.

Jahrmärkten die große Trommel schlug, hierauf zum Mitglied eines Jahrmarkts- und Kirchweih-Orchesters avancirte und den Bauern zum Tanz aufspielte, dann aber auch manchmal sein Instrument plötzlich weglegte um sich unter die Tanzenden zu mischen, denn er war erst zwanzig Jahre alt und liebte das Vergnügen so gut wie ein Anderer.

Nachdem er so von Zweig zu Zweig gehüpft, dem armen halb flüggen Vögelchen gleich, das seinen Flug noch nicht in's Weite nehmen kann, ward er von seinen verschiedenen unglücklichen Versuchen in der seßhaften Lebensweise einigermaßen entmuthigt und abgeschreckt. Er verließ sich nur noch auf den Zufall und wanderte daher auf's Gerathewohl und der Nase nach in die Welt hinein, schlief bald in Ställen, bald in Scheunen, am häufigsten aber übernachtete er bei „Mutter Grün" oder im Vollmond; bald fand er auf einem ehrlichen Gehöfte menschenfreundliche Aufnahme und Beschäftigung für einige Tage; bald ward er von einem brutalen Bauern als Tagdiebe und

Landstreicher brutal von der Schwelle getrieben. — Nun ja, ein Land=
streicher war er allerdings; er konnte nicht mehr stille sitzen; das unge=
bundene Umherschweifen, der freie Himmel, die frische Luft, die offene
Landschaft, die vollkommenste Unabhängigkeit waren ihm Bedürfniß. Er
lachte über sein Elend, da es wenigstens noch mit Ortsveränderung ver=
bunden war.

Seine Vorsehung d. h. der Zufall schien ihn schon vergessen zu haben,
als er eines Tags mit leerem Magen den Mauern eines Schlosses entlang
schlenderte und daran eine Anzeige angeklebt sah. Man suchte müßige
Arbeitskräfte für eine größere Erdarbeit; jeder Arbeiter hatte, bevor er
sich an's Geschäft begab, Anspruch auf eine Suppe. Dieser letzte Satz
lockte Joliet in Versuchung.

Am Gitterthor besagten Schlosses angekommen, sah er sich jedoch
von einem Lakai empfangen, der aus vollem
Halse lachend ihn belehrte, daß die fragliche
Ankündigung schon vor einem halben Jahre
dort angeschlagen worden sei, und daß man
Niemand mehr brauche. Gleichwohl hieß er
ihn warten und brachte ihm statt einer Suppe
ein Pferd. Ja, ein Pferd aus Fleisch und
Knochen, vorwiegend allerdings aus letzteren.

„Hier! ich schenke dir das Pferd!" rief der
Lakai lachend; „nimm dich aber in Acht, daß es
nicht mit dir durchgeht: es hat Feuer im Leibe!"

Es war ein armes Thier, noch jung, aber
gleichsam hektisch und im dringendsten Verdacht
irgend einer ansteckenden Krankheit. Der Diener hatte den Auftrag erhal=
ten, das Pferd zum Abdecker zu führen; da er aber an jenem Tag wahr=

Washington bei Monmouth.

II.

Die Straße wimmelt von trüben Gestalten hauptsächlich Rechtsgelehrte und Bankiers — Männer, die von Amtsgeschäften ermüdet sind, oder solche die sich langweilen weil sie zu viel Vermögen und zu wenig Sorgen haben. Abends gehen sie zu Frascati oder betrachten die Müßiggänger, die sich zwischen den Buden der Promenade herumdrängen. Des Tags trinken und baden sie ein wenig, reiten und rauchen viel, die Dicken strecken sich im Lehnstuhl aus und verdauen, die Magern studieren ihre Zeitung, die jungen Leute unterhalten sich mit den Damen über das Wetter, die Damen beschäftigen sich mit ihrer Toilette, die Alten, als Philosophen und Kritiker, nehmen eine Prise und betrachten die Berge mit Ferngläsern, um zu controliren ob die Abbildungen getreu sind. Ich meine es wäre nicht der Mühe werth, so viel Geld zu besitzen, wenn man nicht mehr Vergnügen davon hat.

Diese Langeweile beweist, daß das Leben der Oper gleicht; man muß Geld zur Eintrittskarte, aber auch musikalisches Verständniß und musikalische Empfindung haben. Wenn du kein Geld hast, kannst du im Regen bei den Straßenkehrern bleiben; wenn die Empfindung dir mangelt, wirst du in der prächtigsten Loge dich langweilen. Daraus schließe ich, daß wir allerdings auch das Eintrittsgeld zu verdienen, aber vor Allem einen Begriff von Musik zu bekommen suchen müssen.

Die Spaziergänge sind zu niedlich und erinnern an das Bois de Boulogne. Da und dort lehnt ein müder Besen seine schräge Silhouette an einen Baum; aus dem Dickicht heraus werfen Constabler ihre Adlerblicke auf uns; Dung schmückt die Alleen mit seinen poetischen Hügeln.

Jeder Kranke bringt immer einen oder zwei Begleiter mit sich. Wel=
ches Geschöpf wäre auch so schlecht vom Himmel bedacht, daß es nicht

einen Verwandten oder Freund hätte, der sich langweilt? und wie könnte
je ein Freund oder Verwandter so undankbar sein, eine Dienstleistung
zurückzuweisen, die zugleich eine Vergnügungsreise in sich schließt? Der

Gottesdienst der Pilger-Väter in Plymouth.

auf das Verdeck zurück, um mir Schiller'sche Gedichte vorzulesen. Einige Zeit später ward ich meinerseits unruhig wegen Charles, und ging hinunter um nach ihm zu sehen. Da ich seine bescheidenen Instinkte kannte, überraschte es mich kaum, daß ich ihn weder im Salon noch unter dem Gepäcke fand. Als ich aber die zweite Kajüte, die Gänge und Nebenräume des Boots vergebens durchsucht, sogar bis auf die ölbunstenden und kohlengeschwärzten Winkel des Heiz= und des Maschinenraumes, ward ich nachgerade unruhig und hegte in der That Angst, mein armer Diener sei in einem abermaligen Delirium über Bord gestürzt. Es war jedoch unter der Decke ein kleiner schiefer Raum für den Gebrauch des ersten Koches aufgespart worden, und hier wurde mein Diener end=
lich entdeckt, wie er, schwitzend und vor Behagen summend gleich einem heißen Thee= kessel, emsig beschäftigt war, für die Kellner Teller und Gläser zu spülen und für den Koch Platten abzureiben. Er erklärte zu seiner Ent= schuldigung: er könne unter dem Deck nicht müßig bleiben und die Hände in den Schooß legen — er sei nicht daran gewöhnt.

Befriedigt von seinem Befinden kehrte ich auf Deck zurück, wo Hohenfels schon nach mir fahndete. „Apropos, da fällt mir soeben Fortnoye ein, den ich zwar kaum kenne," sagte er; „aber hast Du an ihn geschrieben wegen seiner Hochzeit? Er scheint ein guter Kerl zu sein und Vergnügen an meiner Unterhaltung gefunden zu haben!"

„Du weißt, ich habe nicht an ihn schreiben wollen, abgesehen daß ich seine Adresse in Epernay nicht kenne."

„Bah, das wäre kein Hinderniß gewesen; Du hättest nur durch Ver= mittlung irgend einer der Champagnerfabriken an ihn schreiben dürfen!"

„Nun ja, ich will auch an ihn schreiben, wenn wir erst behaglich in Marly sind," sagte ich. „Es lohnt fürwahr kaum den Versuch, eine Ver= bindung mit ihm herzustellen, nachdem wir diesen Umweg gewählt haben um ihm auszuweichen. Wenn man nur eine abschlägige Antwort zu geben hat, ist es immer noch früh genug zum Schreiben."

„Du willst also wirklich die Einladung zur Hochzeit ablehnen?"

„Unbedingt; und wenn es gälte, Deiner eigenen Hochzeit anzuwohnen, mein lieber Baron, so würde ich meine Heimkehr nach Marly nicht um zwei Stunden verzögern."

„Du hast vielleicht ganz Recht, Flemming! In Deinem Alter ist es das Beste, weder Hochzeiten noch Beerdigungen anzuwohnen, weil der Zuschauer so oft von der Macht des Beispiels verführt wird."

„Du sprichst immer von meinem Alter, Hohenfels! Du weißt aber, ich bin erst achtundvierzig!"

„Höchstens!" versetzte er ironisch. . . .

Als wir in Bonn ankamen, rief ich Charles aus seinem Raume, von wo er glühend und unbefangen, aber gemächlich heraufkam. Sein Abschied von dem Koch wurde rührend: Charles war hochmüthig, denn noch nie hatte er so viele Teller und Platten abzuwischen gehabt, und seine Stimmung stieg mit der Gelegenheit. Er war wieder ruhig und munter und sein Zustand besserte sich sichtlich unter unseren Augen. Zum ersten Mal seit seinem Sonnenstich nahm er seine dienstlichen Verrichtungen wieder auf und belästigte den Baron und mich entsetzlich durch den nutzlosen, übertrieben geschäftigen Eifer, womit er unsere Bücher, Zeitungen, Gläser u. s. w. immer von einer Stelle zur andern trug. Endlich, im Hotel de Hollande in Köln, hatte ich die Befriedigung, ihn noch am selben Tage in einen cherubischen natürlichen Schlaf verfallen zu sehen, — den Schlaf äußerster Ermüdung, Zufriedenheit und Gesundheit.

Der Hof von Holland ist ein behagliches Hotel, weil er ganz nahe bei der Hauptanlände der großen Schiffbrücke liegt und der

General O'Hara's Gefangennehmung durch General Lincoln.

waren die Wege durch Regenbäche gespalten, die Bäume hingen an ihren verletzten Wurzeln, Erdwände waren zusammengefallen und aus dem Bache war ein Fluß geworden.

Fern von den Menschen.

Saint-Savin.

Auf einem Hügel, zur Seite der Landstraße, liegen die Ueberreste der Abtei von Saint-Savin. Die alte Kirche wurde, wie man sagt, von Karl dem Großen erbaut; die Steine, verwittert und vom Zahne der Zeit benagt, bröckeln herab; die Steinplatten sind aus den Fugen gegangen und mit Moos überzogen; vom Garten aus umfaßt das Auge das vom Abend geröthete Thal; in diesem schlängelt sich der Gave, aus dem ein Streifen blassen Dunstes aufsteigt.

Hier war es gut Mönch sein; an solchen Orten muß man die „Nachfolge Christi" lesen, denn an solchen Orten wurde sie geschrieben. Für eine zarte, edle Seele war das Kloster die einzige Zuflucht, draußen verwundete sie Alles und stieß sie ab.

Draußen, welche schreckliche Welt! Raubritter, welche die Reisenden

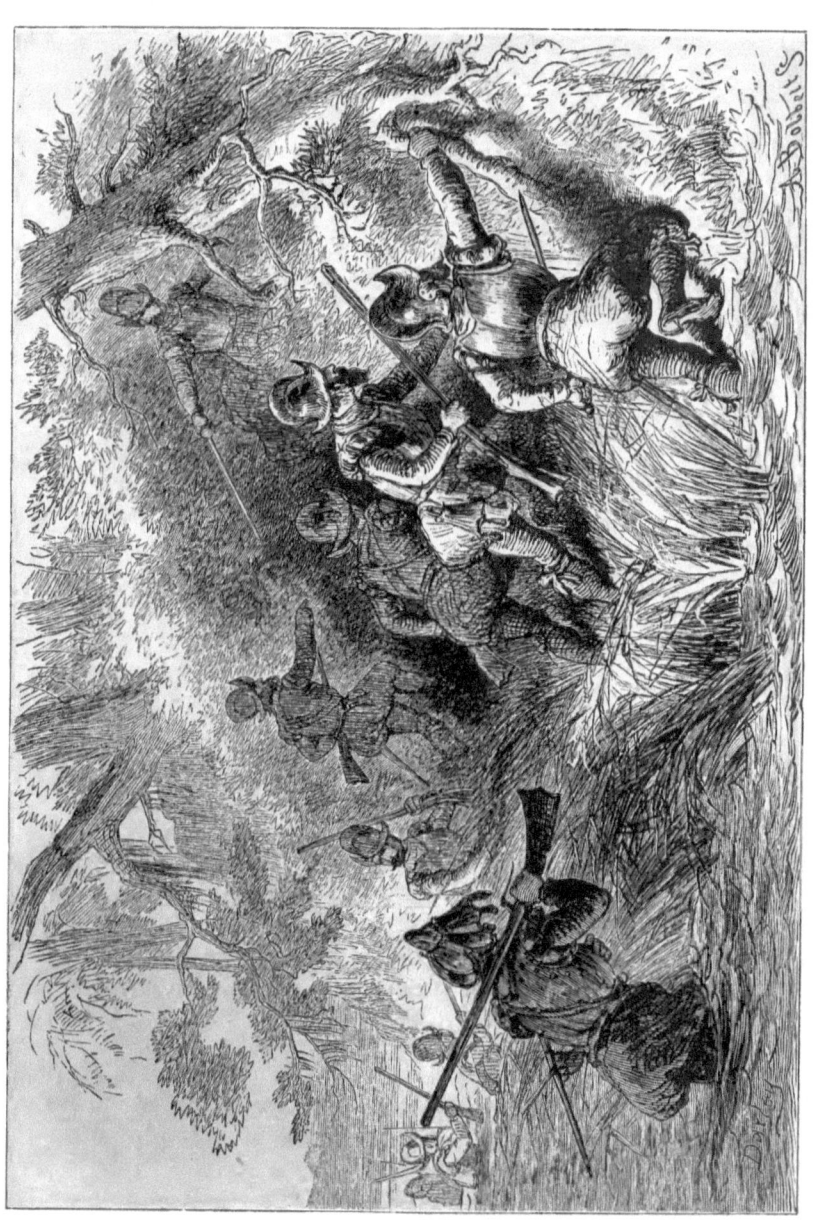

Franzosen im Anmarsch auf das spanische Fort am St. John.

von Reitern, Fahrenden und Fußgängern, folgte Fortnoye und meinem Hute.

Alle zehn Minuten passirten wir ein hübsches Dorf, dessen Einwohner, vermuthlich verstärkt durch Leute aus dem Binnenlande, uns die Musterung passiren ließen. Die Bauern dieser Gegend sind nicht wie diejenigen, welche man in Karlsruhe und Baden-Baden sieht, sondern schon

echte Schwarzwälder, denn wir sind dicht am Fuße der Höhenzüge dieses Gebirgs. Die Bauern tragen weite rothe Westen und breitkrempige Hüte; die blonden Mädchen gehen barhaupt, mit langen Seidenbändern an den geflochtenen Zöpfen. Als wir so an diesen Reihen von ländlichen Zuschauern vorüberfuhren, glänzten die rothen Westen, mit den blonden Köpfen abwechselnd, wie Ackermohn in einem Waizenfelde. Die Menge und Schönheit der gelbblonden Zöpfe, die ich auf diesem Ausfluge sah, war grandios und erbaulich, und wenn die blonden Perrücken, Haartouren und Chignons bei unseren Pariser Löwinnen wieder in die Mode kommen, weiß ich nun, wo die schönsten zu finden sind, denn ich bin überzeugt, Deutschland producirt eine solche Menge vom schönsten gelbblonden Haar, daß man den ganzen Erdball mit einem derartigen Haargeflecht umgeben könnte, — eine köstliche Ekliptik und würdig, die Bahn der Sonne zu bezeichnen.

Nachdem wir mehrere Dörfer — ich glaube Ober-Achern, Kappeln, Furschenbach und Ottenhöfen — passirt hatten und zwei Stunden gefahren waren, mußten wir vom Karren steigen, um die Hügel hinan zu klettern. Nach einem beschwerlichen Steigen von etwa fünfzig Minuten hielten wir in einem Wäldchen, das ganz zum Sammelpunkt aller zerstreuten Herumschwärmer und zerrissenen Paare, welche das Musikfest besucht hatten, gemacht erschien. Hier sammelten sich die Sänger, die ihre Freunde verloren hatten, die Mädchen, welche ihre Liebhaber vermißten, und die Gatten, welche sich temporär von ihren Ehehälften geschieden hatten, in Folge gemeinsamen Einverständnisses. Es war eine Begegnung von Plato's halben Seelen, welche ängstlich und mit lautem Geschrei ihre verwandten

Hälften suchten. Seltsame Laute, über welche man sich ohne Zweifel verständigt hatte, weckten die Echos des Wäldchens: die Einen krähten wie Hähne, Andere jauchzten wie Eulen, wieder Andere blökten wie die sämmtlichen Heerden von Baschan, — ein eigenthümlich wunderliches Konzert und der Vorläufer des eigentlichen. Ich musterte jede Reisemütze, jede Kopfbedeckung, die sich nur irgend meinen Blicken darbot, aber ich war nicht im Stande, meinen Seidencylinder oder Fortnoye's Gesicht zu entdecken. Jedermann drängte sich zu einer Bude, welche zeitweilig hinter einem Felsen aufgeschlagen war und suchte Billets zu kaufen. Ich erwarb mir ein Stückchen Pappe mit einer Leier darauf, als Anwartschaft auf den ersten Platz, um einen halben Gulden. Etwa hundert Schritt weiter, wo der Weg zwischen den Bäumen herunterführte, kamen uns zuerst die Ruinen von Allerheiligen und ihre Umgebung zu Gesicht.

Die alte Prämonstratenser-Abtei Allerheiligen in ihrem, von einem Amphitheater herrlich bewaldeter felsiger Höhen umstarrten Trichter, zu welchem das Echo den Donner der Wasserstürze des Gründbachs heraufträgt, war ehedem ein Sitz der Gelehrsamkeit, welchem der Fleiß der in dieser Waldeinsamkeit angesiedelten Mönche einen hohen Ruf verschafft hatte.

Englische Ansiedler in Amerika.

Was läßt sich übrigens dagegen einwenden? Das Klima ist warm, das Thal geschützt, die Luft rein, die freundliche Sonne erheiternd. Mit den Gewohnheiten wechselt man auch die Ideen, die schwarzen Gedanken entfliehen. Das Wasser ist nicht schlecht zu trinken, man hat eine hübsche Reise gemacht, der erfrischte Geist richtet den Körper wieder auf — oder auch nicht — nun dann hat man doch zwei Monate lang diese Hoffnung gehabt. Und ist denn ein Heilmittel etwas anderes als ein Vorwand zu einer Hoffnung? Man geduldet und vergnügt sich, bis die Krankheit — oder der Kranke weicht, und Alles was man sich nur denken kann ist auf das Beste in dieser besten der Welten eingerichtet.

Militärische Kurgäste aus dem 15. Jahrhundert. (Vgl. S. 190.)

Ein bis zwei Stunden weiter, zwischen Abgründen, schläft der Gaube=See. Das grüne, dreihundert Fuß tiefe Wasser ist von smaragdner Färbung. Die kahlen Häupter der Berge spiegeln sich in ihm mit göttlicher Heiterkeit; die schlanken Säulen der Tannen zeichnen sich in ihm ebenso deutlich ab, als in den Lüften. In der Ferne tauchen duftig blaue Wälder ihre Wurzeln in sein kaltes Wasser — und der unermeßliche, schneegekrönte Vignemale bildet den Abschluß seines Gestades. Manchmal kräuselt der West=wind seine Oberfläche und alle diese großen Bilder schwanken; Griechenlands

Diana, die jungfräuliche Göttin der Jagd, hätte sich ihn wohl zum Spiegel erkoren. In solchen Gegenden sieht man sie neu erstehen! Ihre Tempel sind

Am Daube-See. (L.)

zerfallen, ihre Feste verschwunden, aber beim Rauschen der Tannen, beim Krachen der einstürzenden Eisberge, beim stahlblauen Glanz dieser keuschen Gewässer, steigt sie wie eine Vision vor uns auf. Die Nacht hindurch

Puritaner verrammeln ihre Häuser gegen die Indianer.

www.ingramcontent.com/pod-product-compliance
Lightning Source LLC
Chambersburg PA
CBHW030807230426
43667CB00008B/1109